상담과 법

양명숙 · 차성민 공저

COUNSELING AND LAW

학지사

머리말

『상담과 법』 저술의 필요성은 상담자로서 30여 년간 임상에 임하면서 시작되었다. 특히 이혼과 관련된 사례이거나 아동학대와 관련된 경우에는 그 필요성이 절실하기도 하였다. 그러나 관련 법을 찾아보는 것이 대개 엄두가 나지 않았다. 누가 상담과 관련된 법들을 일목요연하게 정리해 주면 좋을 것 같다고 생각하고 있었다.

마침 상담계도 법제화를 위한 준비 과정이나 공청회 등에서 부각되는 것이 바로 법이기도 하였다. 미국 APA에서도 심리상담 전문가가 되려고 하면 꼭 상담과 관련된 법 과목을 통과해야 한다. 일본의 경우나 다른 나라의 경우에도 상담사에게 법에 대한 지식을 요구하고 있다. 그렇기 때문에 심리상담사나 전문가의 자격을 위한 법도 중요하지만, 상담이라는 장면에서도 법에 대한 기본적인 지식들이 필요하다.

때마침 대학원 교과과정에 '상담과 법'이라는 교과목이 개설되어 있기에 강의를 차성민 교수님께 부탁을 드렸고, 차 교수님도 기꺼이 대학원생들과 임상 현장에서 요청되는 법 관련 사례들을 다루어 주셨다. 그런 이유로 매학기 학생들의 관심과 홍미도 높아지고 있으며, 수업을 위한 교재도 필요하기 때문에 차 교수님께 『상담과 법』 교재를 개발해 보자고 요청을 드린 결과, 이 책을 집필하게 되었다.

상담 전공의 양명숙 교수는 상담자로서 임상 현장에서 필요로 하는 관련 법들에 대하여 목차를 기획하고, 차성민 교수는 상담 전공자들이 요청하는 기획안을 실행해 주셨다. 따라서 이 책은 차성민 교수가 집필하면, 상담 전공자인 양명숙 교수는 내용을 검토하고, 필요한 부분들에 대하여 서로 가감을 요청하면서 상담 전공자와 법 전공자의 아름다운 협업으로 이루어졌다.

독자들도 이 책을 읽다 보면 느낄 수 있을 것이다.

"와~ 법도 이렇게 따뜻하고~ 인간적인 배려가 묻어 있다니~!"

상담과 법에 대한 책의 기획안을 기꺼이 수용해 주신 학지사 김진환 사장님께 진심으로 감사드린다. 김진환 사장님은 누구보다 한발 앞서서 새로운 것들은 늘 환영해 주시는 분이다.

끝으로 이 『상담과 법』이 상담자 누구에게나 필요한 필독서로서 상담실에 한 권 정도는 비치되어야 할 책이 되기를 바란다.

한남대학교 오정골에서
대표 저자 양명숙

차례

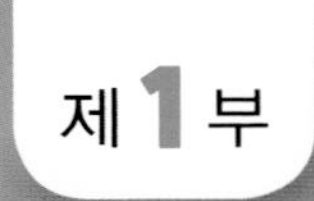

제 1 부

제1장

상담 계약 관련 문제

상담자는 내담자나 상담 관련 기관 사이에서, 상담 서비스를 제공할 의무를 지고, 그 대가(상담비 또는 보수)를 받을 권리를 갖는다. 즉, 계약 관계가 성립하는 것이다. 그래서 제1장에서는 이 계약 관계에 대해 법적 관점에서 검토해 보고자 한다. 또한 계약서를 작성하지 않았다고 해서 계약이 성립하지 않는 것은 아니지만, 계약서가 없다면 나중에 문제가 생길 수 있다. 따라서 계약서를 작성하는 이유 또는 이를 작성하지 않았을 때의 대처법도 살펴본다. 아울러 최근 코로나19(COVID-19)로 인해 계약 당시에는 예상하지 못했던 계약 문제가 발생하기도 하는데, 이런 경우의 법적 처리에 대해서도 검토한다. 한편 상담자는 내담자를 상대로 상담할 때는 서비스를 제공하지만, 연수 등에 참여할 때는 서비스를 받는 입장에 선다. 그 경우 과장광고 및 고액의 대가 요구에 의한 피해 구제 방법에 대해서도 알아보도록 한다.

1. 상담 계약의 법적 성질

제1장과 제2장에서는 상담과 관련한 다양한 계약상의 문제와 이에 대한 대응 방안을 검토하기로 한다. 이를 검토하기 위해서는 우선 상담자의 법적 지위와 상담 계약의 법적 성질을 확인해 둘 필요가 있다.

1) 상담 계약

경력 10년 차의 상담자 A는 개인 상담과 함께 기업체 등에서 심리상담 관련 강연을 해 오고 있다. A에게는 현재 '직장에서 삶의 의미를 찾는 법'이라는 주제로 월 2회씩 1년째 상담을 받는 내담자들이 있다. 그런데 얼마 전에 이들이 1년이나 상담을 받아 오고 있었는데 아무 변화가 없다면서 다음달부터는 상담을 받지 않겠다며 이미 지불한 상담비를 돌려 달라는 메일을 보내 왔다. 이 경우 상담비를 환불해 줘야 하는가?

상담자는 내담자와 '상담 계약' 등의 계약을 맺는다. 이는 법적으로 「민법」상 '준위임계약'에 해당한다. 이러한 계약의 법적 성질은 계약명(계약의 제목)만으로 결정되는 것이 아니라, 계약의 실질적인 내용에 따라 결정된다. 따라서 반드시 '상담 계약'이나 '연수(강연)위탁계약'이라는 명칭을 붙여야 하는 것은 아니다. 계약의 제목이 뭐든지 간에 그 계약의 내용으로 법적 성질을 판단하기 때문이다.

준위임계약이라는 명칭은 생소할 것이다. 「민법」에는 위임계약(「민법」 제680조)이라는 계약유형이 있는데, 이는 계약체결 등의 법률행위를 위임하는 것을 내용으로 하는 계약이다. 예를 들어, 변호사에게 소송의 대리나 토지매매계약의 체결을 의뢰하는 것 등이다. 한편, 법률행위 이외의 사실행위를 위임하는 것을 법률행위에 '준한다'는 의미로 준위임(準委任)계약이라고 부른다. 예를 들어,

의사에게 치료(사실행위)를 의뢰하는 것 등이 이에 해당한다.

준위임계약과 비슷한 계약으로서, 도급계약(「민법」 제664조)이 있다. 예를 들면, 건축사무소에 집의 건축을 의뢰하는 경우이다. 도급계약과 준위임계약은 사실행위를 다룬다는 점은 같지만, 어떠한 결과를 약속하는지와 관련하여 차이가 있다.[1] 즉, 도급계약의 사례(건축)에서는 집 건축의 완성이라는 결과를 약속하는 것이지만, 준위임계약의 사례(의료)에서는 병을 완치하겠다는 결과를 약속하는 것은 아니다. 준위임계약에서 약속하는 것은 결과가 아니라, "위임의 원래 의도에 따라 선량한 관리자의 주의로 위임사무를 처리할 의무"이다. 이를 줄여서 선관주의의무라고 한다. 일반적인 표현으로 말하자면, '맡은 일에 최선을 다하겠다.'라는 –결과가 아니라– 과정을 약속하는 것이다. 이상의 설명에 따르면, 상담 계약은 어떤 문제를 개선한다는 결과를 약속하는 것이 아니라, '최선을 다하겠다.'라는 절차 과정(process)을 약속하는 것이므로 준위임계약에 해당한다.

따라서 사례의 경우, 내담자 입장에서는 만족스러운 결과가 나오지 않았더라도 상담자로서 최선을 다했다면, 상담비를 환불할 필요가 없다. 한편, 준위임계약의 체결은 유상(유료)으로든 무상(무료)으로든 가능하므로, 무상의 자원봉사라고 해서 '최선을 다한다.'라는 선관주의의무가 경감되는 것은 아니다. 즉, 무료 상담인 경우에도 상담자는 선관주의의무를 이행해야 한다.

2) 연수 계약

상담자 A는 얼마 전 한 기업으로부터 신입사원들이 직장에 잘 적응할 수 있도록 연수해 달라는 의뢰가 있어, 강의, 집단상담 및 토론을 섞어 3일간의 연

1) 참고로 '업무위탁계약'은 「민법」에 규정이 없으므로, 구체적인 내용에 따라 도급계약인지, 준위임계약인지, 혹은 양쪽의 성질을 모두 갖는 계약인지를 판단해야 할 것이다.

수를 했다. 연수 종료 후, 수강자에게 설문조사를 했는데, "왜 연수받는지 모르겠다." "연수받는 의미가 없다." 등의 비판적인 답변들이 많이 포함되어 있었다. 나중에 이 업체의 담당자로부터 연락이 왔는데, 수강자들의 설문을 보고받은 임원들의 불만이 크다며, 이미 받은 금액 중 절반을 환불해 달라고 한다. A는 이러한 요구에 응해야 하는가?

기업체 등에서 연수를 맡아 진행하는 상담자는 그 기업체와 '연수업무위탁계약' 등의 계약을 맺는 것인데, 이것도 상담과 마찬가지로 '수강자의 능력 향상' 등과 같은 어떠한 결과를 약속하는 것이 아니라, '최선을 다하겠다.'라는 업무수행 과정에서의 자세를 약속하는 것이므로 준위임계약에 해당한다. 따라서 사례의 경우, 연수를 의뢰한 기업 측이 만족하는 결과가 나오지 않았더라도 A가 최선을 다해 연수를 준비・진행했다면 환불할 필요는 없다.

그러나 의뢰인(기업)으로부터 특정 자료나 원고를 작성하도록 의뢰받았다면, 이 부분에 대해서는 '도급계약'이 된다. 예를 들어, 기업체 사보에 원고를 써달라는 의뢰는 도급계약이다. 그러므로 A는 의뢰인과 약속한 기일까지 정해진 원고(결과)를 제공해야 계약을 이행했다고 할 수 있다.

2. 계약의 취소

상담자 A는 어느 기업으로부터 관리직 직원을 위한 온라인 연수를 의뢰받았다. 보수는 1백만 원이었다. 그래서 10시간 가까이 파워포인트의 슬라이드와 발표 자료를 준비했다. 그런데 연수 전날에 담당자로부터 참가자 중에 코로나19(COVID-19) 감염자가 나와서 회사가 혼란스러우니 연수를 취소하겠다는 연락을 받았다. 당사자 간에 이 연수를 위한 계약서는 작성하지 않았다. A는 그동안 연수 준비를 위해 노력한 대가로서 보수의 일부라도 받을 수는 없을까?

앞에서 설명한 바와 같이, 연수 의뢰는 준위임계약이다. 준위임계약은 위임계약에 준하는 것인데, 이 위임계약은 각 당사자가 언제든지 해지할 수 있다(「민법」 제689조 제1항). 그러나 작업(연수 준비) 도중에 계약이 해제된 경우, ① 수임인(상담자)이 위임사무를 처리하는 중에 수임인의 책임 없는 사유로 인하여 위임이 종료된 때에는 수임인은 이미 처리한 사무의 비율에 따른 보수를 청구할 수 있다(「민법」 제686조 제3항). 또한 ② 당사자 일방이 부득이한 사유 없이 상대방의 불리한 시기에 계약을 해지한 때에는 그 손해를 배상하여야 한다(「민법」 제689조 제2항).

그렇다면 코로나19(COVID-19)는 '부득이한 사유'에 해당하는가? 이에 대해서는 다양한 견해가 있다. 그 이유는 코로나19(COVID-19)로 인해 영향을 받는 정도는 업종이나 계약 내용에 따라 다르며, 그 지역의 상황(긴급사태 선포 등 행정조치 유무·정도)에 따라 개별적으로 판단해야 하므로, 일률적으로 판단하기가 어렵기 때문이다. 따라서 ②를 근거로 하여 손해배상을 청구하는 경우, 손해배상을 받을 수 있을지는 확실치 않다.

이 사례의 경우, ① 수임인(A)은 자신의 책임 없는 사유로 위임이 종료되었으므로, 이미 처리한 사무의 비율에 따른 보수를 청구할 수 있다. 온라인 연수이기 때문에 참가자 중에 확진자가 나오더라도 연수를 하는 것은 가능할 것이다. 만일 연수를 예정대로 끝냈다고 가정하는 경우 그 준비까지 포함해서 20시간 정도가 소요된다면, 이미 사용한 10시간만큼의 보수인 50만 원(1백만 원의 절반)의 보수를 청구할 수 있을 것이다.

3. 계약서

상담자 A는 자신의 상담센터를 개업하여 운영하고 있다. A는 지인의 소개로 어느 기업으로부터 '정신건강을 위한 자기관리'에 관한 사내 연수를 의뢰받고 이를 기획하던 중, 기업으로부터 자료를 작성해 달라는 요청이 왔다. 기업

담당자와는 온라인으로 잠깐 인사를 나눈 정도였고, 나머지는 지인을 통해서 메일로 연락을 주고받을 뿐이었다. 자료가 완성되어서 지인에게 메일로 보냈더니, "그쪽에서 사내 연수를 중지한다고 연락이 왔어. 이 이야기는 없었던 것으로 해 줘. 미안해!"라는 답신이 왔다. A는 이 같은 업무 처리를 용납할 수 없어서 기업의 담당자에게 직접 전화했더니, "당신과 계약한 것도 아니고, 계약서도 없지 않은가?"라는 말만 들었다. 억울하다는 생각은 들지만, 어쩔 수 없는 것인가?

이처럼 계약서를 작성하지 않았을 때는 문제가 발생할 수 있다. 계약서 작성의 의미와 이를 작성하지 않았을 때의 대책을 알아보자.

1) 계약서를 작성한다는 의미

계약서가 없어도 계약은 성립한다. 말로만 계약해도 그 계약은 유효하게 성립하는 것이 원칙이다.[2)] 말로만 하는 합의(구두계약)라도 일이 순조롭게 진행되어 예정대로 차질 없이 상담비 등 보수를 받았다면, 계약서가 없더라도 문제는 일어나지 않는다. 그런데 ① 애초에 계약이 성립되었는지가 다툼이 된 경우나, ② 계약의 성립에 대해서는 다툼이 없다고 하더라도 그 계약의 세부적인 내용에 대해 당사자 간에 생각의 차이가 있는 경우에는, 계약서가 존재하지 않으면 다툼(문제)이 생긴다. 이처럼 계약서의 작성은 분쟁을 방지한다는 점과 분쟁이 발생했을 시 증거가 될 수 있다는 점에서 의미가 있다.

참고로, 계약서에 기재되어 있는 사항에 대해 당사자끼리 합의했다고 해서 그 합의 내용 전부가 법적으로 유효한 것은 아니다. 예를 들어, "월급 5백만 원을 받는 대신 무슨 일이든 시키는 대로 하겠습니다."라는 약속도 일종의 계약

2) 예외적으로 계약서가 있어야만 계약이 성립하는 경우도 있다. 예를 들어, 보증계약은 보증인의 기명날인 또는 서명이 있는 서면으로 표시되어야 효력이 발생한다.

이기는 하지만, 이러한 계약은 —사회적으로 허용되지 않는— 선량한 풍속 기타 사회질서에 반하므로 무효이다(「민법」 제103조). 즉, 법률효과가 처음부터 발생하지 않는다. 또한 다음 '수강자 간의 다툼 시 운영자의 책임'에서 다루는 "일체 책임을 지지 않습니다."라는 면책조항도 무효이다.

2) 계약서가 없는 경우

계약의 성립 여부가 다툼이 되고 있는데 계약서가 존재하지 않는 경우라면, 메일이나 FAX 등 당사자 사이에 교환한 자료를 통해 계약했는지를 판단한다. 예를 들어, 이메일로 "○월 ○일까지 ……를 부탁합니다."라고 요청한 후, 이에 대해 "알겠습니다."라는 회신이 있었다면, 계약이 성립된 것으로 추정된다. 실제 상담이나 강연·연수 활동을 하면서 고객에게 "계약서를 작성합시다." 또는 "여기(계약서)에 서명하세요."라고 적극적으로 요구하는 것은 왠지 우리 정서와 맞지 않는 것 같고 상대방의 기분을 상하게 하는 것 같다고 느껴서, 계약서를 작성하지 않고 일을 진행할 수 있다. 이런 경우는 나중에 계약하지 않았다는 말을 듣지 않도록 메일 등으로 업무 내용, 시간당 상담비나 연수비(대가), 상담이나 연수 기간 등 최소한의 사항을 확인해서 기록하여 남겨 두는 것이 좋다.

또한 앞에서 언급한 대로, 계약서를 작성하지 않았어도 계약은 성립한다. 계약서가 없으면 「민법」, 「상법」 등의 법률에 따라 당사자 간의 권리와 의무를 정한다. 예를 들어, 상담자에게 적용하는 준위임계약에서는 수임인의 선량한 관리자로서의 주의의무(선관의무, 「민법」 제681조), 수임인의 보고의무(「민법」 제683조), 위임의 상호해지의 자유(「민법」 제689조) 등이 정해져 있다.

「민법」

제681조(수임인의 선관의무) 수임인은 위임의 본지에 따라 선량한 관리자의 주의로써 위임사무를 처리하여야 한다.

제683조(수임인의 보고의무) 수임인은 위임인의 청구가 있는 때에는 위임사무의 처리상황을 보고하고 위임이 종료한 때에는 지체없이 그 전말을 보고하여야 한다.

제689조(위임의 상호해지의 자유) ①위임계약은 각 당사자가 언제든지 해지할 수 있다. ②당사자 일방이 부득이한 사유없이 상대방의 불리한 시기에 계약을 해지한 때에는 그 손해를 배상하여야 한다.

만일「상법」상 상인이라면,[3] 미리 돈을 정하지 않은 경우나 보수의 약속을 하지 않은 경우라도 그 영업 범위 내에서 타인을 위하여 행위를 한 때에는 이에 대하여 상당한 보수를 청구할 수 있다(상인의 보수청구권,「상법」제61조). 이 경우 보수는 소요된 시간과 인력, 업계의 시세 등을 참고하여 판단한다.

3) 계약서의 서식

계약서나 이용약관(또는 약관)[4]을 만들고 싶을 때, 인터넷에서 검색하여 서식을 공개하고 있는 웹사이트에서 다운을 받아 이용할 수 있다. 이때 주의해야 할 점은 무엇일까?

저작권의 관점에서 계약 조항은 당사자 간의 일반적인 합의에 관한 사항들을 문장으로 표현한 것이므로, 상당한 창작성이 없는 한 저작물의 정의인 '사

3) 자기명의로 상행위를 하는 자를 상인이라 한다(「상법」제4조). 심리상담센터를 개설하여 운영하는 심리상담사들은 상인에 해당하는 경우가 많을 것이다.

4) 약관이란 계약의 당사자 중 일방이 다수의 상대편과 동일한 계약을 체결하기 위하여 일정한 형식에 의하여 미리 작성한 계약의 내용을 말한다.

상 또는 감정을 표현한 창작물'(「저작권법」 제2조 1호)에는 해당하지 않는다. 현실적으로 생각해 봐도, 계약 조항에 저작권을 인정하게 되면 자유롭게 부동산 매매 계약서를 교환하거나 근로계약서를 교환할 수 없게 될 것이다. 따라서 저작물에 해당하지 않는 웹사이트상의 계약 서식이나 이용약관을 사이트 운영자의 허가 없이 이용할 수 있다.

그렇다고 웹사이트상의 계약 서식이나 이용약관을 그대로 이용하면 나중에 불합리한 결과가 발생할 수 있다. 예를 들어, 대기업 간의 거래를 상정한 계약서를 개인 간의 거래에 그대로 이용하는 경우, 불필요한 조항들이 많이 포함되어 계약의 이행(상담업무)에 오히려 방해가 될 수 있다. 또한 자신에게 불리한 내용임에도 불구하고, 이를 알지 못한 채 웹사이트상의 계약 서식을 그대로 사용할 수도 있다. 따라서 계약 당사자의 속성이나 이해관계, 예측되는 문제의 내용이나 빈도에 대해 변호사 등 전문가의 도움을 받아 자신에게 적합한 맞춤형 약관을 만드는 것이 바람직하다. '상담 계약서'와 '연수업무위탁계약서' 양식을 부록으로 첨부했으니 참고하길 바란다.

4. 수강자 간의 다툼 시 운영자의 책임

상담자 A는 분노 조절에 관해 상담하고 있으며, 이런 주제의 연수회에서 초청 강의를 하기도 한다. 얼마 전에는 어느 연수에서 수강자 4명씩 집단을 만들어 미리 준비한 주제에 대해 토의와 발표를 하는 프로그램을 진행하였다. 그런데 한 집단에서 수강자끼리 말다툼이 벌어졌다. 이에 냉정을 되찾도록 긴급히 휴식 시간을 가졌고, 그 후 연수를 다시 진행했는데 결국 그 문제의 수강자들 간에 주먹다짐이 벌어지고 말았다. 나중에 피해 수강자는 자신을 가해 수강자와 같은 조에 배정한 것에 대해 문제를 제기하며, 책임지고 치료비와 위자료를 달라고 A에게 요구했다. 연수에 관한 약관에는 "연수 중에 발생한 모든 손해에 대해 일체 책임을 지지 않습니다."라는 조항이 있기는 하다. 이러한 경우에도 운영자 A는 책임을 지는가?

집단 내에서 발생한 문제에 대해 직접적인 가해자가 아니라 집단을 관리·운영하는 측에게도 책임을 물을 수 있다. 전형적인 사례로는 회사 내 종업원 간의 갑질, 학교 내 학생 간의 싸움, 요양시설 내 이용자 간의 다툼 등에서 회사, 학교, 요양시설에 법적 책임을 묻는 경우가 이에 해당한다. 이에 관한 법적 근거로서, '안전배려의무'라는 것이 있다. 이 안전배려의무를 위반하는 경우 관리·운영 측은 상대방(피해자)에게 손해배상책임을 진다.[5)]

1) 안전배려의무

안전배려의무는 비록 계약서에 명기되어 있지 않더라도 계약 관계에 있는 당사자 간에 당연히 발생하는 것이다. 안전배려의무에 대해 대법원은 숙박 계약과 관련하여 숙박업자에게 투숙객의 안전을 배려해야 할 의무가 있다고 하며 이를 위반한 경우, 계약 위반으로 인한 손해배상책임을 져야 한다고 판시했다. 또한 이미 술에 취한 자에게 재차 영리의 목적으로 술을 판매한 영업자에게 안전배려의무를 위반했다는 판례도 있다.[6)]

5) "고객에게 위험이 없는 안전하고 편안한 객실 및 관련시설을 제공함으로써 고객의 안전을 배려하여야 할 보호의무를 부담하며 이러한 의무는 앞서 본 숙박계약의 특수성을 고려하여 신의칙상 인정되는 부수적인 의무로서 숙박업자가 이를 위반하여 고객의 생명, 신체를 침해하여 동인에게 손해를 입힌 경우 불완전이행으로 인한 채무불이행책임을 부담한다 할 것이다." (대법원 1994. 1. 28. 선고 93다43590 판결). 여기서 신의칙이란 '신의성실의 원칙'의 줄임말로서, 권리를 행사하거나 의무를 이행하면서 신의와 성실로써 행동해야 한다는 「민법」의 기본 원칙이다.

6) "일반적으로 술에 취한 사람은 자신을 통제할 능력이 감퇴된다고 보아야 할 것이므로, 그와 같은 상태의 사람에게 재차 영리의 목적으로 술을 판매하는 영업자로서는 추가적인 음주로 말미암아 그가 안전상 사고를 당하지 않도록 구체적인 상황하에서 요구되는 필요한 조치를 취

즉, 안전배려의무란 계약의 상대방이 어떠한 문제에 휘말려 손해를 입지 않도록 눈여겨볼 의무라고 할 수 있다. 그리고 앞에서 설명한 바와 같이, 연수 운영자(측)와 수강자 사이에는 준위임계약이라는 계약 관계가 발생한다. 이 계약 관계에서 안전배려의무는 '연수 운영 측은 연수 참여 중 수강자가 다치거나 건강을 해치지 않도록 배려할 의무를 진다.'라는 것이다. 그러나 상대방에게 일어난 모든 문제에 대해 책임지는 것은 아니다. 만일 운영 측에 그러한 무거운 책임을 지운다면, 그런 법적 책임을 질 것이 부담스러워서 아무도 계약하지 않을 것이기 때문이다. 그러므로 안전배려의무는 ① 결과를 예견할 수 있고, ② 결과를 회피할 의무가 있었음에도, 이를 게을리했다고 평가될 때 그 책임이 인정된다.

우선, ① 결과의 예견 가능성을 검토하는 이유는 예견할 수 없는 문제들까지 책임을 지우는 것은 운영 측에 가혹하기 때문이다. 예를 들어, 학교 내에서의 싸움이라면, 그 학생들끼리는 평소 사이가 좋지 않고, 이미 이전에도 몇 번 싸웠던 것을 학교 측에서 파악하고 있거나 파악하고 있었어야 한다면, 학교 측에 예견 가능성이 인정된다. 한편 학교 측이 전혀 파악할 수 없는 학교 밖에서의 학생들 간의 싸움에 대해서까지 책임을 지우는 것은 학교 측에 가혹할 것이다. 다음으로 ② 결과회피 의무를 검토하는 취지는 이론적으로 결과를 회피할 수 있는 수단이 있더라도, 그 수단을 취하도록 요구하는 것이 타당한지(아니면, 너무 현실에서 벗어난 수단이라서 이를 요구하는 것이 부당한지)를 검토하기 위해서이다. 예를 들어, 학생들이 싸우면서 흉기를 휘둘러 부상의 위험이 큰 경우, 교사(학교 측)에게 생명의 위험을 무릅쓰면서까지 흉기를 빼앗을 의무를 지우는 것은 가혹할 것이다.

하여야 할 안전배려의무는 인정될 수 있고, 이러한 안전배려의무는 고온의 찜질실 등 이용객의 구체적 상태 여하에 따라 안전에 위해를 초래할 수도 있는 시설을 제공하는 찜질방 영업자에게도 마찬가지로 요구된다(대법원 2010. 2. 11. 선고 2009다79316 판결).

이상을 근거로 ① 예견 가능성, ② 결과회피 의무의 순서로 이 사례를 검토해 보자. ① −사전에 이들 수강자끼리 사이가 나쁘다는 정보를 알지 못하는 한− 수강자끼리 처음에 싸움을 시작한 시점에서는 운영 측에게 예견 가능성을 인정할 수 없을 것이다. 그러나 휴식 시간을 가진 후에는 '이들이 다시 싸울지도 모른다.'라는 예견 가능성은 인정된다.

② 다음은 결과회피 의무이다. 수강자들 간에 다시 싸움이 발생하는 것을 방지하는 수단으로서, 과감히 연수 프로그램을 중지하거나, 연수를 중단하고 화해할 때까지 대화를 갖게 한다거나, 해당 수강자를 다른 집단으로 보내서 연수를 다시 하는 방법 등을 생각할 수 있다. 이 중에서 연수 중지까지 요구하는 것은 연수 운영자에게 가혹하겠지만, 조를 재편성하는 것이라면 운영자에게도 무리한 부담은 아닐 것이다. 그러므로 결국 피해 수강자는 연수 운영자(측)가 안전배려의무를 위반했다는 이유로 손해배상을 청구할 수 있다.

2) 직접적 가해자와의 관계

이제까지의 설명을 읽었다면, 문제를 일으키고 폭력을 행사한 가해자가 따로 있는데, 왜 운영 측이 책임을 져야 하는지 의문을 가질 수 있다. 법적으로 누구에게 책임을 물을 것인가, 즉 누구에게 손해배상을 청구할지는 피해자 측의 자유이다. 피해자 측은 직접적인 가해자에 대해서만 책임을 추궁할 수도 있고, 가해자와 운영 측 모두에게 연대 책임을 물을 수도 있다. 만일 피해자가 연수 운영 측에 대해서만 손해배상을 청구한 경우, 연대 책임을 지는 운영자 측은 손해액 전부를 배상해야 한다. 그 대신 직접 가해자도 배상해야 할 금액을 연수 운영 측이 대신 배상한 것이므로, 운영 측은 부담 비율에 따라 직접 가해자에게 구상권을 행사할 수 있다(「민법」 제425조 제1항). 구상권이란 채무를 대신 변제한 사람이 채권자를 대신하여 채무당사자에게 반환을 청구할 수 있는 권리를 말한다. 이 경우의 부담 비율은 일률적으로 정해져 있는 것은 아니고,

사안별로 판단한다. 이 사례의 경우 손해배상 부담 비율은 직접적인 가해자가 연수 운영 측보다 더 많이 부담(예를 들면, 8대2)하게 될 것이다.

3) 과실상계와 면책조항

이 사례에서 가령 피해자 측이 도발적인 언행을 하여 싸움이 일어나는 경우와 같이 피해자 측에도 일정 부분 잘못이 인정되는 경우, 자신이 받은 손해를 비율에 따라 감수하게 하는 것이 공평할 것이다. 이러한 취지에 따라 가해자가 배상해야 할 손해액은 상대적으로 감액된다. 이를 과실상계라고 한다.

한편 매장이나 영업소의 이용약관이나 벽에 붙은 문구에서 "모든 손해에 대해 일체 책임을 지지 않습니다." 또는 "분실물에 대해 일체 책임을 지지 않습니다."라는 면책조항을 본 적이 있을 것이다. 이것은 일종의 계약이기 때문에, 고객(소비자)이 그것에 동의하고 요청한 이상, 사업자 측에게는 더 이상 책임이 없을 것 같다. 그러나 소비자가 이용약관의 내용을 충분히 이해하고 신청하는 경우는 드물고, 설령 이해했더라도 "이 조항은 빼 주세요."라고 사업자 측과 협상하기란 사실상 불가능하다. 그래서 법은 소비자의 이익을 보호하기 위해, 사업자 측의 책임(고의·과실)으로 발생한 손해를 일체 면책하는 조항을 무효로 하고 있다(「약관의 규제에 관한 법률」 제7조).[7] 따라서 모든 손해에 대하여 일체 책임을 지지 않는다는 면책조항을 이용약관에 포함했더라도, 그러한 조항은 무효이다.

이처럼 면책조항은 무효임에도 불구하고, 사업자들은 왜 면책조항을 여전히 사용하고 있을까? 단순히 사업자 자신도 이러한 사정을 모른 채 어딘가에

7) 「약관의 규제에 관한 법률」 제7조는 사업자 측의 고의·중과실로 인해 발생한 법률상의 책임을 배제하는 조항도 무효로 하고 있다. 이러한 「약관의 규제에 관한 법률」은 사업자와 고객(소비자)의 약관을 통한 계약에 적용되기 때문에, 사업자 대 사업자의 거래에는 적용되지 않는다.

서 이러한 문구를 복사해서 활용하고 있을 수도 있겠지만, 법률 지식이 많지 않은 소비자를 상대로 배상 청구를 포기하게 하는 효과를 노리고 이를 사용하고 있을 수도 있다. 비록 사업자 측에 고의·과실이 있다고 하더라도 이용약관에 "일체 책임을 지지 않습니다."라고 명시되어 있으면, 이를 그대로 받아들이는 소비자도 있을 것이기 때문이다. 그러나 이렇게 소비자의 무지를 악용하는 행동은 비난받아야 할 것이다. 특히 상담자는 기본적으로 상대방을 존중하고 배려해야 할 것이므로, 이용약관의 내용도 성실하게 작성하는 것이 바람직하다.

5. 전염병 감염에 대한 운영 측의 책임

코로나19(COVID-19) 방역 조치도 많이 완화되었고 다시 일상으로 돌아간 것 같다. 그래서 예전처럼 연수장에 수강자를 모집하여 연수회를 실시하였다. 연수회 중에는 수강자에게 마스크 착용 의무, 체온 측정, 거리두기 등 감염 방지 대책을 시행했다. 그런데 5일 뒤 수강자 중 한 명으로부터 연락이 왔는데, PCR 검사를 받았더니 양성이었다는 것이다. 서둘러 다른 수강자에게 연락해 PCR 검사를 받도록 권유했더니, 최초 확진자 이외에도 10여 명이 감염된 것으로 판명됐다. 이른바 집단감염이 발생한 것이다. 그러자 몇 명의 수강자가 주최 측의 감염대책이 불충분해서 이러한 사태가 발생했다며 책임을 지라고 주장한다. 연수회의 운영 측은 책임이 있는가?

앞의 '수강자 간의 다툼 시 운영자의 책임'에서 살펴본 바와 같이, 연수 운영 측은 수강자에 대해 안전배려의무를 지고 있으며, ① 예견가능성과 ② 결과회피 의무의 관점에서 책임 여부를 판단한다.

첫째로 예견 가능성을 살펴보자. 해외에서는 감염 사례가 보고 되었으나 국내에서는 아직 코로나19(COVID-19)가 확인되지 않았던 시기라면, 예견가

능성은 부정될 것이다. 그러나 전 세계로 감염이 확대되어 만연한 시기 이후에는 비록 긴급사태 선언이 해제되었다고 하더라도 예견 가능성이 부정되지는 않을 것이다.

둘째로 결과회피 의무에 대해 살펴보자. 고용노동부에서 2020년 11월 12일에 발행한 '「코로나19(COVID-19)」 예방 및 확산방지를 위한 사회적 거리두기 지침(사업장용)'에 따르면,[8] 회의 및 워크숍, 교육, 연수는 온라인 또는 영상으로 실시하되, 불가피하게 대면으로 할 경우, 방역 수칙을 준수하고 소규모로 실시하도록 정하고 있다. 여기서 방역 수칙이란 발열(37.5℃ 이상) 확인, 마스크 착용, 손소독제 비치 및 참석자 간의 충분한 거리 유지, 유증상자는 참석 금지를 의미한다.

그렇다면 연수회를 개최하면서, 이 지침과 동등한 감염대책을 시행했다면 원칙적으로 결과회피 의무를 위반했다고 평가되지 않을 것이다. 다만, 해당 지역에서 확진자 수가 폭발적으로 증가하고 있고 긴급사태 선포 등 지방자치단체에서 자제 요청이 나왔으며, 다른 유사한 연수회는 일제히 취소되거나 온라인으로 전환되는 상황일 경우에는, 비록 지침에 따른 감염대책을 시행했더라도 결과회피 조치로 연수를 중단하거나 온라인으로 전환했어야 했다고 판단되어 안전배려의무 위반으로 인한 책임을 질 가능성도 있다.

6. 상담료 미납 시 대처 방안

상담자 A는 상담센터를 개업하여 운영하고 있다. 상담은 1회 50분당 10만 원(세금 제외)의 요금을 받고 있다. 이에 어느 내담자와 10회기 상담을 하기로 하

8) 만일 사업장 소재지의 지방자치단체에서 본 지침보다 엄격한 기준의 행정명령이 있는 경우에는 이를 따른다고 이 지침에서 규정하고 있다.

고 상담을 진행하기로 하였다. 그리고 상담비는 미리 지급하기를 요구하였으나, 내담자는 최근 경제적 사정이 좋지 않으니 10회 상담 후에 상담비를 내겠다고 하였다. 그러나 마지막 10회기 차에 내담자가 나타나지 않아서 그에게 연락했지만, 아무런 답변이 없다. 미납 상담비를 받으려면 어떻게 해야 하는가?

이런 경우, 미납 상담비를 받아 내는 방법이 몇 가지 있다. 이 방법들에 대해 알아보고 그 장단점을 살펴보기로 하자.

1) 임의의 청구

우선 임의로 미납 상담비를 지불하도록 재촉하는 방법이 있다. 내담자에게 청구서를 보내는 것이 망설여질 수도 있겠지만, 금전 문제는 잘 대처해야 할 필요가 있다. 돈을 제대로 지불하지 않는 사람은 통상 여러 군데에 빚을 지고 있는 경우, 즉 채권자들이 있는 경우가 많으므로, 가만히 있다 보면 미납 상담비를 받을 권리는 자꾸 뒤로 밀릴 수 있다. 그러므로 내용증명 우편으로 청구서를 보내어, 이쪽의 의사도 표시하면서 다른 채무에 우선해서 미납 상담비를 지불하도록 해야 한다.

내용증명이란 우체국 창구 또는 정보통신망을 통하여 발송인이 수취인에게 어떤 내용의 문서를 언제 발송하였다는 사실을 우체국이 증명하는 제도를 말한다. 내용증명을 발송했다고 해서 어떠한 법적 효력이 발생하는 것은 아니나, 나중에 법정에서 유효한 증거로 채택될 수 있으며 상대방에게 심리적 압박을 줄 수 있다.

2) 법적 수단

내용증명 우편을 보내도 상담비를 지급할 기미가 보이지 않을 경우, 다음 단계로 법적 절차를 검토한다. 독촉절차(지급명령, 「민사소송법」 제462조 이하)는

변호사의 도움 없이도 이용할 수 있는 간단한 제도이다. 그러나 상대방이 이의를 제기하면 정식재판으로 넘어가기 때문에, 이의를 제기할 것이 예상되는 경우에는 향후 재판으로 인한 시간 소모가 발생할 수 있다.[9)] 한편 민사조정[10)]은 법원이 대화를 중개하는 제도로서 변호사에게 의뢰하지 않아도 이용할 수 있지만, 상대방이 합의하지 않으면 조정이 성립되지 않는다. 그러므로 상대방이 성실하게 대응하지 않을 것이 예상될 때는 역시 시간 낭비가 될 가능성이 있다.

그리고 시간이 많이 들 수 있지만, 민사소송을 제기할 수도 있다. 민사재판은 상대방이 출두하지 않거나 상대방이 불합리한 변명을 하여 시간을 끌었을 경우라도 증거가 갖추어져 있으면 청구가 인정된다. 민사재판도 스스로 소송을 진행할 수 있지만, 다양한 법률적인 절차가 필요하므로 변호사에게 의뢰하는 것이 좋다.

3) 채권 회수 시 주의할 점

(1) 시효에 주의

법적으로 상담비를 청구할 권리가 있다고 하더라도 미지급 채권을 장기간 방치해 두면, 시효에 의해 채권이 소멸하게 되므로 주의할 필요가 있다. 「민법」에서는 채권의 종류에 따라 소멸시효를 1년, 3년 및 10년으로 구분하여 규정하고 있다. 상담자의 경우 보통은 상담비나 강연비(연수비)를 받게 되는데, 이러한 요금의 소멸시효는 상담·강연·연수가 끝난 때부터 1년이다. 그러므로 아직 못 받은 상담비가 있다면 이 기간이 지나기 전에 청구해야 할 것이다.

9) 독촉절차는 정말로 돈을 받아야 할 경우에 신청하는 경우가 많으므로, 이에 대해 이의를 제기하는 사례는 많지 않을 것이다.

10) 민사조정 신청을 하기 위해서는 먼저 민사조정 신청서를 작성해야 한다. 조정 신청서는 변호사나 법무사에게 의뢰하여 작성할 수 있고, 본인이 스스로 작성할 수도 있다.

(2) 회수 가능성의 문제

재판해서 승소한다고 해도, 법원이 알아서 상대방으로부터 미납 요금을 받아 주는 것은 아니다. 이쪽에서 상대방의 재산을 찾아내어, 별도로 법원에 강제집행(압류)을 신청할 필요가 있다. 그런데 상대방의 재산을 찾아내는 일이 실제로 쉽지 않고, 재산 상황을 조사해 보면 정말로 가진 재산이 없을 수도 있다. 그런 경우, 어렵게 시간과 비용을 들여 소송을 시작했는데 회수 불능으로 끝나고 만다.

(3) 비용 대비 효과의 관점

이 사례와 같이 백여만 원의 미지급이라면, 재판하는 방법은 시간과 노력의 관점에서 적절하지 않을 것이다. 더욱이 이를 변호사에게 의뢰하면, 변호사 비용까지 들어 적자가 된다. 이러한 소액 피해의 경우, 소송 등이 비용 대비 효과가 적다는 점을 악용하는 자들이 있다. 그러므로 범죄행위로 인해 이득을 보게 하는 것은 부당하므로, 비용을 부담하더라도 법적 수단을 이용하여 미납 상담비를 회수할 것인지, 소송비용과 시간을 고려하여 상담비 회수를 포기할 것인지를 각자가 결정해야 할 것이다.

7. 과대광고

상담자 A는 상담센터를 개업할 예정이다. 그래서 웹사이트를 이용한 광고를 하려고 한다. 그리고 광고문구로 "상담을 받으신 분 중에서 99%가 효과를 체험하셨습니다!" "상담 1회(50분), 정상가 10만 원, 오픈 기간 한정 5만 원 할인!" 정도를 생각하고 있다. 또한 A는 상담과 함께 동기부여 세미나도 개최할 예정이다. 그런데 예전에 이 세미나에 참가했던 지인의 자녀가 한 달 후에 치른 모의고사에서 어떤 과목의 점수가 30%나 향상됐다고 들었다. 그래서 "고

객의 소리: 동기부여 강좌를 듣고 성적이 30% 향상!"이라고 표시하고, 눈에 잘 띄지 않는 곳에 "개인에 따라 차이가 있을 수 있습니다."라고 적으려고 한다. 법적으로 문제는 없을까?

우리 사회에서 광고에 대해서 여러 가지 법규제가 있기는 하지만, 다양한 유형의 광고가 범람하면서 법규제가 이를 따라가지 못해 불법 과대광고가 방치되고 있는 경우를 흔하게 볼 수 있다. 그러다 보니 '이 정도 광고는 다른 데에서도 흔히 볼 수 있으니까 법적으로 문제되지 않을 거야.'라고 생각하기 쉽다. 이와 관련하여 여기서는 상담자가 자신의 업무에 관해 광고할 때 주의해야 할 사항들을 알아보고자 한다.

1) 상담이 의료효과가 있다고 광고해도 되는지

의료인이 아니면 누구든지 의료행위를 할 수 없으며, 의료인도 면허된 것 이외의 의료행위를 할 수 없다(「의료법」 제27조 제1항). 여기서 의료인이란 의사, 치과의사, 한의사, 조산사 및 간호사를 말한다(「의료법」 제2조 제1항). 그리고 의료행위란 그 정의를 법에서 규정하고 있지는 않지만, 해당 행위를 함에 있어서 의료인의 의학적 판단 및 기술로 하지 않으면 인체에 해를 끼치거나 끼칠 수 있는 행위를 말한다. 그리고 의료업이란 의료행위를 반복적으로 지속할 의사를 가지고 행하는 것을 말한다.

보건복지부에서 2019년에 발간한 『비의료 건강관리서비스 가이드라인 및 사례집(1차)』에서도, 의료행위를 의학적 전문지식과 기술에 기초하여 행하는 검사 · 진단 · 처방 · 처치 · 시술 · 수술 · 지도 등의 행위로 정의하고 있다. 즉, ① 의학적 전문지식이 필요한 행위, ② 대상자의 상태에 따른 진단 · 처방 · 처치가 수반되는 행위, ③ 보건위생상 위해가 발생할 우려가 있는 행위 중 1개라도 충족되면 의료행위에 해당하는 것으로 판단할 수 있다.

따라서 상담이나 연수 · 세미나의 효과를 '우울증이 개선된다.' '인격장애 개선에 효과가 있다.' '병세가 좋아진다.' 같은 유형의 의료효과로 표현하면 안 될 것이다. 만일 상담이나 연수의 효과를 표현하려면, 예를 들어 '자기 사고방식의 패턴을 알게 된다.' '인간관계가 원만해진다.' 등과 같은 의료효과 이외의 내용이 되어야 할 것이다. 다만, 이 경우에도 단정적인 표현이나 다른 기법과의 우열 비교 등은 후술하는 「표시 · 광고의 공정화에 관한 법률」(이하 「표시광고법」)로 규제를 받을 수 있다.

2) 건강 관련 업종의 광고규제

건강 관련 업종으로 의료, 의약품, 건강식품 등이 있는데, 우선 이들에 대한 광고규제를 간단히 설명한다.

(1) 의료 광고규제

의사나 의료기관이 하는 광고에 관해서는 「의료법」에서 규제하고 있으며, 원칙적으로 의사명, 병원명, 진료과목명으로 한정되어 있다(「의료법」 제6조의5 제3항). 따라서 다른 의료기관과의 우열 비교, 과대광고, 체험담, 오인의 우려가 있는 치료 전후 사진 등의 광고를 할 수 없다. 건강 관련 업계 중에서는 가장 규제가 심하다고 할 수 있다. 또한 「의료법」상 규제 이외의 일반적인 규제도 적용된다.

(2) 의약품 또는 의료기기 광고규제

의약품이나 의료기기에 관한 광고는 각각 「약사법」(제68조)과 「의료기기법」(제24조)에서 규제하고 있다. 과장광고 금지, 특정 질병용 광고 제한, 승인 전 광고 금지 등이 규정되어 있다. 또한 최근 유명인이나 인플루언서 등이 문자, 동영상, 사진 등을 통해 특정 상품을 추천하거나 보증하는 형식의 광고가 증가하고 있는데, 이런 추천 · 보증은 소비자의 구매 선택에 중요한 고려사항이므로 이를 허위·과장·은폐·축소하여 표시·광고하는 경우 기만적인 광고에 해당할 수 있다. 그러므로 광고주 또는 추천·보증인은 이들 사이에 경제적 이해관계를 공개해야 한다(「표시광고법」 제3조 제1항 2호, 추천·보증 등에 관한 표시·광고 심사지침 V. 5. 가.).

(3) 건강식품 광고규제

건강식품에 관한 광고와 관련해서는, 「식품 등의 표시·광고에 관한 법률」 제8조에서 허위나 과대광고, 질병의 예방·치료에 효능이 있는 것으로 인식할 우려가 있는 광고, 식품을 의약품으로 인식할 우려가 있는 광고 및 건강기능식품이 아닌 것을 건강기능식품으로 오인할 우려가 있는 광고를 금지하고 있다.

이상에서 살펴본 바와 같이, 건강과 관련된 업종별 광고규제에서는 분야별 법률들이 적용된다는 점을 알 수 있다. 이에 비해 상담이나 연수와 관련해서는 현재 「표시광고법」상 광고규제뿐이다. 대상 품목이나 행위에 따라, 왜 이렇게 규제 정도에 차이가 있을까? ① 의료행위, 의약품, 건강식품은 신체에 직접 작용하므로 부작용을 확인하기 쉬운 데 비해, 심리기법은 부작용을 확인하기가 어렵다는 점, ② 식품이나 의약품은 성분을 특정할 수 있어 규제 대상으로 삼기 쉽지만, 심리기법이나 상담은 내용을 특정하기 어렵다는 점, ③ 심리기법이나 상담은 언어교환이 중심이기 때문에 표현의 자유를 보장해야 한다는 특성상 규제 대상으로 적합하지 않다는 점이 작용했을 것으로 생각한다. 이와 함께 국내에서 아직 심리상담사의 자격, 업무 범위 및 금지행위에 등을 규율한 법률이 제정되지 않은 이유도 있을 것이다.

3) 「표시광고법」

상담자들이 광고 시에 유의해야 할 「표시광고법」에 관해 살펴보기로 하자.

「표시광고법」에서는 크게 상품이나 서비스 내용에 대한 ① 거짓·과장 광고, ② 기만적인 광고, ③ 부당한 비교 광고 및 ④ 비방 광고의 네 가지 유형에 대해 규제하고 있다. ①과 ②는 허위·과장·기만행위를 통해 상품이나 서비스 내용을 과대하게 보이게 하는 광고(우량 오인 광고)로, 그리고 ③과 ④는 부당한 비교·비방을 통해 상품이나 서비스 내용을 유리(저렴)하게 보이게 하는 광고(유리 오인 광고)로 크게 분류할 수 있다.

(1) 우량 오인 광고

허위·과장·기만행위를 통해 상품이나 서비스의 내용을 일반 소비자에게 알리면서 실제 물건이나 경쟁사의 것보다 현저히 우량하다고 표시하는 광고는 금지된다(「표시광고법」 제3조 제1항 1호 및 2호). 이를 위반하는 경우, 공정거래위원회로부터 시정조치명령, 임시중지명령, 과징금을 부과받을 수 있으며(「표시광고법」 제7조–제9조), 형사처벌도 받을 수 있다(「표시광고법」 제17조). 우량 오인표시가 의심되는 경우 공정거래위원회는 광고의 뒷받침이 되는 합리적인 실증 자료(실험데이터, 설문데이터 등)의 제출을 요구할 수 있다(「표시광고법」 제5조). 이때 만일 합리적인 자료를 제시하지 못하면, 우량 오인 표시로 간주되어 공정거래위원회는 그 광고 행위의 중지를 명할 수 있다.

예를 들어, "저희 상담센터 이용자 중 99%가 효과 경험!"이라는 광고를 한 경우, 내담자의 99%가 효과를 봤다는 근거를 뒷받침할 실증 자료가 존재해야 한다. 이 경우 '99%'라는 수치가 나온 근거(인원)도 문제가 될 것이고, '효과'의 정의(어떤 효과가 있었는지)도 문제가 될 것이다. 유도 질문을 통한 설문조사를 근거로 삼는다면, 조사관청인 공정거래위원회는 증거가 불충분하다고 판단할 것이다. 또한 실증 자료란 과학·통계적 비판에도 대응할 수 있을 정도의 근거여야 한다. 예를 들어, '동기부여 연수'에 참여한 10명의 수강자 중 성적이 오른 학생이 3명, 거의 변하지 않은 학생이 4명, 오히려 떨어진 학생이 3명 있었다고 하자. 그런데도 성적이 오른 학생들만을 의도적으로 거론하고, '동기부여 연수를 받아 성적이 올라갔다!'라고 하는 것은 통계적 방법을 무시한 것이다. 어떤 방법의 효과를 검증하기 위해서는 충분한 수의 피실험자와 대조군을 설정한 후, 정확하게 설계된 실험 계획에 따라 실험하고 그 결과를 통계적으로 처리해야 한다. 유리한 데이터 결과가 나오도록 조작된 실험 조건은 근거가 될 수 없다.

(2) 유리 오인 광고

가격 조건이나 할인, 환불 등 거래 조건 등에 대하여 일반 소비자에게 실제 물건이나 경쟁사의 것보다 현저히 유리하다고 하는 광고(유리 오인 광고)는 금지된다(「표시광고법」 제3조 제1항 3호 및 4호). 우량 오인 광고와 마찬가지로, 이를 위반하는 경우 공정거래위원회로부터 시정조치명령, 임시중지명령 및 과징금을 부과받을 수 있으며, 형사처벌도 가능하다.

예를 들어, "각종 상담 1회(50분)에 10만 원을 오픈 기념 50% 할인!"이라는 광고 자체는 유리 오인 광고가 되는 것은 아니다. 그러나 1년이 지나도 상담료로 5만 원을 받고 있다면, 통상가격(정상가격; 이 사례에서는 10만 원)이 존재하지 않으므로, 유리 오인 광고가 될 가능성이 크다. 또한 정상가격으로 거래했다는 증거를 남기기 위해, 즉 알리바이를 만들기 위해, 단기간만 정상가격으로 상담 서비스를 제공하더라도, 유리 오인 광고가 되므로 주의해야 한다.

(3) 회피 표시

거창하고 화려한 광고를 보면, "개인적인 견해입니다." "효과에는 개인차가 있을 수 있습니다." 등의 문구가 광고 귀퉁이나 아랫부분에 매우 작은 크기로 적혀 있는 것을 본 적이 있을 것이다. 이는 과대광고를 했다는 오해를 받지 않고 책임을 회피하기 위한 표시이다. 이렇게 회피 표시를 해 두면 나중에 분쟁이 생길 경우, "그럴까 봐 오해가 없도록 써 두었잖아요. 잘 읽으셨어야죠."라고 변명할 수 있을 것이다. 그러나 이러한 회피 표시가 쌀알 같은 작은 글씨로 광고판 가장자리에 적혀 있으면, 소비자가 인식하기 쉽지 않으므로 이러한 회피 표시는 무효로 될 가능성이 크다.

이상에서 살펴본 바와 같이, 「표시광고법」상 광고규제는 엄격하게 규정되어 있지만, 현실 세계에서는 이에 위반되는 광고를 자주 볼 수 있다. 그 주된 이유는 안타깝게도 정부의 규제력이 현실 세계에서의 광고 유형과 내용들을 따라가지 못하고 있기 때문이다. 하지만 상담자는 상대방(내담자)을 존중하는 한편, 있는 그대로의 자신을 인정하고 성장해 나가길 원할 것이다. 그런 상담자가 자신을 과장되게 보이려고 한다면, 고객(내담자나 수강자)들은 이를 어떻게 느낄까? 광고를 통해 고객을 많이 모집하고 싶은 심정은 이해가 가지만, 상담자로서의 역량을 키우고 고객을 정직하게 대하는 동시에, 있는 그대로의 자신을 인정하고 받아들이는 것이 상담자의 기본자세일 것이다. 광고를 포함하여 상담업무 전반에 이러한 모습을 보인다면, 상담자로의 평판은 분명히 향상될 것이다.

8. 부업 · 겸업의 금지

A는 민간기업체에서 근무하는 회사원이다. 몇 년 전부터 상담 공부를 시작해서 올해 드디어 자격증을 취득했다. 최근 대학 시절 친구의 부탁으로 휴일에 일반적인 정상가격보다는 저렴한 가격으로 심리상담을 해 주었고, 그 사실을 SNS에 올렸다. 물론 친구의 개인정보에 대해서는 적법하게 조치했다. 그런데 이 SNS를 보고 상담 사실을 알게 된 회사 인사부에서 취업규칙상 허가 없이 부업을 할 수 없다고 하며, 징계처분이 확정될 때까지 자택에서 대기하라고 통보했다. 이러한 A의 행위는 징계를 받을 행위인가?

이 사례를 검토하기 위해, ① 취업규칙에 부업금지 조항을 두는 것이 유효한

지, ② (이것이 유효하다고 하면) 부업에 대한 징계처분은 유효한지의 순서로 설명한다.

1) 취업규칙의 의의와 효력

직장인 중 자신의 근무처 취업규칙을 자세히 본 적이 있는 사람들은 그리 많지 않을 것이다. 하지만 많은 회사의 취업규칙에서는 '회사의 허가 없이 다른 곳에 고용되거나 스스로 사업을 영위하는 것을 금지'하는 규정을 두고 있다. 취업규칙이란 근로계약에 적용되는 임금이나 근로일수, 근로시간 등의 근로조건과 복무규율을 사용자(회사)가 체계적이고 구체적으로 명시해 놓은 규정인데, 해당 사업장에서 근무하는 근로자들에게 공통되게 적용하는 회사 내 규정 등을 말한다.

취업규칙은 회사가 질서유지를 위해 만들어 놓은 규정으로서, 취업규칙이라는 명칭을 사용하지 않고 인사 규정, 급여 규정, 취업 규정, 정관 등 회사에 따라 다양한 명칭을 사용하지만, 어떤 명칭을 사용하더라도 근로자의 근로조건에 관한 내용을 명시한 것은 모두 취업규칙에 해당한다. 이 취업규칙을 정할 때는 법령에 위반되는 규정을 정할 수는 없으며, 사용자와 근로자가 체결한 단체협약이 있는 경우에는 그 단체협약이 취업규칙에 우선한다.

이 취업규칙에서 부업(겸업)을 일절 금지한다는 내용을 담고 있는 경우, 이는 근로자의 사생활(「대한민국헌법」 제17조)이나 직업선택의 자유(「대한민국헌법」 제15조)를 현저히 제약하므로 무효이지만, 허가제라면 유효하다. 그리고 일반적으로 근무 시간에 겸직이나 부업을 했다면, 취업규칙을 위반한 것이고 나아가 징계사유에 해당할 수 있다.

2) 징계처분

징계처분이란 기업 질서를 유지하기 위해 사용자가 근로자에게 부과하는 제재로서, 이른바 회사 안에서 적용되는 벌칙이다. 그러나 이것도 벌칙이기 때문에 애매한 적용은 허용되지 않으며, 취업규칙 등에 미리 징계처분의 사유나 절차가 정해져 있어야 한다. 징계처분의 종류는 기업에 따라 다르지만, 보통의 경우에 경고[11] → 견책[12] → 감급(감봉)[13] → 강임[14] → 정직[15] → 징계해고[16] → 직권면직[17]의 순서로 중징계가 정해져 있다. 대부분의 취업규칙에서는 징계사유로서, "이 규정을 위반했을 때"라고 폭넓게 정하고 있다. 그러나 어떤 사소한 위반행위가 있었다고 하여 이러한 행위까지도 징계처분이 법적으로 허용되는 것은 아니다. 만일 취업규칙을 형식적으로 해석한다면 한 번의 지각이라도 징계사유에 해당하는데, 이처럼 징계처분을 적용하는 것은 지나치며 근로자의 권리를 제한할 수 있기 때문이다.

부업·겸직의 경우에도 마찬가지이다. 설령 회사의 허가 없이 이를 행하였더라도 본업의 노무 제공에 지장이 없었거나 회사에 대한 배신행위라고까지 할 수 없는 경우까지, 징계처분을 하는 것은 무효이다. 그러므로 앞의 사례의 경우, 휴일에 심리상담을 하는 행위가 본업에 지장을 주거나 회사에 대한 배신행위라고는 할 수 없으므로, 징계처분을 할 수는 없을 것이다. 만일 징계했다고 하더라도 이는 무효이다. 법원도 근무 시간 이외의 부업·겸직 활동은 사

11) 잘못을 지적하고 재발방지를 촉구함.
12) 경위서를 요구하고 잘못을 엄중히 경고함(인사고과에 반영).
13) 임금을 일정 기간 감액함.
14) 직책, 직급, 호봉을 내림.
15) 일정 기간 출근을 정지하고 급여 지급을 중단함.
16) 근로자의 잘못을 이유로 징계 절차를 거쳐 해고함.
17) 근로자의 잘못이 명백하여 징계 절차 없이 퇴직 처리함.

생활의 영역에 속하는 것이므로, 회사의 기업 질서나 노무 제공에 지장(빈번한 지각이나 조퇴, 근무태도 불량, 업무지시 불이행 등)을 초래하지 않는 한, 취업규칙에 겸직금지가 해고 사유로 규정되어 있더라도 징계사유가 될 수 없다고 판단했다.[18)]

정리

이 장을 통해 상담자가 내담자를 상대로 하는 상담과 기타 연수 프로그램이나 강연 등을 하는 활동이 법률상 준위임계약에 해당하며, 「민법」상 위임계약에 관한 조항들이 적용된다는 것을 알 수 있었다. 계약에 관한 내용들은 사회생활에서 기본적으로 알아 두어야 할 것이므로 잘 이해해 두길 바란다. 또한 상담자들이 상담이나 연수 활동 등에서 발생할 수 있는 여러 가지 법적 문제들을 예상하고 그 대응 방안들도 함께 생각해 봤다. 아울러 다양한 매체를 이용하여 상담 활동을 홍보하거나 광고하는 경우의 유의할 점도 설명했다.

18) 서울행정법원 2001. 7. 24. 선고 2001구7465 판결.

제2장

상담 관련 분쟁

상담자로 활동하다 보면, 다양한 가치관과 사고방식을 가진 사람들과 접할 기회가 많다. 이 경우 각종 불만이나 이의제기를 받는 경우가 불가피하게 발생한다. 물론 상담자 측에 실수가 있는 이의제기에는 성실하고 진지하게 대응해야 할 것이다. 그러나 부당하다고 느껴지는 이의제기를 받을 수도 있다. 이때 이의제기 이후에 어떤 일이 벌어질지 예상할 수 없다면 더 강하게 불안감을 느낄 것이다. 반면에 이의제기를 받았을 때, 향후 어떤 법적 책임이 발생할 수 있는지를 미리 알아 둔다면 불안감 완화에 매우 도움이 될 것이다.

이에 제2장에서는 상담자가 접할 수 있는 다양한 이의제기 상황을 예상해 보고, 이 경우 법적 관점에서 어떤 책임이 발생할 수 있는지를 대응 방안과 함께 검토해 보기로 한다. 이 검토에는 의료 분야에서의 이의제기와 대응 논의를 참고해서 설명한다. 그밖에 비방, 중상 및 스토커 등에 의해 피해를 받게 될 때의 대응 방안도 살펴본다.

1. 이의제기에 대한 기본 대응

상담자로서 각종 이의제기(클레임)에 대응하는 자세와 주의할 점은 무엇일까? 먼저 상대방이 제기하는 이의제기에 '법적 근거'가 있는지에 따라 대응 방법이 달라진다. 예를 들어, 심리상담 과정에서 내담자의 개인정보를 잘못 유출하여 이의제기를 받게 되었다면, 이는 채무불이행(「민법」 제390조) 또는 불법행위(「민법」 제750조)라는 법적 근거(법적 책임)가 존재하므로 신중하게 대응해야 한다.

다만, 법적 책임이 있다고 해도 어느 정도까지 손해를 배상해야 하는지는 별개의 문제이다. 이쪽에 잘못이 있다고 해서 상대방이 원하는 대로 무조건 배상해야 하는 것은 아니다. 법적으로는 '상당한 인과관계'가 있는 손해를 배상해야 할 의무가 생긴다. 상당한 인과관계에 의한 손해 산정 방법이나 위자료의 액수 등 전문적이고 알기 어려운 부분에 대해서는 변호사와 상담하는 편이 좋다.

한편, 예를 들어 상담을 한 번 받았지만 별 효과를 느끼지 못했다는 이의제기를 받은 경우, 상담은 반드시 효과(결과)를 보장하는 것은 아니므로(제1장 참조), 이러한 이의제기는 법적 근거가 없는 것이다. 그러나 법적 근거가 없다고 해서 그러한 이의제기를 무시하거나 강하게 반박하는 것은 바람직하지 않다. 이러한 경우는 "기대에 부응하지 못해 미안합니다." 정도로 대답하는 것이 바람직할 것이다. 여기서 "미안합니다."라는 어구는 통상적인 인사말이므로, 법적 책임을 인정한 것은 아니다.

문제는 상대방의 이의제기가 법적 근거가 있는지 없는지 모르는 경우이다. 후술하는 '상담의 부작용에 관한 이의제기' 등에서도 설명하겠지만, 상담의 부작용이나 괴롭힘 등이 문제가 되는 경우, 변호사와 상담하는 것이 좋다. 변호사와 상담한 결과, 법적 근거는 없다고 판단되었고 그 취지를 상대방에게 전달해도 이의제기를 멈추지 않는다면, 변호사가 대리인(창구)으로서 대응해 줄 것이다. 변호사 비용이 들기는 하지만, 이의제기 대응에 시간과 노력을 소모하고 정신적으로 피폐해지는 것을 생각한다면, 비용을 들여서라도 변호사에게 의뢰하고, 마음을 새롭게 하여 본업인 상담에 전념하는 편이 나을 것이다.

2. 괴롭힘을 당했다는 이의제기

상담자 A는 '용기 있는 삶'이라는 주제의 연수회에서 발표를 맡았다. 발표 첫머리에서 "여러분, 만나서 반갑습니다. 오늘 용기를 가지고 참가해 주셔서 감사합니다."라고 인사를 했다. 그런데 발표가 끝난 후 어느 수강자로부터 "선생님 발표에 상처받았어요. '용기를 가져!'라고 하는 것은 마치 제가 평소에 용기가 없다는 것 같은 말투잖아요. 그런 식의 눈총과 말투는 괴롭힘입니다. 정신적 고통을 받았습니다."라는 메일을 받았다. 당연히 A는 그런 의도로 말한 것은 아니었지만, 받아들이는 사람 쪽에서는 그렇게 생각했다고 한다. 이는 괴롭힘에 해당하는 것인가?

괴롭힘에는 갑질, 성희롱, 정신적 폭력이나 학대(언어나 태도 등에 의한) 등 여러 종류가 있다. 최근에는 이에 대한 사회적 관심도 커지고 있으며, 법률의 제·개정을 통해 괴롭힘에 대한 법적 규제도 많아졌다. 이에 따라 괴롭힘의 판단 방법과 책임에 대해 살펴보고자 한다. 사안별 괴롭힘에 관한 내용은 제2부에서 더 구체적으로 다룬다.

1) 괴롭힘의 판단

통상적으로는 당하는 사람이 싫다고 느끼면 괴롭힘에 해당한다고 생각한다. 과연 법적인 판단은 어떨까? 법률은 학교폭력의 유형 중 하나인 따돌림에 대해서, 학교 내외에서 2명 이상의 학생이 특정인이나 특정집단의 학생들을 대상으로 지속적이거나 반복적으로 신체적 또는 심리적 공격을 가하여 '상대방이 고통을 느끼도록' 하는 모든 행위로 규정하고 있다(「학교폭력예방 및 대책에 관한 법률」 제2조 1의2호). 이 정의에 의하면, 괴롭힘(따돌림)은 당하는 사람들이 고통을 느끼면 성립하므로, 괴롭힘을 받는 사람이 괴롭힘인지를 판단한다고 해석할 수 있다.

「학교폭력예방 및 대책에 관한 법률」

제2조(정의) 이 법에서 사용하는 용어의 정의는 다음 각 호와 같다.

1. "학교폭력"이란 학교 내외에서 학생을 대상으로 발생한 상해, 폭행, 감금, 협박, 약취·유인, 명예훼손·모욕, 공갈, 강요·강제적인 심부름 및 성폭력, 따돌림, 사이버 따돌림, 정보통신망을 이용한 음란·폭력 정보 등에 의하여 신체·정신 또는 재산상의 피해를 수반하는 행위를 말한다.

1의2. "따돌림"이란 학교 내외에서 2명 이상의 학생들이 특정인이나 특정집단의 학생들을 대상으로 지속적이거나 반복적으로 신체적 또는 심리적 공격을 가하여 상대방이 고통을 느끼도록 하는 모든 행위를 말한다.

다른 한편 '직장 내 괴롭힘'에 대해서는, 사용자 또는 근로자가 직장에서의 지위 또는 관계 등의 우위를 이용하여 업무상 적정범위를 넘어 다른 근로자에게 신체적·정신적 고통을 주거나 근무환경을 악화시키는 행위라고 정의한다(「근로기준법」 제76조의2). 즉, 법적으로는 당하는 사람이 싫게 느낀다고 해서 '즉시' 괴롭힘에 해당한다고 해석되는 것은 아니다. 한편 근로복지공단의 '정신질병 업무관련성 조사 지침'(2021. 1. 13.)에서는 심한 괴롭힘이나 따돌림이 '주요 업무상 스트레스 요인'이라고 설명하고 있다.[1]

1) 근로복지공단(2021). 정신질병 업무관련성 조사 지침, p. 10.

「근로기준법」

제76조의2(직장 내 괴롭힘의 금지) 사용자 또는 근로자는 직장에서의 지위 또는 관계 등의 우위를 이용하여 업무상 적정범위를 넘어 다른 근로자에게 신체적·정신적 고통을 주거나 근무환경을 악화시키는 행위(이하 "직장 내 괴롭힘"이라 한다)를 하여서는 아니 된다.

따라서 고등학교 이하의 학교에서 학생들 간의 괴롭힘을 제외하고, 직장 내 괴롭힘에 있어서는 받아들이는 사람이 싫다고 느낀다고 해서 즉시 괴롭힘에 해당한다고 해석되는 것이 아니라, '이러한 상황이 일반적으로 어떻게 받아들여질까'를 고려해서 판단한다. 다만, 일반적으로 괴롭힘에 해당하지 않는다고 생각되는 행동이라도 상대방이 싫어하는 것으로 알면서 굳이 그 행위를 반복하는 것은 인격권 침해로서 손해배상책임(위자료를 지급할 의무)을 부담할 가능성이 있다.

2) 괴롭힘의 책임

주변에서 괴롭힘이 발생할 경우, 책임 문제가 불거질 것이다. 특히 자신이 갑질 가해자이거나 갑질이 일어난 조직의 책임자인 경우, 피해자에 대한 미안한 마음과 함께, 도대체 어떤 법적 책임을 져야 할지 불안할 것이다. 여기서는 괴롭힘이라고 해도 그 내용과 정도에 따라 부담해야 할 책임이 달라진다는 점을 유념해야 한다. 예를 들어, 직장에서 상사가 "자네 애인이 있어? 이제 나이도 많이 먹었으니까 빨리 결혼해야지."라고 말했는데, 본인이 싫다고 느끼면 성희롱에 해당할 것이다. 그러나 이런 말을 했다고 하여 즉시 법적 책임이 발생하는지는 별개의 문제이다. 이 경우에는 상사와 회사에 도의적 책임(상사는 직장으로부터 주의를 받고, 회사는 재발방지책을 마련하는 등)은[2] 발생하지만, 강제력을 수반하는 법적 책임(민사상 손해배상, 형사처벌)까지는 묻지 않는다. 강제력을 수반하는 법적인 손해배상의 대상이 되는 것은 신체를 만지는 등 악질적인 성희롱의 경우이다. 억지로 키스를 하는 등과 같은 성희롱의 경우는, 민사책임뿐만 아니라 강제추행죄와 같은 형사책임도 져야 할 수 있다. 그러므로 괴롭힘이라고 해도, 그 내용이나 정도에 따라 부담해야 할 책임이 달라진다.

3) 상담에서 괴롭힘의 취급

상담자는 상담 과정에서 내담자로부터 직장이나 학교 또는 가정에서 괴롭힘을 받았다는 얘기를 들을 수 있다. 따라서 내담자가 "괴롭힘을 당했기 때문에, 책임자에게 책임을 묻고 싶다."라고 말했을 때, 어떻게 대처해야 할지 고민할 수 있다. 세상 사람들이 보면 사소한 일이더라도 내담자가 그것을 괴롭힘이라고 말했다면, 상담자는 그러한 감정을 존중할 필요가 있다.

그러나 상담은 자기관찰에 따라 내담자가 자기의 삶 속에서 힘을 끌어내는 이른바 '자기 성찰'이라고도 한다. 그런데 상담 과정에서 괴롭힘을 가지고 타인에게 책임을 추궁한다면, 이를 자기 성찰이라고는 할 수 없을 것이다. 책임 추궁은 내용에 따라서는 국가권력에 의한 강제력(손해배상과 형사벌)을 수반하는 것이므로, 내담자의 주장만으로 결정할 수는 없으며, 일정한 객관성(사회 통념에 기반한 평가, 일반인의 법감정)이 요구된다. 그러므로 내담자가 "괴롭힘을 당했기 때문에, 책임자를 문책하고 싶다."라고 말했을 때, 상담자는 그 감정에 공감함과 동시에, 사회적·법률적으로 어떠한 책임 추궁 방안들이 있는지를 이성적으로 생각할 필요가 있다.

2) 「남녀고용평등과 일·가정 양립 지원에 관한 법률」에서는 사업자에게 성희롱 금지(제12조) 및 예방 교육(제13조)을 규정하고 있지만, 이것이 즉시 손해배상책임으로 이어지지는 않는다.

4) 증명의 어려움

갑질이나 성희롱 등 괴롭힘으로 인한 피해를 받았을 때, 피해 당사자는 진실(갑질의 사실과 내용)을 알고 있으므로 재판하면 당연히 피해가 인정될 것으로 생각할 것이다. 재판에서 피해자(원고)가 "갑질 피해를 받았다."라고 주장하고, 가해자(피고)가 "그렇다."라고 인정하면, 갑질 피해는 인정된다. 그러나 피고 측이 스스로 가해 사실을 인정하는 경우는 매우 드물다. 오히려 "그런 말(행동)을 한 적이 없다."라고 부인하는 경우가 대부분이다.

그러한 경우 재판의 규칙(소송절차)상 원고 측이 괴롭힘으로 인한 피해가 있었음을 증명해야 한다. 이 경우 녹음이나 녹화 등 객관적인 증거가 있으면 문제가 없다. 그런데 간접적인 증거(예를 들어, 피해자가 일기장에 써 놓은 내용, 가족이나 친구에게 괴롭힘 피해를 받은 사실을 상담한 것)만으로는 곧바로 증명에 성공하지 못한다. 피해자가 갑질 피해를 받고 정신과에 통원해서 진료기록 카드나 진단서에 "직장에서 괴롭힘을 받았다."라고 의사가 기재했더라도, 의사가 그 현장을 보고 쓴 것이 아니라 환자가 신고한 내용을 적어 놓은 것일 뿐이므로, 진료기록이나 진단서의 증거로서의 가치는 그리 크지 않다.

따라서 결정적인 증거가 존재하지 않을 경우, 법정에서 양측의 주장을 판사가 직접 듣는다. 괴롭힘 피해가 진실이라면 피고(가해자) 측은 거짓말을 하는 것이 되므로 어딘가에서 허점을 드러내는 진술이 나올 것이다. 그러면 원고 측은 '이겼다.'라고 생각하겠지만 반드시 그렇게 되는 것은 아니다. 그 이유는 재판에서 이기기 위해서, 즉 증명에 성공하기 위해서는 50~60% 정도의 증명으로는 부족하기 때문이다. 증명은 고도의 개연성 또는 통상적으로 일반인이 의심하지 않을 정도로 진실하다는 확신이 들 정도여야 한다. 굳이 수치로 표현하자면, 80% 이상의 정도로 피고 측을 압도해야 한다. 60~70% 정도로는 승소하기가 어려울 수 있다.

이처럼 증명의 장벽이 높은 이유는 언변 좋은 측이 재판에서 이기는 것을 막기 위해서라고 할 수 있다. 만일 증명의 문턱을 낮추면 증거 조작이나 거짓말을 잘하는 사람이 소송을 제기해서 배상금을 쉽게 챙길 수 있을 수 있다. 이를 방지하기 위해 증명의 장벽을 높게 설정해 놓은 것이다. 그러나 그 부작용으로 승소해야 할 당사자가 승소하지 못하는 일이 생겨 버릴 수 있다. 이렇게 '재판에서 져야 할 사람이 이기는 것을 막는 것'과 '이겨야 할 사람이 지는 것을 막는 것' 중 어느 쪽을 우선해서 막아야 할지가 고민인데, 현재의 사법제도는 전자를 우선시하고 있다. 이러한 사법 현실을 고려한다면, 증거 확보가 매우 중요하다.

3. 상담의 부작용에 관한 이의제기

어느 내담자가 '자신은 어떤 일이든 완벽하게 해내야 직성이 풀리는 성격'이라고 해서, 본인의 동의하에 특정 기법으로 총 3회 상담을 시행했다. 내담자는 자신이 0 또는 100과 같이 극단적으로 사고하는 인지 습관이 있다는 것을 알게 되었고, 그 밑바탕에는 유소년기의 트라우마, 즉 초등학교 시절에 학원을 매일 다니며 시험에서 나쁜 점수를 받으면 부모님에게 호된 꾸중을 들었던 체험이 자리 잡고 있다는 것을 확인하게 되었다. 내담자는 이 상담 과정에서 기억하게 된 트라우마를 이겨 내지 못하고 우울해져서 출근도 할 수 없게 되었다. 그러자 내담자의 가족들은 상담 이후에 이 사람(내담자)이 병에 걸렸으니 책임지라는 이의를 제기했다.

부작용이란 의료행위, 특히 약 처방에서 문제가 될 수 있다. 이에 약의 부작용 논란을 참고하여 상담에서의 부작용 문제를 검토해 보기로 한다.

1) 약품과 부작용

약에는 어느 정도 부작용이 따르기 때문에 부작용이 발생한다고 하더라도 반드시 의사나 의료기관이 책임지는 것은 아니다. 제1장에서 살펴보았듯이, 의료행위는 준위임계약이기 때문에 결과를 보증하는 것은 아니다. 항암제 치료가 그 전형적인 사례인데, 치료 효과에 기대를 걸고 부작용을 감수하고라도 여러 가지 약을 투여해 보는 경우가 이에 해당할 것이다. 그러므로 부작용이 발생했을 때 의사가 책임을 지는 경우는, 의료 수준이나 환자의 상태에 비추어 보아 통상적인 의사라면 그 치료를 선택하지 않았을 것이라고 평가될 때이다. 예견 가능성과 결과회피 의무의 관점에서 말하자면, 부작용은 예견할 수 있었지만, 치료를 위해서는 어쩔 수 없는 조치였다는 것이다. 즉, 결과를 회피해야 할 의무는 위반하지 않았다는 것이다.

2) 심리기법과 부작용

약의 경우와 비교하여, 심리기법의 부작용에 관한 연구 사례는 거의 없는 것 같다. 약과 같이, 동물실험을 통해 심리기법의 부작용을 확인하기도 어렵다. 그래서 심리치료에는 부작용이 없다는 오해를 하기도 한다. 그러나 심리기법은 마음의 움직임에 작용·개입하기 때문에, 전혀 부작용이 나타나지 않는다고 단언할 수는 없을 것이다. 새로운 정신치료 기법이 소개되면 충분한 검토 없이 바로 치료에 도입하는 상담자가 있을 수 있다. 그 이유는 약물치료에 비해 정신치료에는 부작용이 없거나 매우 적을 것이라는 믿음 때문일 것이다. 정신치료나 상담은 일상적인 대화에 가까운 것으로 여겨지고 있는지도 모른다.

그러나 어떤 치료법이나 기법이 효과가 있다면 이에는 부작용도 있을 수 있다. 일반적으로 효과가 강한 치료법이나 기법은 부작용도 강하다고 볼 수 있다. 어떤 특정 치료법이나 기법도 아무리 숙련된 치료자나 상담자가 이를 행하더라도 부작용이 나타날 수 있다고 생각하고, 그 부작용을 검토하는 것이 중요하다. 시간을 들여 사람의 심리에 깊이 들어가는 정신치료나 기법은 부작용이 나타날 수 있으며, 이러한 부작용을 알아채지 못하고 치료나 상담을 계속하는 경우 그 부작용으로 인해 발생한 증상들을 다시 치료하기가 어려운 것은 약물 치료의 경우와 마찬가지이다.

3) 사례 검토

이상에서 검토한 내용들을 이 절의 사례에 적용하면 다음과 같다. 첫째로, 특정 기법의 부작용에 대한 예견 가능성에 대해 살펴보면, 일반론으로서 앞에서 설명한 바와 같은 부작용은 지적되고 있지만, 통계적으로 조사·분석된 자료를 찾아보기는 어렵기 때문에, 예견 가능성이 인정된다고 해도 상당히 추상적인 정도가 될 것이다. 둘째로, 결과회피 의무에 대해서 보면, 애초에 특정 기법을 하지 않았어야 할 정도는 아니며, 특정 기법 시행 중 부작용이 나타나면 그 시행을 중단해야 할 의무 정도일 것이다.

더구나 특정 기법이 원인이 되어 우울증 증상이 심해졌고, 이로 인하여 출근할 수 없게 된 결과 사이에 인과관계를 인정하기도 어렵다. 왜냐하면 우울증은 일상생활이나 직장생활 등에서 여러 스트레스 요인에 의해 나타날 수 있어서, 그 원인을 하나로 특정할 수 없기 때문이다. 그러므로 사례의 경우, 예견 가능성, 결과회피 의무, 인과관계의 어느 측면에서도 상담자에게 책임을 지우기는 어려울 것이다.

4. 설명의무 및 보고의무

작년에 개업한 상담자 A는 얼마 전 미국에서 새로운 심리기법이 개발되었다고 해서 공부해 보니 특별한 자격이나 도구 등이 필요 없는 간단하고 유효한 심리기법임을 알게 되었다. 그래서 정기적으로 상담을 하고 있지만 좀처럼 개선의 기미가 보이지 않는 내담자에게 이 기법을 시도해 보았다. 간편하게 활용할 수 있는 기법이므로 문제가 없을 것으로 생각하고, 내담자에게 이 기법에 관해 설명하고 동의를 얻는 절차는 별생각 없이 생략했다. 그러자 상담 과정이 평소와는 다른 것에 대해 이상하게 여긴 내담자가 뭔가 상담 과정이 평소와 다르다는 의문을 제기했다. 이에 A는 "당신에게 맞는 기법을 찾으려고, 지금까지와는 다른 기법으로 시도해 보았습니다."라고 솔직하게 대답했다. 이에 내담자는 '이상한 기법으로 상담을 받을까 봐 두려워서 더 이상 못 오겠다.' '나에게 적용한 상담기법이 도대체 무엇이냐?' '그동안의 상담기록(상담기록부)을 보여 달라.' 등의 이메일을 계속 보내왔다. 상담기법에 관해 사전에 설명을 소홀히 한 것이 실수였다는 생각이 든다. 이러한 상황에 어떻게 대처해야 할지 고민이 많다.

이 같은 상황에서 설명의무, 보고의무, 상담기록(상담기록부) 열람 의무에 대해 살펴본다.

1) 설명의무와 보고의무

상담에 적용되는 준위임계약의 경우, 수임인은 위임인의 청구가 있는 때에는 위임사무의 처리 상황을 보고하고 위임이 종료한 때에는 지체 없이 그 전말을 보고하여야 한다(「민법」 제683조). 이는 수임인의 보고의무를 규정한 것이다. 따라서 상담자는 내담자가 요청하는 경우, 심리상담에 관해 보고할 의무가 있다. 설령 계약서를 교환하지 않았더라도, 이는 상담자의 당연한 의무이다.

한편 내담자가 이러한 「민법」상 보고의무를 청구하지 않았더라도 상담 방법의 선택 등 내담자의 요구나 특별한 요청 사항이 있는 경우에는, 내담자의 자기결정권을 존중한다는 차원에서 사전에 그 내용을 설명할 의무가 있다. 이는 의사 등의 의료행위에 관한 설명의무와 같은 취지이다(「의료법」 제24조의2).

「의료법」

제24조의2(의료행위에 관한 설명) ① 의사, 치과의사 또는 한의사는 사람의 생명 또는 신체에 중대한 위해를 발생하게 할 우려가 있는 수술, 수혈, 전신마취(이하 이 조에서 "수술등"이라 한다)를 하는 경우 제2항에 따른 사항을 환자(환자가 의사결정능력이 없는 경우 환자의 법정대리인을 말한다. 이하 이 조에서 같다)에게 설명하고 서면(전자문서를 포함한다. 이하 이 조에서 같다)으로 그 동의를 받아야 한다. 다만, 설명 및 동의 절차로 인하여 수술등이 지체되면 환자의 생명이 위험하여지거나 심신상의 중대한 장애를 가져오는 경우에는 그러하지 아니하다.

② 제1항에 따라 환자에게 설명하고 동의를 받아야 하는 사항은 다음 각 호와 같다.

1. 환자에게 발생하거나 발생 가능한 증상의 진단명
2. 수술등의 필요성, 방법 및 내용
3. 환자에게 설명을 하는 의사, 치과의사 또는 한의사 및 수술등에 참여하는 주된 의사, 치과의사 또는 한의사의 성명
4. 수술등에 따라 전형적으로 발생이 예상되는 후유증 또는 부작용
5. 수술등 전후 환자가 준수하여야 할 사항

특히 최신 심리기법이기 때문에 그 부작용 여부나 정도 등이 아직 불분명한 경우에는 더욱 엄격한 설명의무를 부담한다. 전문적인 정신치료 기법을 실시할 경우, 상담자(치료자)는 이를 시행하기 전에 그 분야의 전문가와 상담하는 것이 필수적이며, 정신치료 기법의 활용법 및 부작용에 대해 제대로 습득하여 내담자에게 이를 설명할 의무가 있다.

2) 상담기록(상담기록부)의 열람

상담자들은 상담 시 의료 분야에서의 진료기록부와 유사한 것을 작성할 것인데, 이와 관련하여 어떠한 법적 의무가 발생하는지를 의료 분야와 비교하여

설명한다.

첫째로, 작성 의무이다. 의료인의 경우는 「의료법」에서 의료인에게 환자의 주된 증상, 진단 및 치료 내용 등에 관한 사항과 의견을 상세히 기록하고 서명하도록 규정하고 있다(「의료법」 제22조 제1항). 즉, 의사를 포함하여 의료인은 진료기록부를 작성할 의무가 있다는 것이다. 이러한 진료기록부는 10년간 보존하여야 한다(「의료법 시행규칙」 제15조 제1항 2호). 이에 비해 상담의 경우, 상담기록을 기록하고 보존해야 한다는 법률상 규정은 없다. 그러므로 일반법(「민법」)의 규정에 따르게 되는데, 준위임계약에 관한 「민법」 제683조는 앞에서 기술한 바와 같이, '위임사무의 처리 상황'을 보고할 의무를 정하고 있을 뿐이다. 따라서 상담사는 반드시 상담기록(상담기록부)을 작성할 의무는 없다.

「의료법」

제22조(진료기록부 등) ①의료인은 각각 진료기록부, 조산기록부, 간호기록부, 그 밖의 진료에 관한 기록(이하 "진료기록부등"이라 한다)을 갖추어 두고 환자의 주된 증상, 진단 및 치료 내용 등 보건복지부령으로 정하는 의료행위에 관한 사항과 의견을 상세히 기록하고 서명하여야 한다.

둘째로, 열람 의무이다. 「의료법」상 환자는 의료인, 의료기관의 장 및 의료기관 종사자에게 본인에 관한 기록에 대하여 열람 또는 그 사본의 발급 등 내용의 확인을 요청할 수 있다. 이 경우 의료인, 의료기관의 장 및 의료기관 종사자는 정당한 사유가 없으면 이를 거부할 수 없다(「의료법」 제21조 제1항). 또한 「개인정보 보호법」상 진료기록부는 개인정보(민감정보)에 해당하므로, 의료인이나 의료기관은 본인(환자)에 대해 열람 의무를 진다(「개인정보 보호법」 제35조 제1항).

「의료법」

제21조(기록 열람 등) ① 환자는 의료인, 의료기관의 장 및 의료기관 종사자에게 본인에 관한 기록(추가기재·수정된 경우 추가기재·수정된 기록 및 추가기재·수정 전의 원본을 모두 포함한다. 이하 같다)의 전부 또는 일부에 대하여 열람 또는 그 사본의 발급 등 내용의 확인을 요청할 수 있다. 이 경우 의료인, 의료기관의 장 및 의료기관 종사자는 정당한 사유가 없으면 이를 거부하여서는 아니 된다.

「개인정보 보호법」

제35조(개인정보의 열람) ① 정보주체는 개인정보처리자가 처리하는 자신의 개인정보에 대한 열람을 해당 개인정보처리자에게 요구할 수 있다.

이와 같은 논리에 의해, 상담의 경우에도 상담자가 개인정보취급자에 해당하면(다음의 '비밀 준수 의무' 참조), 역시 정보주체(내담자)에 대해 '개인정보' 열람 의무를 부담한다. 여기서 '개인정보'란 살아 있는 개인에 관한 정보를 의미하므로, 성명, 주민등록번호 등을 포함한다(「개인정보 보호법」 제2조 1호). 만일 진료기록부를 작성한 경우라면, 그 진료기록부도 개인정보에 해당하므로, 정보주체(내담자)의 열람 요청이 있으면 이를 거부할 수 없다. 만일 거부하면 손해배상(위자료) 청구의 대상이 될 것이다.

한편 상담자가 내담자와 상담하면서 자신이 느낀 점이나 아직 확실치 않은 개인적인 의견을 메모해 두는 경우가 있을 것이다. 예를 들어, 메모에 '경계성 인격장애의 가능성 있음' '자기애성 성격장애 경향' 등의 메모를 (내담자가 볼 것이라 예상하지 않고) 적어 두는 것이다. 이에 대해서도 열람 의무를 부과한다면, 상담자는 자유롭게 메모를 기재할 수 없게 되어 상담 진행에 지장을 줄 수도 있다. 이는 열람 의무의 범위에 관한 문제라고 할 수 있는데, 우리나라 「개인정보 보호법」에서는 이 경우에 적용할 명확한 규정이 없어, 향후 이에 관한 추가적인 논의가 필요하다.

참고로, 이 책의 부록에 실린 '상담 동의서' 견본 양식에는 내담자로부터의 상담기록(상담기록부) 열람 청구를 거부할 수 있는 내용으로 되어 있다. 예를 들어, 상담자가 고의 또는 과실로 인해 내담자에게 손해를 끼쳐서 상담기록(상담기록부)을 확인할 필요가 있는 경우, 동의서의 이 조항을 근거 삼아서 열람 청구를 거부하는 것은 권리남용(「민법」 제2조 제2항)으로 인정되지 않을 수 있다.

5. 의뢰 의무

최근 자격증을 취득한 상담자 A는 주로 이론 위주의 상담 공부를 해 왔기 때문에 임상 경험이 부족하여 복잡한 고도의 기법을 시행하기에는 아직 서투르다. 그런데 얼마 전 친구로부터 직장 문제로 고민하는 사람이 있으니 상담을 해 줄 수 있느냐는 부탁을 받았다. 소개받은 내담자는 직장 문제뿐만 아니라, '밤에 잠을 잘 수 없다.' '식욕이 없다.' '무엇을 해도 즐겁게 느껴지지 않는다.' '매사에 의욕이 없다.' '이런 상태가 나타난 지 1개월 정도 지났다.'라고 호소했다. A는 내담자가 우울증일 수도 있다고 생각했지만, 주요 증상이 나타나기 시작한 지 아직 얼마 되지 않았기 때문에, 우선은 대면 상담이 필요하다고 생각하고 상담을 시작했다. 그러나 몇 달이 지나도록 내담자의 상태는 전혀 개선되지 않았다. 이대로 상담을 계속해도 되는가?

환자를 다른 병원으로 소개하는 것을 전원(轉院)이라고 하는 데 비해, 상담에서 내담자를 다른 전문기관에 소개하는 것을 '의뢰'라고 한다. 이를 전원과 비교하면서, 의뢰 의무의 내용과 정도에 대해 살펴보기로 한다. 의료 분야에서는 천재지변, 감염병 의심 상황, 집단 사망사고의 발생 등 입원환자를 긴급히 전원시키지 않으면 입원환자의 생명·건강에 중대한 위험이 발생할 수 있음에도, 환자나 보호자의 동의를 받을 수 없는 등 불가피한 사유가 있는 경우에는 시장·군수·구청장의 승인을 받아 입원환자를 다른 의료기관으로 전원시킬 수 있도록 하여(「의료법」 제47조의2), 입원환자의 전원을 인정하고 있다. 일본에서는 의사에게 전원 의무를[3] 부과하고 있는 것에 비해,[4] 우리나라에서는 의사에게 의무를 부과하는 정도까지는 아니고 필요한 경우에 전원시킬 수 있다는 정도로 규정하고 있다.

한편 상담 분야에서는 입원환자의 전원을 인정하는 「의료법」 조항과 같은 법 규정이 없다. 다만, 상담 계약(준위임계약)상 수임인에게 부여된 선관주의 의무(「민법」 제681조)에 근거하여, 상담자가 내담자의 상태에 대해 자신이 계속 대처하는 것이 부적절하다고 판단하는 경우, 그 취지를 내담자에게 설명할 의무는 있다. 또한 내담자가 원하면 자신이 알고 있는 범위에서 다른 상담센터나 병원 등을 소개할 의무도 있을 것이다. 하지만 소개할 기관을 특정하여 자신의 내담자를 받아 줄 수 있는지 확인할 의무까지는 없을 것이다. 그렇다면 이 사례의 경우에 상담사는 내담자에게 "우울증이 있을 가능성이 있고 상담을 통해 치료하기는 어려우니 일단 병원에 가 보는 게 좋겠습니다."와 같이 설명할 의무는 있다.

「민법」

제681조(수임인의 선관의무) 수임인은 위임의 본지에 따라 선량한 관리자의 주의로써 위임사무를 처리하여야 한다.

나아가 설명만 해 줄 것이 아니라, 의뢰할 때는 사전 동의 원칙에 따라 몇 군데의 기관을 상담자가 제시해서 내담자가 적절한 기관이나 전문가를 스스로

3) 환자를 수용 가능한지 조회하고 이송할 의무를 말한다.

4) 일본 「의료법」 제1조의4 제3항에서, 의사는 필요에 따라 환자를 다른 의료기관에 소개하고 환자의 필요한 정보를 제공하는 등의 노력 의무가 있다고 규정하고 있으며, 전원 의무를 인정한 판례도 있다(最高裁平成 15年 11月 11日 判決).

결정할 수 있도록 돕는 것이 −법적 의무는 아니지만− 현실적, 윤리적으로 바람직하다. 그리고 의뢰할 경우, 내담자를 받아 줄 기관이나 전문가에게 내담자에 대한 정보를 제공하는 경우가 있다. 이렇게 제삼자에게 정보를 제공하는 때에는 먼저 내담자의 승낙을 얻어야 한다.

6. "죽고 싶다."라는 반응에 대한 대응(I)

상담자 A는 틈틈이 온라인을 통한 상담 플랫폼(단체)에서 자원봉사활동을 하고 있다. 이 플랫폼에는 자원봉사 상담자들이 24시간 교대로 채팅, 전화 통화, 문자를 통한 상담을 담당하고 있다. 얼마 전 A가 담당하는 시간에 "죽고 싶다." "칼로 손목을 그으려 한다." "이번이 처음이 아니다."라는 메시지가 채팅창에 올라왔지만, 먼저 받은 다른 상담들에 답변하느라 이 메시지에 바로 답장할 수 없었다. 그러던 중 담당 시간이 종료되어, 다음 상담사에게 인계하고 로그아웃을 했다. 며칠 뒤 어느 부모로부터 "우리 아이가 자살하려고 하면서, 당신에게 도움을 요청했는데 그걸 왜 무시했느냐?"는 원망과 함께, "당신이 책임지라."고 하는 전화를 받았다. 이 경우 A에게 법적 책임이 있는가?

상담과 관련하여, 내담자가 자살했을 경우의 책임 문제를 다룬 판례는 아직 존재하지 않는다. 여기서는 이와 유사한 판례를 참고하면서 대응책을 모색하고자 한다.

자살과 관련한 책임 문제는 ① 직장에서의 갑질이 원인이 되어 근로자가 자살한 경우, ② 학교에서 괴롭힘(왕따)을 원인으로 아동·학생이 자살한 경우, ③ 정신병원에 입원한 환자가 병원 내에서 자살한 경우 등에서 찾아볼 수 있다. 이중 ①, ②에서는 가해자가 명확히 있으므로, 당연히 가해자에게 책임(「민법」 750조에 의한 불법행위 책임)을 물을 수 있다. 이와 동시에 회사 측(①의 경우)이나 학교(②의 경우)에 대해 갑질이나 괴롭힘을 방지해야 할 의무를 게을리한 책임도 물을 수 있고(안전배려의무 위반), 가해자의 사용자에게 배상책임(「민법」 제756조)을 물을 수도 있다. ③에서는 명확한 가해자가 없지만(병이 원인일 수도 있으므로), 병원 측에 대해서 환자의 자살을 방지해야 할 안전배려의무를 위반한 책임을 물을 수 있을 것이다.

「민법」

제750조(불법행위의 내용) 고의 또는 과실로 인한 위법행위로 타인에게 손해를 가한 자는 그 손해를 배상할 책임이 있다.

제756조(사용자의 배상책임) ①타인을 사용하여 어느 사무에 종사하게 한 자는 피용자가 그 사무집행에 관하여 제삼자에게 가한 손해를 배상할 책임이 있다. 그러나 사용자가 피용자의 선임 및 그 사무감독에 상당한 주의를 한 때 또는 상당한 주의를 하여도 손해가 있을 경우에는 그러하지 아니하다.

②사용자에 갈음하여 그 사무를 감독하는 자도 전항의 책임이 있다.

이 사안에서는 플랫폼 사업자(운영자)가 직접적인 가해자는 아니므로(원래 자살의 원인을 만든 것이 아니므로), 앞의 ③(정신병원 사례)과 같은 사례에 해당한다. 또한 제1장에서 다뤘던 바와 같이, 상담의 법적 성질은 의료행위와 마찬가지로 준위임계약이기 때문에, 병원 측의 책임이 거론되는 사례와 법리가 유사하다. 이에 정신병원의 사안을 참고하여 온라인 상담 사례를 살펴보자.

정신병원의 사안에서는, ① 환자의 자살을 예견할 수 있었는지(예견 가능성)와 ② (예견할 수 있었다면) 자살이라는 결과를 회피할 의무가 있었는지의 두 가지 요소를 고려하여, 병원이 안전배려의무를 위반했는지를 판단한다. 일반적으로 정신질환자는 자살률이 높은 것으로 알려 져있으나 그것만으로 예견 가능성이 항상 인정되는 것은 아니며, 과거에 자살을 시도한 적이 있었는지 또는 자살을 예고하는 언동을 보였는지 등의 구체적인 사정을 고려한다. 만일 자살자가 입원 생활 중에 사고 없이 통상적인 생활을 했고 자살의 우려를 보이는 움직임은 없었다면, 병원 측의 책임을 인정하기는 어려울 것이다.

또한 결과회피(자살 방지) 의무로서 병원 측에 신체 구속이나 폐쇄 병동 입원 등의 조치를 취했어야 했는지, 감시 체제를 강화했어야 했는지, 자살 도구가 될 만한 것을 배제했어야 했는지 등을 고려한다. 만일 과거에 여러 차례의 자살 미수가 있었던 환자가 억제대를 풀어서 자살했다면, 병원 측은 특별히 충분한 감시와 충분한 간호 의무를 부담하여 쉽게 억제대가 풀리지 않도록 해야 할 의무가 있을 것이므로, 병원 측의 책임을 인정할 수 있을 것이다.

이상을 참고하여 온라인 상담 사례를 검토해 보면, 첫째, 메시지를 보낸 사람은 "죽고 싶다."라는 말로 직접 자신의 상황을 알리며, "칼로 손목을 그으려고 한다."라는 급박한 상황을 알렸고, 과거에도 미수 경험이 있다고 말한 것으로 보아, 담당 상담자나 상담플랫폼 운영자 측의 예견 가능성은 인정된다. 둘째, 결과회피 의무에 대해 살펴보면, 정신병원과 달리 온라인 상담에서는 칼을 빼앗는 등 상대방의 신체에 직접 개입할 수 있는 상황이 아니다. 그러므로 물리적으로 자살행위를 막는 것은 불가능하다. 현실적으로 가능한 대안은 메시지를 보낸 내담자의 위치를 알 수 있다면, 경찰 등에 출동·대응을 요청하거나 자살 시도를 하지 않게 설득하는 것을 생각할 수 있다.

여기서는 상담자나 운영 측에게 현실적으로 가능한 수단을 취하도록 법적 의무를 부과하는 것이 정당한지 아니면 너무 가혹한지가 문제된다. 온라인 상담자에게 여러 통의 메시지가 도착하고 있는 상황에서 다른 메시지에도 대처해야 할 긴급성이 높으며, 당시의 운영체제에서는 대처할 능력의 한계를 물리적으로 넘어섰을 경우라면, "죽고 싶다."라는 메시지에 대한 대응이 뒤로 밀려났다고 해도 어쩔 수 없다고 할 것이다. 즉, 상담자나 운영자 측에 결과 회피 의무를 지게 해서는 안 될 것이다.

이 사례에서는 "죽고 싶다."라는 메시지가 다른 상담 메시지들과 함께 섞여 있는 경우, 운영자가 긴급도 선별(triage)을[5] 해야 할 의무를 지고 있는지가 문제되는데, 이 기관은 의료기관이 아니므로 그러한 의무를 지우는 것은 지나치다. 또한 의사는 환자로부터 진료 요청을 받으면 정당한 사유 없이 거부하지 못하지만(진료거부 금지, 「의료법」 제15조), 상담자에게는 그러한 의무가 없다. 결론적으로, 상담자와 운영자 측의 예견 가능성은 인정되지만, 결과회피 의무의 위반까지는 인정되지 않으므로, 안전배려의무를 위반했다고 하기는 어렵다. 즉, 자살 미수에 관한 법적 책임이 없다.

7. "죽고 싶다."라는 반응에 대한 대응(II)

상담자 A는 틈틈이 온라인을 통한 상담 플랫폼(단체)에서 자원봉사활동을 하고 있다. 이 플랫폼에는 자원봉사 상담자들이 24시간 교대로 채팅, 전화 통화, 문자를 통한 상담을 담당하고 있다. 얼마 전 A가 담당하는 시간에 "죽고 싶다." "칼로 손목을 그으려고 한다."라는 메시지가 채팅창에 올라왔다. 그러나 이 메시지를 보낸 사람은 이전에도 몇 차례나 같은 메시지를 보낸 적이 있어서, 이번에도 장난하는 것으로 생각했다. 그래서 A는 "예전에도 여러 번 이런 메시지를 보낸 적이 있는 걸로 아는데요…"라고 응답했다. 그러자 "그래서? 네가 뭘 알아? 정말로 죽어 버릴 거야!"라고 하고는 채팅방에서 퇴장해 버렸다. 며칠 뒤 한 부모로부터 우리 아이가 자살 미수를 했다는 소식과 함께, 그 애가 남긴 메모에 "그 상담자에게 본때를 보여 주겠다."라고 적혀 있었다는 소식을 들었다. 그 부모는 "당신과의 채팅 기록을 봤는데, 자살하겠다는 사람의 얘기를 장난처럼 다루다니 정말 너무하네요. 당신이 책임지세요."라고 주장한다. 이 경우 A의 법적 책임은 인정되는가?

5) 부상자의 치료 우선 선별(triage)이란 전쟁이나 재해로 동시에 많은 부상자가 생겼을 때 우선해서 치료해야 할 사람을 가려내는 일이다.

앞의 ‘“죽고 싶다.”라는 반응에 대한 대응(I)’에 이어서 예견 가능성과 결과회피 의무에 관해 검토하고자 한다. 여기의 사례들은 법적 책임 문제를 부각하여 독자들의 이해를 돕기 위한 것이다. 실제 상담자들은 상담 시에 이 사례들과는 다르게 매우 전문성 있는 상담을 할 것이다.

1) 예견 가능성과 결과회피 의무

상담자 A의 법적 책임 여부를 판단하기 위해서는 두 가지를 살펴보아야 할 것이다.

첫째, 예견 가능성이다. 메시지를 보낸 사람은 “죽고 싶다.”라고 직설적으로 말했고, “칼로 손목을 그을 것”이라고 긴박한 상황을 알리고 있어서, 상담자와 온라인 운영자 측의 예견 가능성은 인정된다. A의 입장에서는 이전에도 몇 번이나 같은 메시지를 보낸 적이 있어서, 진심이 아니라고 생각했다(즉, 예견하지 못했다)고 변명할 수 있을 것이다. 그러나 온라인 상담에는 자살할지 말지 고민하는 사람도 메시지를 보낼 것이므로, 장난이 분명하다고 명확히 알 수 있는 내용이 아닌 한, 예견 가능성은 부정되지 않을 것이다.

둘째, 결과회피 의무이다. 이 사례에서 이 의무를 구체적으로 확정해 보면, 상담자는 상담 훈련을 받은 사람으로서 채팅에서 적절한 단어를 선택하여, 메시지를 보낸 사람의 심적 고통이 경감되도록 할 의무가 있다. 다만, 상대방의 정신적 고뇌를 해소해야 하는 결과 책임까지 부담하는 것은 아니다. 이 사안에서 상담자의 채팅 문구를 보면, 내담자의 메시지를 장난으로 단정하여 상대방을 탓한 것은 아니므로 결과회피 의무를 위반했다고까지는 평가할 수 없다.

그러나 만일 A가 “죽겠다는 사람치고 진짜로 죽는 사람을 아직 본 적이 없네요. 실제로 당신은 지금까지 몇 번이나 죽고 싶다고 말했지만, 아직도 살아 있잖아요.”라며 상대방의 감정을 자극했다면, 그것이 상담자가 역설적 기법으로 내담자를 직면시키려는 의도적 시도였다고 해도, 상담자가 내담자의 정신적 고뇌를 경감시키려고 노력했다는 평가를 받기는 어려울 것이다. 이보다는 오히려 적극적으로 선관주의의무를 위반했다는 평가를 받을 가능성이 있다. 상대방의 감정과 생각을 존중해야 하는 상담자의 직업 윤리상 말을 하거나 글을 쓸 때 신중해야 할 것이다.

2) 과실상계

설령 상담자와 운영자 측이 책임을 지는 경우라도 자살 미수의 원인은 원래 따로 존재하고 있어 상담자의 대응은 문제의 발단이 된 것에 지나지 않는다면, 상담자와 운영 측에게 모든 책임을 지우는 것은 지나칠 것이다. 이와 유사한 상황으로서, 심장질환이나 뇌혈관질환 등의 기저질환이 있는 근로자가 장시간 야근 등으로 스트레스가 계기가 되어 심근경색이나 뇌경색 등으로 사망한 산업재해 사안이 있다. 이 경우 원래의 원인은 기저질환이므로 그 발병에 대해 회사 측이 책임져야 하는 것은 아니지만, 악영향 요인에 대해 회사 측에 책임이 있는 경우 회사 측은 사망에 대해서 책임이 있다. 그렇다고 해도, 회사에게 모든 책임(손해배상)을 지우는 것은 가혹하므로, 과실상계라는 제도를 통해 회사 측의 책임 부담 비율을 감경한다.[6] 이러한 논리에 따르면, 설령 상담자와 운영자 측이 책임을 지는 경우라도 과실상계에 따라 이들의 책임 부담 비율은 감경될 것이다.

6) 과실상계란 피해자에게도 과실이 있으면 가해자가 배상할 손해배상의 책임과 금액의 결정에 있어서 그 과실을 참작하는 것을 말한다. 예를 들어, 교통사고 시 보행자가 적신호를 무시하고 횡단보도를 건너다가 자동차에 치인 경우, 자동차 측이 부담해야 할 손해를 70% 정도로 감액하는 것 등이다.

3) 내담자의 손해배상(위자료) 청구 근거

이 사례에서 자살 미수가 일어난 것은, 상담자의 대응이 발단이었다. 즉, 상담자의 대응과 자살 미수에 인과관계가 있다는 것에 대해, 자살을 시도하기 전에 남겨 둔 메모를 통해 알 수 있다. 만일 이 메모가 없었었더라면 상담자의 대응과 자살 미수 결과 사이에 인과관계 존재 여부가 분명하지 않을 수도 있다. 자살을 시도한 사람 측에서는 이처럼 인과관계의 존재 여부가 불분명한 경우 원인(상담자의 대응)과 결과(자살 미수) 사이의 인과관계에 근거한 손해가 아니라, 적절한 상담을 받아 볼 기회를 상실한 것을 이유로 정신적 고통에 대한 위자료만을 청구하거나, 상담자가 제대로 대응해 줄 것으로 기대한 것에 대한 손해(위자료)배상을 청구하는 것이 유리할 것이다.

이것은 의료사고에서 인정되고 있는 방식을 참고한 것이다. 의료사고 소송에서는 의사가 적절한 처치를 했다면 사망하지 않았을 것이라는 점을 의학적으로 증명하기 어려운 사례가 많다. 왜냐하면 애초에 인간의 신체는 유기적이며 복잡하여 의학적으로 탐구하여 사고 원인을 밝히기가 어렵고, 여러 질병이 발병한 때에는 사망원인을 명확하게 특정하기도 어렵기 때문이다. 다만, 환자 측으로서는 적절한 조치를 하였다면, 어쩌면 사망하지 않았을 것(또는 사망하더라도 조금은 더 오래 살 수 있었을 것)이라는 기대를 하는 것은 당연한 감정이다. 바꿔 말하면, 환자가 적절한 치료를 받아 볼 기회를 상실함으로써 정신적 고통을 입게 된 것이다. 그러므로 법원은 생명이라는 중대한 법익(법으로 보호할 이익)에 대하여 그러한 기대를 품는 것 자체, 또는 적절한 치료를 받을 기회를 잃은 것 자체를 법적 보호의 대상으로 하여, 현저히 부적절한 처치를 한 경우에 위자료를 인정하고 있다.[7)]

7) 대법원 2006. 10. 13. 선고 2006다45121 판결; 대법원 2003. 2. 14. 선고 2002다53766 판결; 대법원 2001. 11. 13. 선고 2001다50623 판결.

그렇다면 상담의 경우에도 만일 현저하게 부적절한 대응을 한 경우 생명에 대한 기대권이 침해되었다고 하거나 적절한 상담을 받을 기회를 잃게 했다는 것을 근거로 하여, 위자료를 인정할 여지가 있다. 다만, 의료사고의 경우에는 환자 측은 병원 측이 적절한 치료를 할 것이라는 강한 기대를 하는 데 비해, 상담의 경우에는 통상적으로 내담자가 상담자에게 그 정도로까지 강한 기대를 하고 있지는 않을 것이다. 따라서 설령 상담의 경우에 기대권 침해에 따른 위자료가 인정된다고 하더라도 의료사고의 경우와 비교하면 그 위자료는 적을 것이다.

4) 면책조항

설령 상담 이용약관에 "모든 손해에 대해 일체 책임을 지지 않습니다."라는 면책조항이 들어 있더라도, 이는 「약관의 규제에 관한 법률」 제7조(면책조항의 금지)에 따라 무효이므로 주의할 필요가 있다(앞의 '상담에서 설명의무 및 보고의무' 참조).

8. 비밀 준수 의무

상담자 A는 지인의 소개를 통해 부모와 자녀 간의 관계로 고민하는 내담자(중학생)의 상담을 맡게 되었다. 상담을 시작할 때, 내담자는 상담 중에 나온 얘기들을 절대로 부모에게 말하지 말 것을 강하게 요청했다. 이에 A와 내담자와의 사이에 "상담 내용은 가족을 포함한 제삼자에게 공개하지 않겠습니다."라는 각서를 교환했다. 그런데 며칠 전, 상담 과정에서 내담자가 "이제 어쩔 수 없다. 아버지를 죽이고 나도 죽겠다."라고 심각한 얼굴로 중얼거렸다. A는 "죽이고 싶을 정도로 고민하고 있군요."라고 응답했고, 내담자는 잠시 입을 다물고 있다가 "이제는 죽일 수밖에 없습니다. 이번 주 안에 실행하겠습니다. 지금까지 감사했습니다."라며 상담실을 나갔다. A는 통상적으로 자신이나 타인에게 해를 끼칠 우려가 있는 경우에는 비밀 준수 의무를 지키지 않아도 된다고 알고 있으며, 이런 방침에 따라 상담센터를 운영해 왔다. 그러나 실제로 각서를 교환할 때는 내담자가 중학생이기도 해서 이에 대해 자세한 설명을 하지는 않았다. 또한 내담자의 아버지는 상당히 성격이 급한 것 같아서 이를 부모에게 말하면, 오히려 내담자의 신변에 위험이 미칠지도 모른다는 생각도 든다. 이 경우 어떻게 해야 할까?

상담을 하면서 "갑(상담자)은 을(내담자)과의 상담을 통해 알게 된 개인정보 및 상담 내용을 을의 허가 없이 제삼자에게 알리지 않을 것을 약속한다." 등과 같은 비밀 준수 의무에 관한 계약(합의)을 할 수 있다. 또한 「개인정보 보호법」은 개인정보처리자에게[8] 적용되므로, 상담자가 개인정보(성명, 생년월일, 연락처 등)를 컴퓨터 등으로 체계적으로 관리하는 경우, 개인정보처리자로서 「개인정보 보호법」의 규율을 받게 된다.[9] 나아가 비밀 준수 의무 계약을 분명하게 체결하지 않은 경우나 개인정보처리자에 해당하지 않는 경우라도, 계약의 일반적 해석으로도 상담사는 내담자를 보호할 의무가 있다.

이밖에 한국상담학회 소속 전문상담사들에게 적용되는 윤리강령,[10] 한국상담심리학회 소속 상담심리사에게 적용되는 윤리규정[11] 등 상담 관련 자격증을 발급하는 학회나 협회 등의 윤리규정에서도 비밀 준수 의무를 명시하고 있다. 이러한 비밀 준수 의무를 위반한 때에는 내담자의 인권을 침해한 것이므로

8) "개인정보처리자"란 업무를 목적으로 개인정보파일을 운용하기 위하여 스스로 또는 다른 사람을 통하여 개인정보를 처리하는 공공기관, 법인, 단체 및 개인 등을 말한다(「개인정보 보호법」 제2조 5호).

9) 예를 들어, 「개인정보 보호법」 제18조 제1항에 따른 개인정보의 목적 외 이용·제공 제한 등이다.

10) 한국상담학회 웹사이트(https://counselors.or.kr/KOR/kca/law3.php).

11) 한국상담심리학회 웹사이트(https://krcpa.or.kr/user/sub02_9.asp).

정신적 손해(위자료)를 지급할 의무를 진다. 또한 비밀누설로 인해 내담자에게 구체적인 손해가 발생한 때에는 그 손해를 배상할 의무를 진다. 그런데 긴급한 경우에까지 비밀 준수 의무를 무조건 지키다가는 내담자 자신이나 제삼자에게 중대한 문제가 생길 것을 알면서도 이를 간과할 수가 있다. 이 경우 오히려 비밀 준수 의무를 지킨 측(상담사)이 제삼자로부터 책임을 추궁당할 가능성도 있다.

따라서 「개인정보 보호법」에서는 정보주체 또는 그 법정대리인이 의사표시를 할 수 없는 상태에 있거나 주소불명 등으로 사전 동의를 받을 수 없는 경우로서 명백히 정보주체 또는 제삼자의 급박한 생명, 신체, 재산의 이익을 위하여 필요하다고 인정되는 경우 개인정보를 목적 외의 용도로 이용하거나 이를 제삼자에게 제공할 수 있다고 규정하고 있다(「개인정보 보호법」 제18조 제2항 3호). 또한 법률의 일반적 해석으로도, 긴급한 경우(정당한 이유가 있는 경우)에는 합의를 어기거나 상대방의 이익을 해치더라도 위법성은 조각(阻却, 인정되지 않음)된다. 즉, 법적 책임을 지지 않는다. 「형법」과 「민법」에 정당방위나 긴급피난을 규정하고 있는 것도 이와 같은 이유이다.

앞의 사례를 보면, 각서에 자신이나 타인에게 해를 끼칠 우려가 있는 경우에는 비밀 준수 의무를 지키지 않아도 된다고 기재하지는 않은 것 같지만, 비록 기재하지 않았다고 하더라도 법률의 일반적 해석으로서 긴급한 사정이 있는 경우에는 비밀 준수 의무가 해제된다. 그러므로 사례의 경우 내담자 자신이나 그 가족에게 생명, 신체상 위험이 발생한 상황이어서 비밀 준수 의무는 해제되므로, 신속히 경찰 등 관계 기관에 알려야 할 것이다.

9. 제삼자 보호 의무

미국의 타라소프 사건[12]은 상담자의 비밀 준수 의무 및 그 한계와 관련한 유명한 미국 판례이다. 이 사건은 1969년 8월 캘리포니아 버클리 대학교(U.C. Berkeley) 학생상담센터에서 상담을 받던 학생(내담자)이 상담자에게 자신의 여자친구(타라소프)를 살해할 계획에 대해 말한 것에서 시작한다. 그 후 상담센터 측은 타라소프와 그녀의 가족에게 아무런 사전경고를 하지 않았고, 결국 약 2개월 후 내담자는 타라소프를 살해했다.

타라소프의 부모는 학생상담센터가 잠재적 희생자(타라소프)에게 위협을 알리지 않았다는 이유로 캘리포니아 대학교 이사회를 상대로 소송을 제기했으나, 1심인 지방법원에서 기각되었다. 이에 타라소프의 부모는 항고했고, 마침내 캘리포니아주 대법원은 상담자가 잠재적 희생자에게 사전경고하지 않은 것은 무책임한 행동이었다고 판결했다. 즉, 내담자가 제삼자에게 피해를 줄 상황이 예상될 경우, 상담자는 이 사실을 제삼자에게 알릴 의무가 있다는 것이다. 이러한 제삼자 보호 의무는 앞의 '비밀 준수 의무'에서 살펴보았던 비밀 준수 의무의 예외와 비슷해 보이지만, 사실은 그렇지 않다. 비밀 준수 의무는 소극적으로 비밀을 밝히지 않고 가만히 있으면 되지만, 제삼자 보호 의무는 소극적인 비밀 준수 의무의 해제를 넘어, 피해 방지를 위해 적극적으로 무엇인가를 하는 작위의무까지 부담한다는 점에서 차이가 있다. 바꿔 말하면, 비밀 준수 의무는 내담자로부터 "왜 내 허락 없이 말했는가?"라고 비난받지만, 제삼자 보호 의무는 제삼자(피해자)로부터 "왜 (내담자를) 멈추게 하지 않았는가?"라고 책망을 받는다는 차이가 있다.

직관적으로 생각하면 '제삼자가 위험에 처할 것 같으면 당연히 경찰에 신고하거나 피해를 방지해야 할 책임이 있다.'라고도 생각할 수 있다. 그러나 윤리적 책임(도의적 책임)과 법적 책임은 다르다. 법적 책임은 국가권력에 의한 강

12) Tarasoff v. Regents of the University of California, 17 Cal. 3d 425, 551 P.2d 334, 131 Cal. Rptr. 14 (Cal. 1976).

제력을 수반하므로(신체의 자유를 빼앗기는 형사벌, 개인의 재산을 강제로 압류당하는 민사적 배상 등), 책임(의무)을 지우기 위해서는 엄격한 기준이나 판단이 필요하다.

이러한 제삼자 보호 의무에 대해서는 아직 법학계에서도 깊이 있는 논의가 진행되지 않고 있다. 이러한 상황이기 때문에 상담 분야에서는 더욱 미개척 분야라고 할 수 있을 것이다. 이런 점을 고려하면서 상담 분야에서의 제삼자 보호 의무에 대해 의료행위와 비교하여 검토해 보면 양자는 다음과 같은 차이가 있다. 의료인이라면 환자가 진료를 요청하는 경우 정당한 사유 없이 이를 거부할 수 없다(「의료법」 제15조 제1항). 이렇게 환자의 진료 요청을 거부할 수 없는 법적 의무가 있는 이상, 그 환자가 제삼자를 가해할 우려가 있는 경우에는 이를 묵인해서는 안 된다고 생각할 수 있다. 즉, 제삼자 보호 의무를 인정해야 한다. 그러나 상담자에게는 의료인에게 부과하는 정도로 고도의 의무가 없으므로, 제삼자 보호 의무를 강하게 인정해서는 안 된다고도 생각할 수 있다. 하지만 이와 반대의 논리도 가능하다. 원칙적으로 진료 거부권이 없는 의사와는 달리, 상담자는 상담 계약을 자유롭게 체결하고 해지할 수 있다. 그런데도 상담자는 자기의 결정으로 스스로 상담 계약에 구속되기로 했기 때문에, 제삼자 보호 의무를 강하게 인정해야 한다고 볼 수도 있다. 그러므로 의사와의 차이, 즉 진료(상담) 거부를 할 수 있는지만으로 획일적인 기준을 설정할 수 없으며, 구체적인 사정별로 판단해야 할 것이다.

이처럼 획일적인 기준을 정하기가 어려운 경우, 일반적으로 판례는 몇 가지 고려 요소를 바탕으로 종합적으로 판단하는 방법을 자주 사용한다. 상담자의 경우에 고려해야 할 요소로는 내담자와의 관계성(상담 기간, 친밀도), 위법행위의 내용(피해의 중대성), 위험의 절박성, 방지책 강구의 용이성, 비대체성 등을 생각할 수 있다. 예를 들면, 처음 한 상담에서 내담자가 짜증이 나서 물건을 걷어차고 부수고 싶은 심정이라고 말했고, 며칠 뒤 내담자가 정말로 이웃집 벽을 망가뜨렸다고 하자. 이 경우 내담자와의 관계성은 아직 약하고 피해도 물질적인 손해에 그치고 있으며 내담자의 진술이 어디까지가 진심인지 파악하기 어렵고 어느 물건을 훼손하려고 했는지가 분명하지 않기 때문에, 방지책을 마련할 방법도 없고 상담자 이외에도 이러한 행동을 멈추게 할 사람이 있었을 것으로 예상할 수도 있다. 따라서 이 경우 제삼자 보호 의무는 인정되지 않는다. 즉, 피해자의 손해에 대해 상담자는 책임을 지지 않는다.

반면 수년간 계속해서 상담을 해 왔는데, 그중 내담자가 여러 차례 살인을 암시한 적이 있어서 진정하도록 설득했음에도 효과가 없었으며, 구체적인 범행일시나 대상자를 상담자에게만 통보했다고 가정하자. 이 경우 내담자와의 관계성은 긴밀하며, 내담자가 행동을 실행하면 돌이킬 수 없는 피해가 생기고, 농담이라고 생각되지 않을 정도로 절박하며, 가족의 연락처를 파악하고 있어 연락할 수 있고, 이 사태를 막을 수 있는 것은 상담자뿐이다. 따라서 이 경우에는 상담자에게 제삼자 보호 의무가 인정된다. 즉, 피해자의 행위에 대해 상담자도 일정한 책임을 진다는 결론에 이르게 될 것이다. 간단한 예시를 통하여 상담자의 제삼자 보호 의무에 대하여 알아보았다. 향후 이 같은 상담자의 의무에 관한 법적 논의가 활발해지길 기대한다.

10. 비방 피해에 대한 대응

상담자 A는 최근 인터넷 게시판에서 “A는 무능한 사이비 상담자다!” “A 때문에 우울증에 걸렸다!”라고 올라와 있는 글을 보았다. 그 후 주변 사람들이 자신을 보는 시선이 곱지 않은 것 같기도 하고, 왜 이런 글이 올라와 있는지 이유를 물어보는 지인들도 있다. 이런 글을 누가 올렸는지 짐작은 되지만, 확실하지는 않다. 어떻게 하면 좋을까?

인터넷상에 올라와 있는 글은 어디서 누가 볼 수 있을지 모르는데, 자신을 비방하는 내용의 글이 게시판 등에 있다면 매우 불쾌할 것이다. 중상모략에서 주로 문제가 되는 것은 '명예훼손'과 '사생활 침해'인데, 사례에서는 '무능한' '사이비' 등으로 사회적 명예를 저하하는 언동을 공공연히 불특정 다수에게 하고 있으므로 명예훼손에 해당한다. 따라서 명예훼손(불법행위)을 이유로 글의 삭제나 위자료 등을 청구할 수 있다.

그런데 인터넷상 명예훼손은[13] 가해자(글쓴이)를 알아내기 어렵다는 문제가 있다. 이 경우 우선, 그 침해를 받은 자는 해당 정보를 처리한 정보통신서비스 제공자에게 침해 사실을 소명하여 그 정보의 삭제 또는 반박 내용의 게재를 요청할 수 있다(「정보통신망 이용촉진 및 정보보호 등에 관한 법률」 제44조의2 제1항). 그리고 피해자가 민·형사상 소송을 제기하기 위하여 침해 사실을 소명하여 명예훼손 분쟁조정부에 해당 정보통신서비스 제공자가 보유하고 있는 해당 이용자의 정보를[14] 제공하도록 청구할 수 있다(「정보통신망 이용촉진 및 정보보호 등에 관한 법률」 제44조의6 제1항).

그런데 비방의 글을 가령 PC방과 같이, 누구나 이용할 수 있는 PC에서 올리거나 해외 서버를 경유하여 올리는 경우 비방글의 작성자를 알아내기 어려워진다. 이런 경우에는 이 분야에 전문성이 있는 변호사와 상담해 보는 것이 현실적인 방안이라고 할 수 있다. 아울러, 예를 들어 "죽여 버리겠다."라는 등 글의 내용이 매우 과격한 경우에는 협박죄(「형법」 제283조)에 해당할 수 있으니 경찰에 신고하는 것이 좋다.

13) 이를 통상 사이버 명예훼손죄라고 부른다. 사람을 비방할 목적으로 정보통신망을 통하여 공공연하게 사실을 드러내어 다른 사람의 명예를 훼손한 자는 3년 이하의 징역 또는 3천만 원 이하의 벌금에 처한다. 또한 사람을 비방할 목적으로 정보통신망을 통하여 공공연하게 거짓의 사실을 드러내어 다른 사람의 명예를 훼손한 자는 7년 이하의 징역, 10년 이하의 자격정지 또는 5천만 원 이하의 벌금에 처한다(「정보통신망 이용촉진 및 정보보호 등에 관한 법률」 제70조 제1항 및 2항).

14) 민·형사상 소를 제기하기 위한 성명·주소 등 대통령령으로 정하는 최소한의 정보를 말한다.

11. 스토킹 피해에 대한 대응

개업 상담사 A(여성)는 몇 달 전에 어느 남성과 온라인 상담을 한 적이 있다. 그 후 그 남성이 "선생님 같은 사람은 처음입니다! 답례로 식사를 대접하고 싶습니다!"라는 내용의 메일을 몇 차례 보냈기에 부드럽게 거절했다. 그래서인지 그 후 그 남자는 더 이상의 상담을 신청하지 않았다. 그 대신 그는 "좋아합니다."라는 메일과 문자를 여러 차례 보냈고, 심지어 고가의 장신구를 마음의 표시라며 보내기도 했다. 그래서 A는 메일로 "이러지 마세요. 곤란합니다."라고 했더니, 그 남성에게서 "내가 우습게 보여? 장난하는 것 같아? 너 때문에 미쳐 버리겠다!"라며 분노의 감정을 격하게 드러낸 문자가 왔다. 최근에는 상담센터 근처에서 그 남성으로 의심되는 사람을 보게 되어 두렵기도 하다. 어떻게 하면 좋을까?

상담에서는 개인적인 고민거리를 공유하기 때문에, 그 과정에서 내담자가 상담자에게 특별한 감정을 가질 수 있다. 또한 경계성 인격장애 등 타인과 적절한 거리감을 유지하는 것이 서툰 사람은 상담자와의 거리감도 극단적일 수 있다.

이 사례의 경우 상담자가 혼자 대처할 수 있는 한도를 이미 넘어서 전문가의 도움이 필요한 단계라고 할 수 있다. 먼저 변호사와 상담해 보는 것이 좋다. 아마도 변호사는 상대방(스토커)이 본인(상담자)에게 연락하거나 접근하지 못하도록 경고문(내용증명 우편)을 발송할 것이다. 상대방에게 사회적 지위가 있는 경우, 이러한 경고문으로도 괴롭힘(스토킹)을 그치는 경우가 많다. 그러나 상대방이 경고문의 발송만으로 스토킹을 멈추지 않을 수도 있다. 그 경우 경찰(국가권력)의 도움을 받아야 한다. 스토킹행위는 「스토킹범죄의 처벌 등에 관한 법률」(이하 「스토킹처벌법」)이나, 위력에 의한 업무방해죄(「형법」 제314조) 또는 협박죄(「형법」 제283조 제1항) 등에 따른 대처가 필요할 것이다.

스토킹처벌법상 스토킹행위란 상대방의 의사에 반(反)하여 정당한 이유 없이 상대방 또는 그의 동거인, 가족에 대하여 접근하는 등의 행위를 하여 상대방에게 불안감 또는 공포심을 일으키는 것을 말한다(동법 제2조 1호). 그리고 이러한 행위를 지속적 또는 반복적으로 하는 것을 스토킹범죄라고 한다. 이러한 스토킹범죄를 저지르면, 법원으로부터 형사처벌(징역 또는 벌금)을 받는데, 경우에 따라 수강명령[15] 또는 스토킹 치료프로그램의 이수명령을[16] 병과할 수 있다.

「스토킹범죄의 처벌 등에 관한 법률」

제2조(정의) 이 법에서 사용하는 용어의 뜻은 다음과 같다.

1. “스토킹행위”란 상대방의 의사에 반(反)하여 정당한 이유 없이 다음 각 목의 어느 하나에 해당하는 행위를 하여 상대방에게 불안감 또는 공포심을 일으키는 것을 말한다.
   가. 상대방 또는 그의 동거인, 가족(이하 “상대방등”이라 한다)에게 접근하거나 따라다니거나 진로를 막아서는 행위
   나. 상대방등의 주거, 직장, 학교, 그 밖에 일상적으로 생활하는 장소(이하 “주거등”이라 한다) 또는 그 부근에서 기다리거나 지켜보는 행위
   다. 상대방등에게 우편 · 전화 · 팩스 또는 「정보통신망 이용촉진 및 정보보호 등에 관한 법률」 제2조제1항제1호의 정보통신망(이하 “정보통신망”이라 한다)을 이용하여 물건이나 글 · 말 · 부호 · 음향 · 그림 · 영상 · 화상(이하 “물건등”이라 한다)을 도달하게 하거나 정보통신망을 이용하는 프로그램 또는 전화의 기능에 의하여 글 · 말 · 부호 · 음향 · 그림 · 영상 · 화상이 상대방등에게 나타나게 하는 행위

15) 수강명령이란 유죄가 인정되거나 보호처분의 필요성이 인정된 사람에 대해 일정 시간 동안 범죄성 개선을 위한 치료와 교육을 받도록 명하는 제도를 말한다.
16) 이수명령이란 유죄가 인정된 범죄자를 대상으로 일정 시간 치료프로그램을 받도록 명하는 제도를 말한다.

라. 상대방등에게 직접 또는 제3자를 통하여 물건등을 도달하게 하거나 주거등 또는 그 부근에 물건등을 두는 행위

마. 상대방등의 주거등 또는 그 부근에 놓여져 있는 물건등을 훼손하는 행위

바. 다음의 어느 하나에 해당하는 상대방등의 정보를 정보통신망을 이용하여 제3자에게 제공하거나 배포 또는 게시하는 행위

1) 「개인정보 보호법」 제2조제1호의 개인정보

2) 「위치정보의 보호 및 이용 등에 관한 법률」 제2조제2호의 개인위치정보

3) 1) 또는 2)의 정보를 편집 · 합성 또는 가공한 정보(해당 정보주체를 식별할 수 있는 경우로 한정한다)

사. 정보통신망을 통하여 상대방등의 이름, 명칭, 사진, 영상 또는 신분에 관한 정보를 이용하여 자신이 상대방등인 것처럼 가장하는 행위

2. "스토킹범죄"란 지속적 또는 반복적으로 스토킹행위를 하는 것을 말한다.

정리

이 장에서는 상담자들이 상담 과정이나 내담자와의 관계에서 겪을 수 있는 각종 이의제기 상황을 예상하여 사례별로 대응 방안을 함께 생각해 보았다. 이러한 상황들은 상담자 각자 의도치 않게 발생할 수 있으니 임상에서 주의할 필요가 있다. 특히 도의적으로 책임을 지는 경우와 법적으로 책임을 지는 경우를 구분하여, 후자의 경우 즉, 상담 시 설명의무와 보고의무, 비밀 준수 의무, 제삼자 보호 의무와 관련해서는 더욱 세심한 주의를 기울여야 할 것이다. 또한 상담자 자신을 보호하기 위해 억지스러운 이의제기와 스토킹 행위에 대한 대처 방안도 다루었다.

제3장 저작권과 상담(I)

상담자는 집단상담, 개인 상담, 동료와의 연구 또는 임상 활동 등에서 각종 문서나 파워포인트의 슬라이드를 만들거나 참고 자료를 배포할 기회가 생긴다. 또한 블로그나 SNS를 통해 정보를 공개해야 할 때도 있다. 이때 조심해야 할 것이 저작권에 관한 내용을 규율하고 있는 법률인 「저작권법」이다. 타인의 권리를 침해할 마음은 없지만, 자신도 모르게 저작권을 침해하는, 즉 「저작권법」을 위반하는 경우가 드물지 않다. 「저작권법」은 언어, 음악, 미술 등에 국한되지 않고 컴퓨터프로그램 등도 보호 대상으로 삼기 때문에, 그 전체를 이해하기가 쉽지 않다. 그래서 제3장과 제4장에서는 「저작권법」 중에서 특히 상담자가 알아 두어야 할 분야로 그 범위를 좁혀서 「저작권법」의 개요와 주의할 점을 살펴보고자 한다.

1. 「저작권법」의 개요

「저작권법」은 크게 2개의 관점에서 제정되었다. 우선 저작자의 관점에서 보면, 자신이 만든 작품(저작물)을 제대로 보호받고 싶을 것이다. 공들여 만든 작품이 보호받지 못하고 다른 사람들이 자신의 허락도 받지 않고 마음대로 이용하는 데에 아무런 제재도 없다면, 앞으로 새로운 작품을 만들 의욕을 잃을 것이기 때문이다. 한편, 이용자의 관점에서 보면, 누가 만든 작품이든지 좋은 작품을 자유롭게 이용하고 싶을 것이다. 좋은 작품은 사회에 널리 보급해야 할 필요가 있다고 생각할 것이다. 이 두 가지 관점을 조정하기 위한 것이 바로 「저작권법」의 목적이다. 즉, 「저작권법」은 "저작자의 권리와 이에 인접하는 권리를 보호하고 저작물의 공정한 이용을 도모함으로써 문화 및 관련 산업의 향상발전에 이바지함을 목적으로 한다."(「저작권법」 제1조) 「저작권법」에서는 세 가지 개념, 즉 저작물, 저작자 및 저작권이 중요하다.

1) 저작물

저작물이란 인간의 사상(생각) 또는 감정을 표현한 창작물을 말한다(「저작권법」 제2조 1호). 「저작권법」이 보호하는 저작물은 매우 폭넓다. 소설, 시, 논문, 강연(수업), 연설, 각본 그 밖의 어문저작물, 음악저작물, 연극 및 무용, 무언극 그 밖의 연극저작물, 회화, 서예, 조각, 판화, 공예, 응용미술저작물 그 밖의 미술저작물, 건축물, 건축을 위한 모형 및 설계도서 그 밖의 건축저작물, 사진저작물, 영상저작물, 지도, 도표, 설계도, 약도, 모형 그 밖의 도형저작물, 컴퓨터프로그램저작물 등 다양하다(「저작권법」 제4조). 나아가 「저작권법」에 규정된 이러한 저작물이 아니더라도, 인간의 사상이나 감정을 표현한 창작물이면 저작물에 해당한다(〈표 3-1〉 참조).

표 3-1 **저작물의 유형**

종류	예시
어문저작물	소설 · 시 · 논문 · 강연 · 연설 · 각본 등 말이나 글로 작성된 창작물
음악저작물	소리를 통한 저작물
연극저작물	연극 및 무용 · 무언극 등
미술저작물	회화 · 서예 · 조각 · 판화 · 공예 · 응용미술 등
건축저작물	건축물 · 건축을 위한 모형 및 설계도서 등
사진저작물	일정한 영상에 의해 표현된 창작물
영상저작물	연속적인 영상(음의 수반 여부는 가리지 아니한다)이 수록된 창작물
도형저작물	지도 · 도표 · 설계도 · 약도 · 모형 등
컴퓨터프로그램 저작물	특정한 결과를 얻기 위하여 컴퓨터 등 정보처리능력을 가진 장치(컴퓨터) 내에서 직접 또는 간접으로 사용되는 일련의 지시 · 명령으로 표현된 창작물
기타 저작물의 요건을 갖춘 모든 창작물	

2) 저작자

저작자란 원칙적으로 저작물을 창작한 자연인(사람)을 말한다. 그러나 예외도 있다. 법인 · 단체 그 밖의 사용자가 기획하고, 업무에 종사하는 자가 자신의 업무상 창작한 것이며, 저작물이 이러한 법인 등의 명의로 공표되고, 계약 및 근무규칙 등에 누가 저작자가 되는지에 관해 별도로 정하지 않는 경우, 이 법인 등이 저작자가 된다(업무상저작물의 저작자,「저작권법」 제9조). 이러한 저작자와 비교되는 개념이 있는데, 바로 저작권자이다. 저작권자는 저작권을 가지고 있는 자를 말한다. 보통은 저작자와 저작권자가 동일인일 것이다. 그러나 예를 들어, 저작자가 사망하여 그 저작권이 자녀에게 상속되거나, 저작자가 자신의 저작재산권을 타인에게 양도한 때에는 저작자와 저작권자가 달라진다.

3) 저작권

저작(권)자가 가지고 있는 권리가 저작권이다. 이 저작권은 크게 저작인격권과 저작재산권으로 나뉜다. 저작인격권은 저작물과 관련하여 저작자의 명예와 인격적 이익을 보호하기 위한 권리이고, 저작재산권은 저작자의 경제적 이익을 보전해 주기 위한 권리이다. 저작권은 배타적인 권리로서, 권리자만이 그 이용을 허락할 수 있고 누구에게나 저작권을 주장할 수 있다.

표 3-2 저작권의 구성

저작인격권	공표권: 저작자가 저작물을 일반에게 공표하거나 공표하지 않을 권리
	성명표시권: 저작자 자신이 그 저작물에 자신의 이름(실명, 예명 또는 이명)을 표시하거나 표시하지 않을 권리
	동일성유지권: 저작물의 내용·형식 및 제호 등이 저작자의 의사와 달리 변경되지 않도록 금지할 수 있는 권리
저작재산권	복제권: 저작물을 인쇄·사진촬영·복사·녹음·녹화 등의 방법으로 일시적 또는 영구적으로 유형물에 고정하거나 유형물로 다시 제작할 수 있는 권리
	공연권: 저작물을 상연이나 연주·가창·구연·낭독·상영·재생 그 밖의 방법으로 공중에 공개하는 권리
	공중송신권: 저작물을 공중이 수신하거나 접근하게 할 목적으로 무선 또는 유선통신의 방법에 의하여 송신하거나 이용에 제공할 권리
	전시권: 미술·사진 및 건축저작물의 원본이나 그 복제물을 일반 공중이 관람할 수 있도록 전시할 권리
	배포권: 저작물의 원작품 혹은 그 복제물을 대가를 받거나 받지 않고 일반 공중에게 양도 혹은 대여할 권리
	대여권: 영리를 목적으로 판매용 음반이나 판매용 컴퓨터프로그램저작물을 타인에게 대여할 권리
	2차적저작물작성권: 원저작물을 번역·편곡·변형·각색·영상제작 그 밖의 방법으로 독창적인 저작물로 제작하고, 이를 이용할 권리

이러한 저작권을 '권리의 다발'이라고 표현하기도 한다. 하나의 꽃다발이 장미꽃, 안개꽃 등 여러 종류의 꽃으로 이루어져 있듯이, 저작권이라는 권리의 다발에는 공표권, 성명표시권, 동일성유지권, 복제권, 공연권, 공중송신권, 전시권, 배포권, 대여권, 2차적저작물작성권이라는 10개의 권리로 이루어져 있기 때문이다(〈표 3-2〉 참조). 통상 저작권 침해라고 하면, 이 10개의 권리 중에 하나 또는 몇 개의 권리가 침해되었다는 뜻이다.

2. 저작권의 발생과 보호기간

1) 저작권의 발생과 양도

저작권은 처음에 어떻게 생기는 것일까? 특허권과 같이 어느 관청에 등록해야 하는 것일까? 그렇지 않다. 저작권은 저작물의 창작과 동시에 발생하며, 어떠한 절차나 방식(예를 들어, 납본이나 기탁 또는 등록 등)이 필요하지 않다. 즉, A가 그림을 그렸다면 이와 동시에 A는 이 그림에 관한 저작권을 가진다. 이를 무방식주의라고 한다. 이런 점에서 특허청에 출원하고 등록하여야 비로소 권리가 발생하는 산업재산권(특허권, 실용신안권, 상표권, 디자인권)과 차이가 있다.

또한 저작권 중 재산권의 성질을 가진 저작재산권은 그 권리의 전부 또는 일부를 양도하거나 이전할 수 있다. 유상이든 무상이든 상관없다. 그러나 인격권의 성질을 가진 저작인격권은 저작자만이 가질 수 있는 권리이므로, 다른 사람에게 양도하거나 상속할 수 없다. 이를 일신전속성이라고 한다.

2) 저작재산권의 보호기간

저작인격권은 일신전속성, 즉 특정인(저작자)에게만 귀속하며 타인에게 양

표 3-3 **저작재산권의 보호기간**

저작물의 형태	보호기간
일반 원칙	저작자의 생존 기간 및 사망 후 70년
무명저작물[1]과 이명저작물[2]	공표된 때로부터 70년
업무상저작물	공표된 때로부터 70년
영상저작물	공표된 때로부터 70년
공동저작물	맨 마지막으로 사망한 저작자의 사망 후 70년

도되지 않는 속성이 있으므로, 저작자가 생존하는 동안만 존속하며 저작자가 사망하면 이와 동시에 사라진다. 그러나 저작재산권은 원칙적으로 저작자의 생존 기간 및 사망 후 70년 동안 보호된다. 이러한 보호기간이 시작되는 날짜, 즉 기산일(起算日)은 저작자가 사망하거나 저작물을 공표한 해의 다음해 1월 1일부터이다. 만일 저작자의 사망일을 알 수 없는 때에는 공표 시가 기준이 된다(〈표 3-3〉 참조). 저작재산권 보호기간이 종료된 후에는 누구나 그 저작물을 자유롭게 이용할 수 있다

3. 저작재산권의 제한

18세기 초기에는 저작재산권이 저작물을 배타적·독점적으로 이용할 수 있는 신성불가침의 권리로 받아들여졌다. 그러나 현대에 와서는 저작자의 법률상 보호가 국가의 학문·예술 또는 지식 전달이나 교육의 발전을 방해하거나 연구 및 정보 전달을 저해해서는 안 된다는 인식이 팽배해졌다. 이는 저작재산

1) 저작자의 실명이나 이명(異名) 표시가 없는 저작물.
2) 필명, 아명, 호(號) 등 실명 이외의 다른 이름을 표시한 저작물.

권도 다른 재산권과 마찬가지로 권리 자체에 내재하는 제한이 존재할 뿐만 아니라, 공익을 위해서도 제한될 수 있다는 것을 의미한다. 직간접적인 사회의 도움을 받아 저작물이 창작된다는 점을 고려할 때, 권리자의 독점을 무제한 인정하는 것은 공공의 이익에 맞지 않으며 문화발전에도 지장을 줄 수 있기 때문이다.

표 3-4 **저작재산권이 제한되는 경우**

「저작권법」 조항	내용
제23조	재판 또는 수사, 입법·행정 필요에 의한 저작물의 복제
제24조	공개적으로 행한 정치적 연설, 법정·국회 또는 지방의회에서의 진술 이용
제24조2	**공공저작물의 자유이용**
제25조	학교교육 목적 등에의 이용
제26조	시사보도를 위한 이용
제27조	**시사적인 기사 및 논설의 복제**
제28조	**공표된 저작물의 인용**
제29조	영리를 목적으로 하지 아니하는 공연·방송
제30조	**사적 이용을 위한 복제**
제31조	도서관 등에 보관된 자료의 복제
제32조	시험문제로서의 복제
제33조 및 제33조의2	시각장애인 등을 위한 복제 및 청각장애인 등을 위한 복제
제34조	방송사업자의 자체방송을 위한 일시적 녹음·녹화
제35조	미술저작물 등의 일정한 장소에서의 전시 또는 복제
제35조의2	저작물 이용과정에서의 일시적 복제
제35조의3	사진촬영, 녹음 또는 녹화 과정에서 보이거나 들리는 저작물의 부수적 복제
제35조의4	문화시설의 권리자 불명 저작물 이용을 위한 복제
제35조의5	저작물의 공정한 이용

따라서 「저작권법」에서는 일정한 경우에 저작재산권을 제한하는 규정을 두고 있다. 그렇다고 하여 이에 해당하는 경우라면 무조건 타인의 저작물을 아무런 제한 없이 이용할 수 있는 것은 아니다. 자유롭게 이용은 하되 반드시 출처 표시를 해야 할 경우도 있다. 이렇게 저작재산권이 제한되는 경우는 다음 〈표 3-4〉와 같다. 이 중 심리상담사의 업무와 관련이 있을 만한 경우는 굵은 글씨로 표시해 두었으니 「저작권법」의 해당 조문을 찾아 읽어 보길 바란다.

4. 저작권 침해의 구제

저작권 침해를 당한 권리자는 침해의 증거를 확보한 후에, 서면으로 침해 사실을 통지하여 합의를 유도하거나 분쟁 조정 및 민·형사상 법적 절차를 진행할 수 있다.

1) 내용증명 발송

우선 저작권 침해에 대한 증거를 확보한 후, 침해자에게 침해 중지 등을 요구하는 내용증명을 3통(저작권자 1부, 우체국 보관 1부, 침해자 1부) 작성하여 우편으로 보내거나 이메일로 통지하여 당사자 사이에 합의를 유도해 볼 수 있다. 내용증명이란 발송인이 수취인에게 어떤 내용의 문서를 언제 발송하였다는 사실을 우편관서가 공적으로 증명해 주는 우편 서비스를 말한다. 우체국 방문 없이 인터넷우체국을 통하여 내용증명을 신청할 수도 있다. 작성 방법에 특별한 형식이 있는 것은 아니다. 만일 견본이 필요하다면, 인터넷우체국 홈페이지에서 각종 양식을 샘플로 제공하고 있으니 이를 이용할 수 있다.[3] 이러한 내

3) 인터넷우체국 홈페이지(https://service.epost.go.kr/econprf.RetrieveCertForm.postal).

용증명은 상대방에게 '어떤' 내용의 서류를 '언제' 보내서 '언제' 도달했다는 것을 증명하는 효력이 있다.

2) 분쟁 조정 신청

만일 침해자가 침해 사실을 부인하거나 합의 조건 등에 의견 충돌이 있다면, 한국저작권위원회의 분쟁조정제도를 이용할 수 있다. 조정제도는 비용이 저렴하고 단기간(신청일로부터 3개월 이내)에 해결이 가능하며, 조정이 성립되면 재판상 화해와 동일한 효력이 있다는 장점이 있다(「저작권법」 제117조 제5항). 조정부가 제시한 조정안을 어느 한쪽 당사자가 합리적인 이유 없이 거부하거나 분쟁 조정 예정 가액이 1천만 원 미만인 사안에서는, 당사자들의 이익이나 그 밖의 모든 사정을 고려하여 신청 취지에 반하지 아니하는 한도에서 직권으로 조정을 갈음하는 결정(직권조정결정)을 할 수도 있다. 다만, 직권조정결정 이후 2주 내에 서면으로 불복 이의신청을 하면 그 결정은 효력을 상실한다(「저작권법」 제117조 제2항).

3) 민사적 구제

가해자(침해자)의 고의든 과실이든 그 침해행위로 인하여 손해가 발생한 경우, 민사소송을 제기할 수 있다. 우선 침해자에게 '침해의 정지' 및 '침해행위로 만들어진 물건을 폐기'하도록 하는 등의 조치를 할 수 있다(「저작권법」 제123조). 또한 저작권 침해로 인해 저작권자가 받은 재산·정신적 손해에 대한 배상도 청구할 수 있다. 이러한 손해에는 권리 자체의 교환가치 하락, 저작물 판매량의 감소, 저작물 가격의 저하, 신용훼손 등이 포함된다.

저작재산권자가 손해배상을 청구하는 경우 그 저작재산권을 침해한 사람이 그 침해행위로 받은 이익액을 저작재산권자가 입은 손해액으로 추정한다. 또한 저작재산권 행사로 통상 받을 수 있는 금액에 상응하는 액수(이용허락에 대한 통상적인 사용료)를 저작재산권자가 입은 손해액으로 추정하여 손해배상을 청구할 수도 있다. 저작재산권자가 받은 손해액이 위에 따른 금액을 초과하는 경우에는 그 초과액에 대해서도 손해배상을 청구할 수 있다(「저작권법」 제125조). 이 손해배상 청구권은 불법행위가 있었던 날로부터 10년 이내에 행사하지 않거나 손해 및 가해자를 안 날로부터 3년 이내에 행사하지 않으면 시효에 의하여 소멸된다(「민법」 제766조).

4) 형사적 제재

원칙적으로 저작권자는 고의에 의하여 저작권을 침해한 자를 처벌해 달라고 수사당국에 요구할 수 있다. 이러한 저작권침해죄는 저작권자의 고소가 있어야만 처벌할 수 있는 친고죄이므로, 저작권자는 침해행위를 알게 된 날로부터 6개월 이내에 고소해야 한다(「저작권법」 제140조). 그러나 영리 목적으로 또는 상습적으로 저작권을 침해하는 경우는 친고죄를 적용하지 않기 때문에 제삼자도 수사기관에 처벌을 요구할 수 있다(「저작권법」 제140조 제1호). 저작재산권을 침해하는 자는 그 위반 유형에 따라 5년 이하의 징역이나 5천만 원 이하의 벌금 또는 3년 이하의 징역이나 3천만 원 이하의 벌금에 처한다(「저작권법」 제136조). 그러나 침해행위가 있었던 날로부터 7년이 지났다면 이미 공소시효가 만료되어 공소권이 없으므로 처벌할 수 없다.

5) 행정적 조치

일정한 경우에는 행정기관이 침해자에 대해 시정조치를 명할 수도 있다. 저작권 등을 침해하는 복제물 또는 기술적 보호조치를 무력화하기 위하여 제작된 기기·장치·정보 및 프로그램을 발견한 때에는 관계 공무원에게 이를 수

거 · 폐기 또는 삭제하게 할 수 있다(「저작권법」 제133조 제3항). 또한 불법복제물 등이 정보통신망을 통하여 전송되는 경우 온라인서비스제공자에게 불법복제물 등의 복제 · 전송자에 대한 경고 및 불법복제물 등의 삭제 또는 전송 중단 조치를 명할 수 있다(「저작권법」 제133조의2 제1항).

5. 「저작권법」의 체계

「저작권법」이 어렵다고 느껴지는 이유는, 저작물의 종류에 따라 생각해야 할 권리(저작권)가 다르기 때문이다. 예를 들어, 복제권(「저작권법」 제16조)은 모든 저작물에 인정되지만, 전시권(「저작권법」 제19조)은 미술에 대해서만 인정된다. 또한 권리의 종류에 따라 제한 규정이 다르다는 점도 「저작권법」이 어렵다고 느끼게 한다. 예를 들어, 복제권에는 사적 이용을 위한 제한(「저작권법」 제30조), 도서관 등의 이용을 위한 제한(「저작권법」 제31조), 학교교육 목적을 위한 제한(「저작권법」 제25조) 등이 적용되지만, 공연권과 공중송신권(방송)에는 비영리 목적을 위한 제한(「저작권법」 제29조)이 적용된다. 그 외에도 「저작권법」에서는 출판권, 저작인접권, 권리 침해에 대한 구제, 벌칙 등 다양한 규정이 있으며, 총 142개의 조문으로 구성되어 있다.

그러나 여기서는 상담자가 상담 활동 등의 업무수행 중에 겪게 될 가능성이 있는 「저작권법」 문제를 가능한 한 알기 쉽게 설명하는 데에 초점을 두고 설명하고자 한다. 다만, 모든 법률문제가 그러하듯 '이럴 때는 이렇게 될 것이 확실하다.'라는 절대적인 결론이나 획일적인 기준을 여기서 제시하기는 어렵다는 점을 미리 밝혀 둔다. 그 이유는 일반 민사나 형사사건에 비해, 저작권, 특히 심리상담과 관련한 판례가 적어 참고할 만한 자료가 충분치 않기 때문이다. 그러므로 저작권을 두고 다툼(재판)이 된 경우 그 결과를 예측하기가 상대적으로 어려울 수 있다.

그렇다면「저작권법」의 체계를 쉽게 이해할 방법이 있을까? 저작권 문제를 생각할 때 다음과 같은 순서, 즉 ① 문제의 대상물이 저작물인지 아닌지를 판단하고(저작물 해당성), ② 어떠한 행위가 저작권을 침해했는지를 검토한 다음(저작권 침해 가능성), ③ 그 행위가 예외 규정에 해당하는지(예외 규정의 적용)의 순서로 생각하면,「저작권법」을 위반했는지를 판단하는 데 도움이 될 것이다. 다음에서도 이러한 순서에 따라 설명하기로 한다.

1) 저작물 해당성[4)]

이는「저작권법」에서 보호 대상으로 삼고 있는 저작물에 해당하는지를 판단하는 단계이다.「저작권법」이 정하는 저작물에 해당하지 않으면 애초에「저작권법」 위반이 되지 않으며, 누구나 이용할 수 있기 때문이다.「저작권법」에서는 저작물을 "인간의 사상 또는 감정을 표현한 창작물을 말한다."라고 정의하고 있다(「저작권법」 제2조 1호). 그리고 이미 살펴본 바와 같이, 그 종류로는 어문, 음악, 연극, 미술, 건축, 도형, 사진, 영화, 프로그램 편집물 등이 있다(「저작권법」 제4조 제1항).

이 중에서, 상담자의 업무와 관계가 깊은 것은, '어문(말, 글, 문장)'과 '도형(그래프나 표 등)'이라고 생각되어, 이것들을 중심으로 살펴보기로 한다. 참고로, 자신의 저작물에 저명한 저서와 혼동·오인할 수 있는 제목을 붙이는 경우,「저작권법」 위반은 아니더라도 다른 법률(「부정경쟁방지 및 영업비밀보호에 관한 법률」)을 위반하는 경우가 발생할 수도 있다는 점을 주지할 필요가 있다. 또한「저작권법」에는 위반되지 않더라도, 타인의 영업적 이익을 침해했다고 해서「민법」상 불법행위가 될 수도 있다.

4) 자세한 내용은 다음의 '저작물이란' '아이디어/표현 이분법' '상담·세미나 방식의 모방' 참조.

2) 저작권 침해 가능성[5)]

이미 설명한 바와 같이, 저작권에는 복제권, 공중송신권, 2차적저작물작성권 등 저작물의 성질에 따라 다양한 종류와 권리들이 포함되어 있다. 저작물에 해당한다고 판단했다면 다음 단계로서, 어느 저작권을 침해할 가능성이 있는지를 생각해 보아야 할 것이다.

3) 예외 규정의 적용[6)]

마지막으로 저작권 예외 규정(저작권자의 허락 없이도 이용할 수 있는 여지)에 해당하는지를 살펴보아야 한다. 가장 이용하기 쉬운 예외 규정은 공표된 저작물의 인용(「저작권법」 제28조)이다. 즉, 공표된 저작물은 보도 · 비평 · 교육 · 연구 등을 위하여는 정당한 범위 안에서 공정한 관행에 합치되게 이를 인용할 수 있다(「저작권법」 제28조).

6. 저작물이란

A 상담센터의 웹사이트에 기재되어 있는 내용을 통해, 저작물 해당성의 판단 방법을 살펴보기로 하자. 이 상담센터는 ① 웹사이트 중 연혁을 기재한 페이지에서 “2000년 10월 1일 A 심리상담센터 창립, 2001년 3월 1일 ○○지방자치단체와 직원 상담 협약 체결”이라고 기재하고 있으며, ② 웹사이트 첫 페이지에는

5) 자세한 내용은 다음의 ‘저작권의 종류’ ‘웹사이트상 저작물’ 참조.

6) 자세한 내용은 다음의 ‘저작물의 이용 방법’ ‘사적 이용을 위한 복제’ ‘영리성과 비영리성’ 제4장 ‘인용’ ‘파워포인트 자료 작성과 인용’ 참조.

"상담의 길, 시민의 행복"이라는 슬로건(표어)을 기재하고 있다. 또한 ③ 상담센터의 윤리강령도 웹사이트에 실어 놓았는데, "…… 본 센터 소속의 심리상담사는 센터의 구성원이자 마음의 전문가로서, 이와 관련한 학문과 과학을 중시하며 전문 분야에서 활약한다. …… 소속 상담자는 마음의 문제를 다루는 전문가로서의 윤리를 자각하고 뛰어난 능력과 지식을 기초로 전문성과 높은 자율성을 가진 삶을 추구함으로써 사회의 존경과 신뢰를 얻을 수 있도록 노력한다. …… 소속 상담사는 이 강령에 따라 성실하게 행동할 것을 다짐하며 이 강령을 정한다."라는 내용이다.

「저작권법」에서는 저작물을 "인간의 사상 또는 감정을 표현한 창작물"(「저작권법」 제2조 1호)로 정의하고 있는데, 이를 "인간의 사상 또는 감정을" "표현한" 및 "창작물(창작성)"로 나누어 검토하면 이해가 쉽다. 이를 순서대로 설명하기로 한다.

1) 인간의 사상 또는 감정

우선 저작물로 인정받기 위해서는 그것이 인간의 작품이어야 한다. 예를 들어, 코끼리나 원숭이가 그림을 그리기도 하지만, 그것은 「저작권법」의 보호 대상인 저작물이 아니다. 인간이 그린 그림이 아니기 때문이다.

또한 저자의 '사상 또는 감정'이 아니면 저작물에 해당하지 않는다. 만일 글의 내용이 객관적인 사실이나 데이터, 역사적인 사건에 관한 것이면 사상 또는 감정을 표현한 것이 아니다. 여기서 말하는 사상 또는 감정은 철학적 개념과 같은 엄격한 것은 아니다. "나는 이렇게 생각한다."라고 하는 정도로, 표현하는 사람의 어떠한 생각이나 감정으로도 충분하다. 그러므로 A 상담센터의 홈페이지 중 ① 연혁 페이지의 "2000년 10월 1일 A 상담센터 창립, 2001년 3월 1일 ○○지방자치단체와 직원 상담 협약 체결"이라는 기재는 객관적인 사실이나 역사적인 일이므로 저작물에는 해당하지 않는다. 즉, 누군가가 A 상담센터의 허락을 받지 않고 이를 이용하더라도 저작권 침해가 되지 않는다.

2) 창작성

일반적인 말이나 글의 조합으로는 창작성이 인정되지 않는다. 슬로건이나 표어, 광고 카피의 경우 창작성이 인정되기 어렵다. 그러므로 ② A 상담센터가 슬로건으로 내건 "상담의 길, 시민의 행복"은 사상 또는 감정을 표현한 것이라고는 할 수 있으나, 창작성이 부족하여 저작물이 아니다. 여기서 말하는 '창작성'은 전문 소설가나 예술가와 같은 정도로 고도의 독창성까지 요구되는 것은 아니다. 저자의 어떤 개성이 표현된 것으로 충분하다. 이러한 이유에서 상담 분야에서 흔히 사용되는 용어들, 예를 들면 '경청' '공감적 이해' '자기 일치' 등의 단어들도 저작물이 아니다.

그러나 A 상담센터의 ③ 윤리강령은 상담센터가 소속 상담자들에게 기대하는 윤리적 수준과 태도를 의미하므로, 사상 또는 감정에 해당한다. 또한 A 상담센터의 개성이 드러나므로 '창작성'도 인정된다. 따라서 A 상담센터의 ③ 센터 윤리강령은 저작물에 해당한다.

그 밖에 단순히 수치를 나열한 것뿐인 엑셀 프로그램을 이용한 표나 엑셀에 내장된 정형적 기능으로 작성한 그래프 등은 객관적인 데이터의 표기이므로 이에는 '사상 또는 감정'도 '창작성'도 인정되지 않지만, 데이터 내용의 이해를 돕는 창의적인 내용(설명, 해설 등)이 포함되어 있는 경우에는 '도형' 저작물이 될 수 있다. 또한 흔한 키워드를 화살표로 묶은 단순한 관계도는 저작물에 해당하지 않지만, 이해를 돕는 디자인상 독자적인 창의성이 추가된다면, 그 관계도는 저작물이 될 수 있다. 참고로 A 상담센터의 ③ 센터 윤리강령은 이를 전체적으로 보면 창작성이 있으므로 전체를 모방하면 저작권 침해가 되지만, 그 중 "마음의 문제에 관한 전문가" "전문성과 높은 자율성을 가진 삶" "사회의 존경과 신뢰" 등의 부분은 그 부분만 끄집어내면 흔한 표현이므로(저작물에 해당하지 않으므로), 그 부분만 모방하는 것은 저작권 침해가 되지 않는다.

7. 아이디어/표현 이분법

파워포인트 슬라이드를 이용해서 유명한 상담학 이론을 소개하고 싶은데, 그 이론을 주창한 사람의 허락을 받아야 할까? 원래 상담학, 심리학이나 정신의학의 이론, 학설, 모델은 저작물에 해당하는가? 예를 들어, 정신의학 분야에서는 정신분석을 비롯하여 많은 이론과 학설이 있듯이 심리학 분야에서도 다양한 이론, 학설, 모델이 있다. 이러한 이론, 학설, 모델 자체는 저작물이 아니므로 「저작권법」의 보호를 받지 않는다(누구나 이용할 수 있다). 그러나 이 이론 등을 글로 쓴 원저 논문은 「저작권법」의 보호를 받는 저작물(어문저작물)이다. 그러므로 이를 이용하기 위해서는 저작권자의 허락을 받아야 한다. 이를 '아이디어/표현 이분법'이라고 한다. 즉, 「저작권법」은 표현은 보호하지만, 아이디어는 보호하지 않는다. 저작물의 보호 대상은 사상 또는 감정을 창작적으로 표현한 것이라고 정의되어 있으므로, 표현의 기초가 된 관념적인 사상이나 감정 자체(아이디어)는 창작적이더라도 보호받지 못하는 것이다. 그러나 그것이 글, 그림, 음악 등의 형태로 표현되었을 때는 저작물이 되어 보호된다.

그러므로 이론, 학설, 모델 등 그 자체는 관념적인 것이므로, 표현의 기초가 되는 것일 뿐이고 저작물에는 해당하지 않는다. 자연과학 분야를 생각해 보면 이해가 쉽다. 예를 들어, 중력에 대한 물리법칙(이론)은 인류가 존재하기 이전부터 관념적으로 우주에 존재하고 있었다. 그것을 누군가 발견했을 뿐이니 그 이론을 저작물로 보호하는 것은 불합리하다.[7] 한편 그 이론을 이용하여 무언

7) 예를 들면, 인지행동요법의 방법을 따라 상담을 한다고 해서 「저작권법」 위반은 아니다. 그러

가 새로운 기술이나 물건을 발명한 경우는 저작권이 아닌 특허권이라는 형태로 법적인 보호받을 수 있다. 덧붙여 원저 논문의 경우는 이론을 알기 쉽게 설명하거나 비판하는 등 저자의 독자적인 '사상 또는 감정을 창작적으로 표현한 것'이 포함되므로 이론 부분이 아니라, 그 설명이나 비판 부분을 포함하여 전체적으로 저작물이 된다.

다만, 저작물이 아니라고 해서 타인이 주창하고 있는 이론이나 학설이나 모델을 마치 자신의 주장처럼 표기하는 것은 비록「저작권법」위반은 되지 않더라도 상담자로서 자질이 의심되므로 지양해야 할 것이다. 타인(A)이 주창하고 있는 이론이나 학설(甲)을 표기하는 경우, 'A의 이론' '甲학설(A)' 등으로 주창자를 명기하는 것이 바람직하다. 이처럼 아이디어나 이론을 저작물에 포함하지 않는 아이디어/표현 이분법은 국내뿐만 아니라 세계 공통적이다. 이러한 사고에는 저작물의 범위를 너무 넓히면 표현의 자유나 학문의 자유가 제한되어, 문화나 학문의 발전을 저해할 것이라는 사상이 배경으로 깔려 있다.

8. 상담 · 세미나 방식의 모방

'효과적인 심리상담 기법'이라는 주제의 상담 세미나에 참가했다. 이 세미나는 일정한 순서에 따라서 진행되었다. 처음에 수강자들이 돌아가며 자기소개를 하고, 강사가 질문지를 배포한 후 수강자들은 이를 정해진 시간 안에 푼다. 그리고 강사가 수강자들의 답변을 설명하면서 강의를 한다, 그 후, 수강자들이 조를 나누어, 강사가 제시한 사례에 대해 그룹 활동을 한다. 마지막으로 그룹 활동의 결과를 그룹의 대표자가 발표한다. 이러한 순서에 따른 세미나 진행이

나 타인이 창의적으로 작성한 인지행동요법을 위한 '인지 습관 체크리스트' 등은 저작물이므로, 그것을 무단으로 복사해서 이용하면 저작권 침해가 된다.

홍미를 유발하는 동시에 효과적이라고 느낀 참가자 A는 자신도 '효과적인 심리상담의 실제'라는 제목으로 세미나를 개최하려고 한다. 이처럼 세미나 방식을 모방하는 것은「저작권법」위반일까?

우선 "효과적인 ○○○"라는 제목의 첫 부분은 일상에서 쓰이는 흔한 말이기 때문에 저작물이 아니다. 그러나 세미나 '내용'을 통째로 모방한 경우는 당연히 저작권 침해가 된다. 그렇다면 내용이 아닌 연수회 '스타일(방식)'을 모방하는 행위는「저작권법」위반이 될까? 스타일(방식)에 관련된「저작권법」의 규정으로 2차적저작물작성권이라는 것이 있다. 즉, 저작자는 그 저작물을 번역, 편곡, 변형, 각색, 영화화 등을 할 권리를 갖는다. 예를 들면, 소설을 영화화하는 것처럼 줄거리의 큰 틀은 같지만 세부를 재해석하는 것이다.

「저작권법」

제22조(2차적저작물작성권) 저작자는 그의 저작물을 원저작물로 하는 2차적저작물을 작성하여 이용할 권리를 가진다.

2차적저작물작성권에 관한 대법원 판례를 보면, "'원저작물을 번역 · 편곡 · 변형 · 각색 · 영상제작 그 밖의 방법으로 작성한 창작물'을 '2차적저작물'이라고 규정하고 있는 바, 2차적저작물이 되기 위해서는 원저작물을 기초로 수정 · 증감이 가해지되 원저작물과 실질적인 유사성을 유지하여야 한다. 따라서 어문저작물인 원저작물을 기초로 하여 이를 요약한 요약물이 원저작물과 실질적인 유사성이 없는 별개의 독립적인 새로운 저작물이 된 경우에는 원저작물 저작권자의 2차적저작물작성권을 침해한 것으로 되지는 아니하는데,[8] 여

8) 대법원 2010. 2. 11. 선고 2007다63409 판결.

기서 요약물이 그 원저작물과 사이에 실질적인 유사성이 있는지의 여부는, 요약물이 원저작물의 기본으로 되는 개요, 구조, 주된 구성 등을 그대로 유지하고 있는지의 여부, 요약물이 원저작물을 이루는 문장들 중 일부만을 선택하여 발췌한 것이거나 발췌한 문장들의 표현을 단순히 단축한 정도에 불과한지의 여부, 원저작물과 비교한 요약물의 상대적인 분량, 요약물의 원저작물에 대한 대체가능성 여부 등을 종합적으로 고려하여 판단해야 한다. 한편 저작권의 보호 대상은 인간의 사상 또는 감정을 말, 문자, 음, 색 등에 의하여 구체적으로 외부에 표현한 창작적인 표현형식이고, 거기에 표현되어 있는 내용, 즉 아이디어나 이론 등의 사상 또는 감정 그 자체는 원칙적으로 저작권의 보호 대상이 아니므로, 저작권의 침해 여부를 가리기 위하여 두 저작물 사이에 실질적인 유사성이 있는지 여부를 판단함에 있어서도 창작적인 표현형식에 해당하는 것만을 가지고 대비해 보아야 하고, 표현형식이 아닌 사상 또는 감정 그 자체에 독창성·신규성이 있는지를 고려하여서는 안 된다."[9)]

한편 줄거리의 큰 틀(스토리나 캐릭터의 설정 등)은 표현의 기초가 된 아이디어이지 표현 자체는 아니므로 스토리의 설정을 모방했다고 해도 구체적인 대사나 묘사 등 표현행위가 다르다면, 저작권(2차적저작물작성권) 침해가 되지 않는다. 이상의 설명을 기초로 생각해 보면, 심리상담이나 세미나의 스타일(방식)은 아이디어이지 표현은 아니므로 저작물이 아니기 때문에, 이를 모방해도 저작권(2차적저작물작성권) 침해가 되지는 않는다.

9. 저작권의 종류

저작권은 다양한 권리들로 구성되어 있음을 이미 살펴보았다. 공표권, 성명

9) 대법원 2013. 8. 22. 선고 2011도3599 판결; 대법원 2011. 2. 10. 선고 2009도291 판결.

표시권, 동일성유지권, 복제권, 공연권, 공중송신권, 전시권, 배포권, 대여권, 2차적저작물작성권 등 10가지의 권리들이다(「저작권법」 제11조 등). 이들 중 상담자가 특히 주의해야 할 저작권은 복제권과 공중송신권이다. 여기서는 이들에 관해서만 설명한다.

1) 복제권

복제권의 대상이 되는 복제행위의 전형적인 사례는 책을 복사기로 복사하는 것이지만, 실제 복제행위의 범위는 이에 그치지 않고 매우 넓다. 종이 복사가 아니라도, 스마트폰으로 촬영하거나, 스캐너로 PDF화 하는 등 전자 데이터로 저장하는 행위도 복제이다. 또한 저작물인 타인의 문장을 이력서나 파워포인트에서 이용하는 것도 복제이다. 이 경우 "합니다."를 "한다."라고 어미를 바꾸었다고 해도, 문장의 본질적 부분이 동일하므로 이는 복제에 해당한다.

그러나 사적(私的) 이용이 목적이라면, 비록 복사(복제)하더라도 복제권 침해가 되지 않는다. 예를 들어, 두꺼운 자료집이나 지침서를 들고 다니기 무거워서 그 일부분을 복사해서 들고 다니는 경우가 있는데, 이는 복제권 침해에 해당하지 않는다. 이에 대해서는 다음 '사적 이용을 위한 복제'에서 상세히 다룬다.

2) 공중송신권

「저작권법」에서는 공중송신권도 규정하고 있다. 공중송신의 법적 의미는 공중(公衆)이 수신하거나 접근하게 할 목적으로 저작물, 실연·음반·방송 또는 데이터베이스를 무선 또는 유선통신의 방법에 의하여 송신하거나 이용에 제공하는 것을 말한다(「저작권법」 제2조 7호). 즉, 공중송신이란 인터넷 등에서 저작물을 관람 가능한 상태(누구나 접속할 수 있는 상태)로 하는 것이다.

「저작권법」

제18조(공중송신권) 저작자는 그의 저작물을 공중송신할 권리를 가진다.

예를 들어, "상담자의 다짐"이라는 저작물을 자신의 홈페이지(블로그)나 SNS에서 공개하거나 PDF로 만들어 내려받을 수 있는 상태로 만드는 것이다. 이를 저작자 본인이 하면 문제가 없지만, 타인의 저작물을 자신의 블로그나 SNS로 공개하면 공중송신권 침해이다. 여기서 '공중'이란 불특정 다수뿐 아니라 특정 다수도 포함한다(「저작권법」 제2조 32호). 따라서, 예를 들어 온라인 강좌를 개설하며 참고 자료로 타인의 서적 일부를 PDF로 변환하여 참가자에게 일제히 메일 첨부로 송신한 경우나, 게시판이나 클라우드에서 내려받을 수 있는 상태로 하는 경우, 비록 한정된 참가자들이라도 특정 다수에 대한 송신이므로 공중송신권 침해가 된다. 한편 1대1로 하는 메일 송신은 공중송신은 아니지만, 이러한 1대1 메일 송신을 여러 차례 한다면 실질적으로 공중송신이 된다. 또한 타인의 서적을 허락 없이 PDF로 변환하면 복제권 침해가 되므로, 이를 공중송신하는 경우에는 복제권과 공중송신권을 모두 침해한 셈이 된다.

10. 웹사이트상 저작물

웹사이트에 올려놓은(업로드) 저작물은 저자가 스스로 공중에게 공개한 것이니 이를 허락 없이 이용해도 문제가 없을까? 뭔가 궁금한 것이 있을 때 인터넷으로 검색하면 대개는 찾아볼 수 있다. 원하던 웹사이트를 발견했을 경우, 웹사이트의 문장이나 이미지(사진 등)를 이용(복제)하고 싶다고 느낀 경험(혹은 실제로 복사한 경험)이 있을 것이다. 이 경우 웹사이트상 저작물은 저자가 스스로 공개한 것이므로, 허락 없이 이용해도 상관없으리라 생각할 수 있다.

그러나 웹사이트에 공개되어 있더라도 저자는 이것을 자유롭게 보는 것을 인정하고 있을 뿐, 복제하는 것까지 허락하고 있는 것은 아니다. 인터넷의 경우, 순식간에 불특정 다수가 열람할 수 있으므로, 누구라도 이용 가능하다고 착각할 수 있다. 그러나 이는 서점을 예로 생각해 보면 쉽게 이해할 수 있을 것이다. 서점에 진열된 서적의 저자는 자신의 책을 읽어 보는 것은 인정하더라도, 자유롭게 복사하는 것까지는 인정하지 않는 것과 같은 이치이다. 따라서 웹사이트의 저작물을 이용하고 싶은 경우, 사이트 관리자에게 문의하여 저작권자의 허락을 받아야 한다. 다만, 이용약관을 정하여 그 범위에서 저작물을 자유롭게 이용할 수도 있도록 한 사이트도 있을 것이다. 또한 제4장에서 설명하는 '인용'을 이용하면 허락을 받지 않고도 이용할 수 있다.

11. 저작물의 이용 방법

상담자 A는 개인 상담뿐만 아니라, 기업의 직원들을 대상으로 강연도 하고 있다. 그때마다 다양한 서적(타인의 저작물)을 참고하여 자료와 파워포인트를 작성하여 수강자에게 배포한다. 이때 저작권을 침해하지 않으면서, 저작물을 이용하도록 조심해야 한다. 우선 저작권자의 허락을 받으면 그의 저작물을 이용할 수 있다. 서적의 경우 출판사에 문의하면 허락받을 방법을 알려 준다. 웹사이트에 올라와 있는 원고나 기사 등의 경우, 웹사이트의 운영자에게 문의하면 이용 방법을 알려 준다.

1) 예외 규정

자료나 슬라이드를 작성할 때 일일이 허락을 받는 것은 실제 번거로울 수 있다. 이를 허락받지 않고 이용하는 방법이 있다면 편리할 것이다. 그래서 「저작권법」에는 '저작권의 제한'으로서 허락받지 않고 저작물을 이용할 수 있도록 예외 규정을 몇 가지 두고 있다. 재판 등에서의 복제(「저작권법」 제23조), 정치적 연설 등의 이용(「저작권법」 제24조), 공공저작물의 자유이용(「저작권법」 제24조의 2), 학교교육 목적 등에의 이용(「저작권법」 제25조), 시사보도를 위한 이용(「저작권법」 제26조), 시사적인 기사 및 논설의 복제 등(「저작권법」 제27조), 공표된 저작물의 인용(「저작권법」 제28조), 사적 이용을 위한 복제(「저작권법」 제30조), 도서관등에서의 복제 등(「저작권법」 제31조)이 이에 해당한다.

이들 중에서 상담자들이 특히 알아 두어야 할 예외 규정은 '사적 이용을 위한 복제'와 '공표된 저작물의 인용'이다(다음의 '사적 이용을 위한 복제' '영리성과 비영리성' 참조). 참고로, 이러한 예외 규정에서 말하는 '교육기관'이란 고등학교 및 이에 준하는 학교 이하의 학교를 의미하므로, 대학, 민간 상담기관, 연수단체는 이에 해당하지 않는다는 점에 유의해야 한다.

2) 공공기관의 저작물

누구나 이용하기 쉬운 방법으로 공공기관의 저작물을 이용하는 것을 들 수 있다. 예를 들면, 보건복지부나 고용노동부 및 부속 공공기관은 정신건강 등에 관한 다양한 자료를 웹사이트 등을 통해 공개하고 있다. 이 자료들도 저작물이기는 하지만, 이들이 정한 조건이나 이용약관에 따라서 별도의 허락을 받지 않고도 자료의 작성·배포 등에 이용할 수 있다. 대부분 경우에는 공공기관의 저작물을 자유롭게 이용하되, 그 출처를 밝히도록 명시하고 있다. 예를 들면, "출처: 보건복지부 홈페이지(해당 페이지의 URL을 기재함)"와 같은 방식이다.

12. 사적 이용을 위한 복제

상담자 A는 자신의 역량 강화를 위해 동료들끼리 조직한 연구모임(스터디그룹)에 정기적으로 참가하고 있다. 이 같은 연구모임에서는 필요한 경우에 저작권자의 허락 없이 그의 책을 복사해서 배포해도 되는가?「저작권법」에서는 "공표된 저작물을 영리를 목적으로 하지 아니하고 개인적으로 이용하거나 가정 및 이에 준하는 한정된 범위 안에서 이용하는 경우" 즉, 사적 이용 목적이라면, 저작권자의 허락 없이 이를 복제할 수 있다고 규정하고 있다(「저작권법」 제30조 본문). '사적(개인적)'이란, 예를 들면 두꺼운 참고서를 가지고 다니기가 힘들어서, 그 일부분을 복사해서 휴대용으로 사용하는 것을 말한다. '가정' 안에서란, 예를 들어 자녀를 위해 사 온 참고서를 부모가 자신도 풀어 보기 위해 복사하는 것을 말한다.

「저작권법」

제30조(사적이용을 위한 복제) 공표된 저작물을 영리를 목적으로 하지 아니하고 개인적으로 이용하거나 가정 및 이에 준하는 한정된 범위 안에서 이용하는 경우에는 그 이용자는 이를 복제할 수 있다. 다만, 공중의 사용에 제공하기 위하여 설치된 복사기기, 스캐너, 사진기 등 문화체육관광부령으로 정하는 복제기기에 의한 복제는 그러하지 아니하다.

문제는 '이에 준하는 한정된 범위 안'의 의미이다. 한국저작권위원회의 상담 사례집에 따르면, 사적 복제가 허용되는 가정 및 이에 준하는 한정된 범위란 복제행위가 상호 간에 강한 인적 결합 관계가 있는 소수의 인원 사이에서 이루어져야 함을 의미한다. 가령 친한 친구들 10명 내외가 모여서 취미활동을 위

해 저작물을 복제하여 이용하는 경우가 그러한 사례에 해당 될 것이다. 다만, 인터넷이나 여러 명의 대화 참여가 가능한 스마트폰 등과 같은 통신기기를 통한 저작물의 공유는 이러한 범위를 넘는 것으로 보고 있어, 그 인원이 소수에 그친다고 할지라도 온라인 커뮤니티 등에서 저작물을 올려 이용하는 것은 사적 복제에 해당하지 않음에 유의해야 한다.[10)]

따라서 적은 인원의 동료들이 정기적으로 모이는 연구모임에서 이용할 목적이라면, 허락 없이 책을 복사해서 이용할 수 있을 것이다. 그러나 이러한 활동이 영리성을 띠고 있는 경우라면 비록 적은 수의 인원이라도 사적 이용 목적으로 인정되지 않고, 복제권 침해가 된다. 예를 들어, 어떤 연구모임이 강사에게 사례를 하는 모임이거나, 또는 업무의 연장으로서 참가에 강제성이 있는 스터디 그룹이라면, '사적 이용 목적'이라고 말할 수 없다. 또한 기업 기타 단체에서 내부적으로 업무상 이용하기 위해 저작물을 복제하는 행위도 사적 이용 목적에 해당하지 않는다.

5명의 친한 동료 중 1명이 대표하여 유료 강의를 수강해 오고, 그 공부자료를 복사하여 4명의 다른 동료들에게 나눠 주는 경우도 인원수만큼의 강의료를 면할 목적이기 때문에 사적 이용 목적이 아니다. 한편 복사했을 당시에는 자신만이 이용할 생각이었지만, 그 후에 동료 3명에게 전자메일 첨부로 송신했을 경우는, 복사한 시점에서는 사적 이용 목적이었기 때문에 복제권의 침해는 되지 않지만, 그 후의 메일 첨부 송신이 공중송신권 침해가 될 것이다.

13. 영리성과 비영리성

상담자 A는 현재 상담업무를 하고 있다. A가 무료 개인 상담을 하면서 참고

10) 한국저작권위원회(2022). 저작권상담사례집, p. 191.

가 될 만한 문헌을 복사하여 내담자에게 전달하는 행위는 「저작권법」을 위반한 것인가? 이미 살펴본 바와 같이, 유료 영리 상담은 '사적 이용 목적'이라고 할 수 없으므로, 복제권 침해가 된다. 무료 상담이라고 하더라도, 예를 들어 고객을 유인할 목적으로 첫 회에만 무료로 한다면, 장기적으로 이는 유료 계약으로 연결하기 위한 수단으로서의 '무료'이므로 전체적으로 보면 영리성을 띠고 있어서 '사적 이용 목적'이라고 할 수 없을 것이다. 한편, 완전 무료(자원봉사) 상담이었다고 하더라도 첫 회에는 신뢰 관계가 구축되어 있다고까지는 할 수 없으므로, 이를 '가정 및 이에 준하는 한정된 범위 안에서(사적 이용 목적)'라고는 할 수 없다. 그러나 몇 차례의 상담 이후에 신뢰 관계가 형성된 후라면 '사적 이용 목적'으로 평가될 수 있다.

한편 「저작권법」에서는 영리를 목적으로 하지 않는 경우라면 저작물을 공연, 방송할 수 있다고 규정하고 있다(「저작권법」 제29조 제1항). 그 외에도 저작물을 허락 없이 이용할 수 있는 예외 규정들에서는 영리를 목적으로 할 때는 예외 인정을 하지 않고 있다. 따라서 기본적으로 '업무' 목적의 경우에는 저작물을 허락 없이 이용할 수 없다고 생각하는 것이 좋다.[11] 이와 관련하여 한 가지 생각해 볼 것이 있다. 업무와 관련 있는 모든 행위가 영리성을 띠는(사적 이용 목적이 아닌) 것으로 평가되는 것은 아니라는 점이다.

「저작권법」이 사적 이용을 위한 복제를 예외적으로 인정하는 것은 개인의 사적인 영역에서의 활동의 자유를 보장할 필요성이 있고, 폐쇄적인 사적 영역 내에서의 영세한 이용에 그친다면 저작권자에 대한 경제적인 타격이 적을 것이라는 이유에서다. 그렇다면 업무와 관련 있는 행위라고 할지라도 개인적인 사소한 이용으로서 저작권자의 이익을 훼손하는 것이 아닌 행위라면 사적 이용 목적이라고 평가할 수 있을 것이다. 기업 등에서 행해진 업무상 복제의 이

11) 대법원 2013. 2. 15. 선고 2011도5835 판결.

용 목적은 '가정 안에서'에 준하는 범위 내라고는 할 수 없다고 할지라도, 예를 들면 출장지에의 짐을 줄이기 위해서 서적을 일부 복사하여 그 복사본을 취하는 행위나, 노안 때문에 작은 글씨를 잘 읽을 수 없는 회사 임원이 신문을 확대 복사하는 행위 등은 '사적' 이용이라고 평가할 수 있을 것이다.

정리

이 장에서는 우선 「저작권법」의 체계와 상담자가 알아두면 유용한 주요 내용들을 살펴보았다. 「저작권법」을 이해하기 위해 주요한 개념인 저작물, 저작자, 저작권을 중심으로 「저작권법」 위반 여부를 판단하는 기본적인 방법과 저작권 침해 시 구제 방안도 설명했다. 또한 공공의 이익과 문화발전을 위해 저작권이 제한되는 경우 중에서 특히 심리상담과 관련이 높을 만한 사유들을 다루었다.

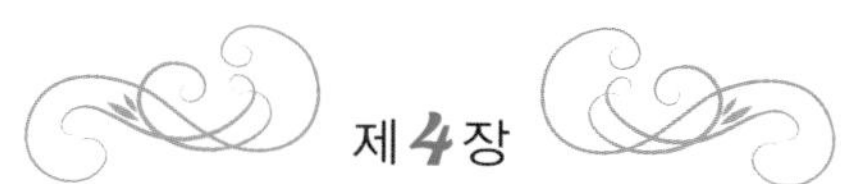

제 4 장

저작권과 상담(II)

이 장에서는 제3장 저작권과 상담(I)에 이어 상담자가 겪을 수 있는 저작권 관련 문제들에 대하여 계속해서 다루고자 한다.

1. 인용

타인의 저작물이라도 이를 '인용'하면 자유롭게 이용할 수 있다고 들은 적이 있다. 그래서 상담자 A는 상담세미나에서 나누어 줄 배포용 자료(원본) 5장 뒤에, 이에 대한 참고 자료로서 서적 복사본 몇 장을 첨부했다. 물론 서적의 제목을 알 수 있도록 그 표지도 복사해서 첨부했다. 그랬더니 수강자 중 한 명이 "이건 저작권 침해 아닌가요?"라고 지적했다. 원문을 인용 표기했다면 법적으로 문제가 없는 것이 아닌가?

「저작권법」이 정하는 '인용'은 몇 가지 조건을 충족해야 한다. 단순히 참고문헌으로서 출처를 알리는 것만으로는 조건을 충족하지 못하여 저작권 침해가 된다. 일반적으로 서적 또는 논문의 복사본을 나눠 주는 것은 자신도 모르게 악의 없이 저지르기 쉬운 저작권 침해행위이다. 대학교 수업에서도 정해진 교과서 외에, 자료 복사본 등을 배부하고 이것을 가지고 수업을 하는 경우도 드물지 않다. 이런 것에 익숙해진 사람들은 각종 세미나, 강연회, 연구모임에서도 복사본을 나눠 주고 받는 것에 대해 별로 문제의식을 느끼지 못한다. 그러나 고등학교 이하의 학교 수업에서 복사본을 나눠 줘도 문제가 없는 이유는, 교원은 수업목적으로 필요한 한도에서 저작물을 복제할 수 있다고 특별히 법에서 규정하고 있기 때문이다(「저작권법」 제25조 제3항). 그러므로 통상의 세미나 또는 상담 시에는 허락 없이 서적이나 논문의 복사본을 배포하는 것은 금지된다.

「저작권법」

제25조(학교교육 목적 등에의 이용)

③ 다음 각 호의 어느 하나에 해당하는 학교 또는 교육기관이 수업 목적으로 이용하는 경우에는 공표된 저작물의 일부분을 복제·배포·공연·전시 또는 공중송신(이하 이 조에서 "복제등"이라 한다)할 수 있다. 다만, 공표된 저작물의 성질이나 그 이용의 목적 및 형태 등에 비추어 해당 저작물의 전부를 복제등을 하는 것이 부득이한 경우에는 전부 복제등을 할 수 있다.

1. 특별법에 따라 설립된 학교
2. 「유아교육법」, 「초·중등교육법」 또는 「고등교육법」에 따른 학교
3. 국가나 지방자치단체가 운영하는 교육기관

1) 인용의 조건

「저작권법」에서는 인용의 방법으로 타인의 공표된 저작물을 이용할 수 있도록 규정하고 있다(「저작권법」 제28조). 즉, 공표된 저작물은 ① 보도·비평·교육·연구 등을 위하여, ② 정당한 범위 안에서, ③ 공정한 관행에 합치되게 이

를 인용할 수 있다. 이러한 인용의 조건을 구체적으로 살펴보면 다음과 같다.

「저작권법」

제28조(공표된 저작물의 인용) 공표된 저작물은 보도·비평·교육·연구 등을 위하여는 정당한 범위 안에서 공정한 관행에 합치되게 이를 인용할 수 있다.

① 우선 공표된 저작물을 인용하는 목적이 "보도·비평·교육·연구 등"을 위한 것이어야 한다. 문맥상 이는 반드시 보도·비평·교육·연구 목적으로만 인용할 수 있다는 뜻은 아닌 예시적 규정으로서, 인용의 목적이 반드시 이에 한정된 것은 아니다. 그러나 인용의 목적이 보도·비평·교육·연구인 경우,「저작권법」제28조가 적용될 가능성이 클 것이다. 그러므로 문화 콘텐츠를 감상하고 관련 정보를 소개하거나 비평적 글쓰기를 하면서 타인의 저작물 일부를 부수적으로 인용하는 것은 허용될 것이다. 그러나 본인이 창작하는 데에 소모되는 시간이나 노력을 줄이기 위한 목적으로 타인의 저작물을 이용하거나, 단순한 흥미 유발을 위한 장식 등 본인 콘텐츠의 상품 가치를 높이기 위한 목적 등으로 타인의 저작물을 이용하는 것은 허용되지 않는다.[1] 즉, 문맥상 다른 저작물을 인용할 필요가 있어야 한다는 것이다. 예를 들어, 자신의 자료(저작물)를 멋지게 보이기 위해서 자료의 여백에 누군가의 웹사이트에서 가져온 이미지(사진 등)를 붙이는 것은, 비록 출처(URL이나 김××ⓒ)를 명기했다고 해도, 이러한 이미지를 인용할 필요성이 없다고 인정될 것이다.

한편 그림이나 도표에 저작권(ⓒ)의 표기가 된 경우가 있는데, 이것은 자

1) 서울지방법원 2003. 5. 30. 선고 2001가합64030 판결.

신의 저작물임을 밝히는 의미가 있다. 그렇다고 © 표시가 없는 이미지나 도표는 자유롭게 이용할 수 있는 것은 아니라는 점을 주의해야 한다. © 표시가 없더라도, 사상 또는 감정을 표현한 창작물(「저작권법」 제2조 1호)에 해당한다면, 이는 「저작권법」상 저작물로 보호되기 때문이다.

② "정당한 범위 안에서"의 인용이어야 한다. 어느 정도가 정당한 범위 안에서의 인용인지에 관한 일률적인 기준은 정해져 있지 않으나, 자신의 저작물이 주된 것이어야 하고, 질적 또는 양적으로 최소한의 분량을 이용하여 타인의 저작물은 예증 또는 참고 자료 정도의 부수적인 것이어야 한다. 즉, 나의 창작물과 인용 부분이 주종관계에 있어야 한다. 주종관계란 문서나 슬라이드를 작성하는 사람의 원본 부분이, 인용하려고 하는 부분보다 질적으로 우위에 있어야 한다는 것이다. 타인의 저작물이 대부분을 차지하여 그 타인의 원저작물에 대한 시장수요를 대체할 정도가 된다면, 이러한 저작물의 이용은 허용되지 않을 것이다.[2] 만일 문장의 경우라면 글자 수가 그 기준이 될 수 있다. 원본(인용한 문서) 부분의 글자 수가 피인용(인용된 문서) 부분의 글자 수보다 훨씬 많아야 할 것이다. 그러나 글자 수만이 절대적인 기준은 아니다. 왜냐하면 '~라고 생각하지 않을 수 없지도 않다.' 등과 같이 쓸데없이 장황한 표현을 사용함으로써 글자 수를 늘리는 허점을 막기 위해서이다. 원본 부분의 글자 수를 늘리기 위해 의미 없는 문장을 추가로 나열하는 것도 "보도 · 비평 · 교육 · 연구 등을 위하여는 정당한 범위 안"이라고 할 수 없다. 정리하면, 주종관계는 글자 수를 하나의 기준으로 하면서 문장의 질도 고려하여, 전체적으로 원본 부분이 피인용 부분보다 충분히 양적으로나 질적으로 우위에 있는가 하는 관점에서 판단해야 할 것이다.

2) 서울고등법원 1996. 7. 12. 선고 95나41279 판결.

③ 인용하는 방법이 “공정한 관행에 합치”되어야 한다. 이를 위해서는 인용하는 부분이 구별될 수 있도록 하면서 출처를 밝혀 피인용 저작물이 타인의 것이라는 점을 분명히 해야 한다. 출처의 명시는 저작물의 이용 상황에 따라 합리적이라고 인정되는 방법으로 하여야 하며, 저작자의 실명 또는 이명이 표시된 저작물의 경우에는 그 실명 또는 이명을 명시하여야 한다. 출처 명시란 인용한 부분의 출처를 적는 것이다. 예를 들면, 서적인 경우, 김××(2023). 사례로 배우는 상담학. 학지사. p. ○○. 등으로 표기한다. 논문인 경우, 김××(2023). 현대사회에서 불안의 심리학. 상담학 연구, 31(2), pp. 1-21. 등으로 기재한다. 재인용의 경우, 예를 들어 서적 B에서 서적 A의 표가 인용되고 있고, 그 표를 자신의 문장에도 인용하고 싶은 경우에는, “서적 B의 저자 (발행년) 서명, 출판사, (표의 게재)면에서 재인용”이라고 적는다.[3] 각 학문 분야마다 관행적으로 사용하는 표기 방법이 있으니 이를 참고하면 된다. 중요한 것은 생략하지 말고 제대로 표기하는 것이다. 또한 저작물이나 슬라이드 끝부분에 ‘참고문헌’으로 출처를 정리해 나열하는 경우가 있는데, 이 방법으로는 어느 문헌에서 어떤 부분을 인용했는지 알 수 없으므로 출처 명기의 조건을 충족하지 못한다. 그러므로 인용 부분의 직후에 적거나 각주 번호를 붙여 적어야 한다.

한편 대법원 판례에 따르면, 정당한 범위 안에서 공정한 관행에 합치되게 인용한 것인지는 인용의 목적, 저작물의 성질, 인용된 내용과 분량, 피인용 저작물을 수록한 방법과 형태, 독자의 일반적 관념, 원저작물에 대한 수요를 대체하는지 여부 등을 종합적으로 고려하여 판단하여야 하고, 이 경우 반드시 비영리적인 이용이어야만 하는 것은 아니지만 영리적인 목적을 위한 이용은 비영

3) 한국상담학회에서 발행하는 학술지의 논문투고규정을 참고하는 것도 하나의 방법이다.

리적인 목적을 위한 이용의 경우에 비하여 자유 이용이 허용되는 범위가 상당히 좁아진다.[4)]

2) 요약 인용

인용하는 문장의 글자 수가 늘어나게 될 경우, 인용문을 요약함으로써 글자 수를 줄이는 경우가 있다. 이때 주의해야 할 것이 '동일성 유지'이다(「저작권법」 제13조 제1항). 이것은 저작인격권의 일종으로서 저자의 진의를 훼손하는 행위를 해서는 안 된다는 취지이다. 그러므로 요약은 정확해야 한다. 누군가 저자의 저작물을 잘못된 뉘앙스로 요약 인용하면, 저자의 입장에서는 마치 자신이 그러한 인격(사상 또는 감정)을 가지고 있는 것으로서 세상 사람들에게 잘못 보일 것이기 때문이다.

또한 긴 문장이나 문단 중 굳이 인용할 필요가 없는 부분을 생략함으로써, 글자 수를 줄일 수도 있다. 이 경우 생략되어 있음을 나타내기 위해 '(생략)' '–중략–' 또는 '……' 등으로 표기한다. 그러나 생략하게 되면 문맥이나 의미가 바뀌는 경우는, 동일성 유지권을 위반하게 되므로 주의해야 한다.

2. 파워포인트 자료 작성과 인용

요즘은 파워포인트 슬라이드를 이용하여 자료를 작성하는 사례가 많다. 파워포인트 슬라이드의 경우, 인용의 조건 중 주종관계에 관한 판단은 슬라이드 1장마다 각각 판단해야 하는가? 아니면 슬라이드 전체의 관점에서 판단해야

4) 대법원 2014. 8. 26. 선고 2012도10786 판결.

하는가?

파워포인트 슬라이드에서의 주종관계를 다룬 판례는 아직 존재하지 않는 것 같다. 다만, ① 슬라이드 1장 안에서 주종관계를 판단해야 한다는 견해와 ② 구두 설명도 포함하여 슬라이드 전체의 관점에서 주종관계를 판단해야 한다는 견해로 나누어 생각해 볼 수 있다.

생각해 보면, 파워포인트를 작성할 때는 정보를 지나치게 주입하지 않도록 슬라이드에는 키워드 정도만 간단명료하게 기재하고, 구두(말)로 이를 충분히 설명하는 방식이 널리 이용되고 있다. 만일 슬라이드 한 장마다 주종관계를 판단한다고 하면, 주종관계를 충족시키기 위해 슬라이드에 원본 문장을 많이 기재해야만 하게 되어, 매우 복잡하고 보기 어려운 슬라이드가 되고 말 것이다. 이에 비해, 전체 슬라이드의 관점에서 주종관계를 판단한다고 하더라도 인용에 있어서 "공정한 관행에 합치"라고 할 수 있을 것이고, 나아가 「저작권법」의 목적인 "저작자의 권리와 이에 인접하는 권리를 보호하고 …… 문화 ……의 향상발전에 이바지"할 것이다(「저작권법」 제1조). 따라서 구두 설명을 포함한 슬라이드 전체의 관점에서 주종관계를 판단하는 ②의 견해가 옳다고 생각한다.

다만, 슬라이드(원본)에 관한 구두 설명과 간단명료한 슬라이드는 하나의 세트(set)를 이루고 있으므로, 슬라이드만을 인쇄하여 배포하거나 그 파일을 전자메일 등으로 전송할 때는 주의가 필요하다. 슬라이드 인쇄물이나 파일이 인용 문장 위주로만 표기되어 있다면, 이는 전체적으로 보아 주종관계를 충족하지 못하는 것처럼 보일 수 있기 때문이다. 따라서 나중에 저작권 침해 의혹을 받았을 때 항변할 수 있도록 사전 조치할 필요가 있다. 일단 수강생들에게 "슬라이드 인쇄물(배포용)은 구두 설명과 일체로서 의미를 이루므로, 다른 사람에게 배포하지 마십시오."라고 설명 또는 표기해 두면 좋을 것이다. 또는 구두 설명의 원고 메모를 작성해서 보존해 두거나 자신이 한 구두 설명을 녹음해 두는 것도 방법이 될 수 있다. 참고로 파워포인트의 슬라이드 위에 인용하는 문장이나 키워드가 간단하면 각각의 슬라이드에서는 창작성이 인정되지 않지만, 슬라이드 전체를 종합적으로 연결해서 보면 창작성이 인정되는 경우가 있다. 그러한 파워포인트 슬라이드는 저작물에 해당하므로, 이를 인용할 때는 인용 방법에 따라 올바르게 인용해야 한다.

3. 특정 서적의 내용을 따른 연수

상담자 A는 어느 기업의 직원들을 상대로 '마음의 건강'이라는 주제로 연수 프로그램을 맡게 되었다. 그러나 연수 경험이 거의 없는 A는 관련 서적을 참고해서 연수를 진행하고자 한다. 이 경우「저작권법」상 주의해야 할 점은 무엇이 있을까?

연수를 기획하면서 모든 연수 내용을 자신이 창의적으로 생각한 내용으로 준비하기는 사실상 어렵다. 보통은 그 분야의 저명한 서적의 내용이나, 자신이 수강했던 적이 있는 다른 연수를 참고하여 이에 따르는 경우가 많을 것이다. 이 자체를 일률적으로 나쁘다고 할 수는 없지만, 지금까지 이 책에서 언급한 이슈들에 충분히 주의하지 않는다면, 이러한 행동이 저작권을 침해할 수 있다. 예를 들어, 타인의 서적이나 타인이 만든 문서에 '따른' 연수 내용에서, 서적을 PDF 파일 등으로 변환하여 그 이미지를 슬라이드로 비췄을 경우는 공연권(「저작권법」 제17조) 침해가 된다.

> **「저작권법」**
>
> 제17조(공연권) 저작자는 그의 저작물을 공연할 권리를 가진다.

또한 파워포인트 슬라이드에 서적의 내용을 적거나 서적의 내용을 담은 문서를 배포할 경우, 출처를 명기했다고 하더라도 주종관계 조건을 충족시키지 못할 수 있다. 즉, 비록 충분히 구두 설명을 하고 양적으로는 주종관계를 충족시키는 것처럼 보일지라도 구두 설명의 내용이 서적의 내용에 근거하고 있다면, 질적인 관점에서는 주종관계를 충족시키지 못할 것이다. 그런 경우 저작권자의 허락을 확실히 받을 필요가 있다.

만일 저작권자의 허락을 받지 않고 이용하고 싶은 경우에는, 서적의 내용(표현)을 많이 이용하지 않도록 창의적인 내용의 구두 설명을 충분히 활용할 필요가 있다. 예를 들면, 일반론은 서적 등의 내용을 인용하면서, 강사 자신의 경험담을 풍부하게 서술하는 것이다. 또는 서적의 내용인 일반론을 연수 대상자나 연수 대상 기업에 적용했을 경우의 개별적·구체적 상황을 풍부하게 고찰함으로써 양적, 질적으로 주종관계를 충족시키도록 하는 방법도 있다. 다만, 상당히 조심해서 연수 내용을 고민하지 않으면, 연수 내용이 서적의 내용과 유사하여 저작권 침해라고 평가될 수 있으므로 그다지 좋은 방법은 아니다.

서적을 참고하여 연수나 강연, 세미나를 할 경우, 수강자 각자에게 그 서적을 구입하도록 하는 것도 하나의 방안이다. 이론적으로 본다면, 책을 구입한다고 해서 연수 내용이 「저작권법」 위반이 되지 않는 것은 아니다. 하지만 서적을 저술한 저자(저작권자) 입장에서 보면, 수강자 전원이 서적을 구입해 주었다면 연수 내용의 저작권 침해를 문제 삼지 않을 수도 있다. 복제권 등 대표적인 「저작권법」 위반은 저작권자가 피해를 수사기관에 고소하지 않으면 성립되지 않는다(다음의 '「저작권법」 위반 시 책임' 참조).

4. 무단 전재 금지

어느 책이나 자료를 보면, 새로운 내용도 아닌 뻔한 내용이 적혀 있을 뿐 창작성이 높은 내용이라고 생각되지 않는데, 그 처음이나 끝부분에 "무단 전재를 금함"이라고 적혀 있다. 이 문서를 다른 곳에서 이용해도 괜찮을까?

강연회나 세미나 등에서 배포하는 문서나 슬라이드 인쇄물에 "무단 전재를 금합니다."라고 기재되어 있는 것을 본 적이 있을 것이다. 이와 관련하여 주의해야 할 점은 무엇일지 생각해 보자.

1) 주최 측과의 계약 관계

해당 문서가 저작물이 아닌 경우에는 이를 무단으로 이용하더라도 「저작권법」 위반이 되지 않는다. 원칙적으로 저작물만이 「저작권법」의 보호를 받기 때문이다. 그런데 세미나 등에 참석한 경우, 주최 측과의 사이에 계약 관계가 성립한다. 그러므로 거기서 배포된 문서나 슬라이드에 "무단 전재 금지"라고 적혀 있다면, 이를 무단으로 전재하는 것은 계약 위반이 되며 계약을 위반한 자는 손해배상책임을 진다(「민법」 제390조). 또한 세미나 등에 정식으로 참여하지 않고 문서를 입수한 경우(주최 측과의 사이에 계약 관계가 없는 경우)라고 하더라도 무단으로 전재하는 것은 불법행위(「민법」 제750조)가 되어 손해배상책임을 진다.

「민법」

제390조(채무불이행과 손해배상) 채무자가 채무의 내용에 좇은 이행을 하지 아니한 때에는 채권자는 손해배상을 청구할 수 있다. 그러나 채무자의 고의나 과실없이 이행할 수 없게 된 때에는 그러하지 아니하다.

제750조(불법행위의 내용) 고의 또는 과실로 인한 위법행위로 타인에게 손해를 가한 자는 그 손해를 배상할 책임이 있다.

이와 같은 논리로, "강의실 내 녹음 녹화 금지"라는 표시가 있는 경우, 가정에서 복습하기 위해 스마트폰으로 허락 없이 녹음이나 녹화를 해도 이는 「저작권법」 제30조의 사적 이용을 위한 복제에 해당하여「저작권법」 위반은 되지 않지만, 주최 측이나 강사에 대한 계약 위반이 될 수 있다. 즉,「저작권법」 위반은 아니지만,「민법」상 계약 위반에 의한 손해배상책임을 질 수 있다는 것이다.

한편 설령 "무단 전재 금지"라고 쓰여 있더라도 '인용'으로 이용한다면, 이를 허락 없이 이용하더라도 계약 위반 등이 되지 않는다. 다만, 이 경우에는 앞에서 설명한 '인용' 조건을 충족해야 할 것이다.

2) 영업적 이익의 침해

일반적인 내용만을 늘어놓았을 뿐 저작물에 해당하지 않는 문서라도 수강자로부터 호평을 받는 것(영업적인 가치가 있는 것)이라면, 그것을 무단으로 자신의 세미나 등에서 마치 자신이 스스로 작성한 것처럼 이를 이용하는 것은 영업적 이익침해로 된다. 그러므로 불법행위(「민법」 제750조)에 의한 손해배상책임을 진다. 저작권에 해당하지 않더라도 영업적 가치가 높은 것을 모방하는 행위는 위법하기 때문이다.

다음의 사례를 살펴보자. 수년간 모발이식수술을 전문으로 연구·시술하여 온 모발이식 분야에 종사하는 성형외과 전문의사인 원고는 자신의 병원을 소개하는 홈페이지에 원고로부터 모발이식수술을 받은 환자들의 수술 전 상태와 수술 후 일정 기간이 지난 후의 모발 상태를 촬영한 사진을 환자들의 동의를 받아 게시하고 있었다. 또 다른 성형외과병원을 운영하는 피고는 TV 프로그램에 출연하면서 원고 병원의 홈페이지에 실린 사진 중 환자 4명의 수술 전후 사진 8장을 이용했다. 원고는 피고가 자신의 사진저작물을 도용했다고 주장했다.

이 사례에서 법원은 모발이식 전후의 사진에 대해 창작성이 없다고 하면서 이를 저작물로 인정하지 않았다. 그러나 "불법행위가 성립하기 위해서는 반드시 저작권 등 법률에 정해진 엄밀한 의미에서의 권리가 침해되었을 경우에 한하지 않고, 법적으로 보호할 가치가 있는 이익이 위법하게 침해된 것으로 충분하다. 따라서 부정하게 스스로의 이익을 꾀할 목적으로 이를 이용하거나 또는 원고에게 손해를 줄 목적에 따라 이용하는 등의 특별한 사정이 있는 경우에는 홈페이지를 통하여 인터넷에 공개한 정보를 무단으로 이용하는 행위가 법적으로 보호할 가치가 있는 상대방의 이익을 침해하는 위법한 행위에 해당하여 불법행위가 성립할 수도 있다."라고 판시했다.

또한 "피고가 영리의 목적으로 피고와 영업상 경쟁 관계에 있는 원고가 노동력과 비용을 들이고, 전문지식을 사용하여 환자의 동의를 받아 촬영하고 작성한 원고의 사진들과 상담 내용을 무단으로 도용해서 사용한 것은 공정하고 자유로운 경쟁 원리에 의해 성립하는 거래 사회에 있어서 현저하게 불공정한 수단을 사용함으로써 사회적으로 허용되는 한도를 넘어 원고의 법적으로 보호할 가치 있는 영업 활동상의 신용 등의 무형의 이익을 위법하게 침해하는 것으로서 평가할 수 있으므로 피고의 위와 같은 행위는 「민법」 제750조의 불법행위를 구성한다."라고 판결했다.[5] 즉, 이 사건에서 문제가 된 사진은 저작물이 아니라서 「저작권법」으로 보호해 줄 수는 없지만, 피고의 행위는 고의 또는 과실로 인한 위법행위로 타인(원고)에게 손해를 끼쳤으므로 「민법」상 불법행위에 해당하여 원고에게 손해배상을 해야 한다는 것이다.

이러한 법원의 판단을 이 사례에 적용해 보면, 해당 문서가 새로운 내용도 아닌 뻔한 내용이 적혀 있을 뿐 창작성을 인정할 수 없어 저작물에 해당하지 않는다고 해도, 부정하게 스스로 이익을 꾀할 목적으로 이를 이용하거나 원고에게 손해를 줄 목적으로 이용하는 등의 특별한 사정이 있다면 손해배상책임을 질 가능성이 있다.

5) 서울중앙지방법원 2007. 6. 21. 선고 2007가합16095 판결.

5. 온라인 연수 시 주의점

최근 코로나19(COVID-19) 등의 감염병이 확산하는 것을 방지하기 위해서, 온라인으로 심리상담이나 세미나, 연수회 등을 개최하는 경우가 많아졌다. 이 경우「저작권법」상 주의할 점으로는 무엇이 있을까?

온라인 연수나 세미나의 경우라도, 주의할 점에 있어서는 대면으로 하는 심리상담이나 세미나의 경우와 기본적으로 같다. 예를 들어, 서적 등 저작물을 PDF로 변환하여, 수강자에게 배포하거나 내려받도록(다운로드) 하면 복제권과 공중송신권 침해에 해당한다. ZOOM과 같은 프로그램을 이용하면서, 다운로드뿐만 아니라 '화면공유'를 하는 경우도 마찬가지이다. 또한 서적 등 저작물의 내용(이미지)을 슬라이드로 비추는 것은 공연권 침해가 된다. 따라서 서적 등 저작물을 이용하고 싶다면, 강사 자신이 작성한 문서나 슬라이드를 위주로 작성하면서 인용의 방법을 이용하는 방식이어야 할 것이다.

한편 수강자가 주의해야 할 사항도 있다. 수강자가 무단으로 온라인 세미나를 녹화한 경우, 슬라이드 등 강사의 저작물에 관한 복제권을 침해한 것이고, 녹화한 것을 불특정 다수 또는 특정 다수인 제삼자가 열람할 수 있는 상태로 하면 강사의 저작물에 관한 공중송신권을 침해한 것이다. 또한 수강자가 그 녹화를 편집한다면, 이는 저작자의 동일성유지권을 침해한 것이 된다.

6. 광고물 작성 시 주의점

'마음의 건강'에 관한 세미나를 개최하고자 광고지를 작성하였다. 그 광고지는 다음과 같이 구성되어 있다. ① 개최장소를 안내하기 위해 대형 지도 사이트의 지도(이미지)를 복사해서 붙여 넣었다. ② 신선한 느낌을 주기 위해 어느 인터넷 블로그에 올라와 있던 시원한 느낌의 바다 사진을 붙였다. ③ 기존 참가자들이 설문조사에서 적어 놓았던 평가 중에 일부를 기재했다. 그리고 ④ 심리상담사가 가입해 있는 학회의 URL을 기재했다. 이러한 광고물이 적법한지를 「저작권법」의 관점에서 살펴보기로 하자.

1) 지도

저작물은 인간의 사상이나 감정을 표현한 창작물이라고 정의되므로, 객관적 사실을 기재한 것은 저작물이 아니다. 지도는 어떠한가? 지도란 건물이나 도로의 위치 등에 관한 객관적인 정보를 적은 것이므로 저작물에 해당하지 않는가? 그러나 지도는 완전히 객관적인 정보가 아니라, 축척을 가공하거나 알기 쉽게 건물을 표기하거나 번지를 적는 등 창의성이 들어가 있으므로 '도형저작물'에 해당한다(「저작권법」 제4조 제1항 8호). 따라서 저작물에 해당하는 타인이 만든 지도를 허락 없이 광고지에 이용할 수 없다.

또한 포털사업자인 구글이나 네이버 등에서 제공하는 지도에는 이용약관이 정해져 있다. Google 지도의 '이용약관'에서도 책이나 정기간행물의 경우에는 Google 맵을 사용할 수 있지만, 인쇄광고의 경우에는 이를 사용하지 못하도록 규정하고 있다.[6] 이러한 이용약관은 개정될 수 있으니 이용 시 확인해 볼 필요가 있다.

2) 사진

사진도 객관적으로 존재하는 피사체(촬영 대상)를 촬영한 것이므로, 저작물

6) 구글의 지도 이용약관 사이트
(https://www.google.com/intl/ko_ALL/permissions/geoguidelines/).

에 해당하지 않을 것으로 생각할 수 있다. 그러나 사진은 카메라 앵글이나 셔터의 속도, 촬영 후의 가공 처리, 조명 등을 통해, 사진 촬영자가 개성(창작성)을 발휘할 수 있다. 따라서 「저작권법」 제4조는 저작물의 예시로 사진을 들고 있다(「저작권법」 제4조 제1항 6호). 이는 사진이 저작물이 될 수 있음을 전제로 한 것이다. 그러나 만일 창작성이 전혀 없는 단순 기계적인 사진이라면 저작물에 해당하지 않는다. 그러나 학계에서는 지금까지도 저작물로 인정되는 사진과 인정되지 않는 사진의 구별 기준에 관해 의견이 일치되어 있지 않다.[7] 이러한 상황에서 SNS를 포함한 인터넷상에 많은 양의 사진(이미지)이 존재하며 이를 쉽게 복사하는 것도 가능하지만, 이를 허락 없이 광고지에 이용하면 저작권 침해가 될 우려가 크다.

3) 설문 내용

설문 응답자가 설문지에 쓴 내용이나 인터넷상으로 입력한 평가(식당이나 숙소 평가 등)도 내용에 따라 저작물이 된다. 이때는 사안별로 저작물의 해당성 여부를 판단해 보아야 할 것이다. 설문의 응답 내용이 익명으로 되어 있더라도 마찬가지이다. 따라서 나중에 설문의 응답 내용 등을 별도 광고물로 이용하고 싶은 경우에는 설문지 작성(설계) 시에 미리 "이 단체의 광고물 등에 게재하는 것에 동의합니다."라는 체크 표시란을 마련해 두는 것이 좋을 것이다.

4) 웹사이트 URL을 기재하거나 링크 시 주의점

링크로 걸어 놓은 웹사이트에 저작물이 연결되어 있는 경우, 문서나 슬라이드 등에 웹사이트의 URL만을 기재하는 것은 저작권(복제권이나 공중송신권) 침

7) 송영식, 이상정(2017). 「저작권법」 강의(제2판), p. 49. 세창출판사.

해가 되지 않는다. 마찬가지로 자신의 블로그에 링크를 걸어 놓은 행위도 저작권 침해가 되지 않는다. 이러한 링크는 웹페이지나 웹사이트 등의 서버에 저장된 개개의 저작물 등의 웹 위치정보 또는 경로를 나타낸 것에 불과하여, 비록 인터넷 이용자가 링크 부분을 클릭함으로써 링크된 웹페이지나 개개의 저작물에 직접 연결되더라도 저작권 침해에 해당하지 않는다.[8)]

이러한 링크는 몇 가지 유형으로 나뉜다. 단순 링크(홈페이지 초기화면으로 이동), 직접 링크(원하는 상세정보 페이지로 이동), 프레이밍 링크(링크된 자료가 내 홈페이지의 다른 프레임에서 보이도록 함), 임베디드 링크(링크된 음악이나 동영상 등이 내 홈페이지에서 직접 실행되도록 구현함) 등이다.[9)] 이 중 프레이밍 링크나 임베디드 링크의 경우, 개별 사안에 따라 저작권에 기한 정당한 이익을 침해하는 위법한 행위에 해당할 수도 있다는 점을 유의해야 한다. 또한 불법복제물을 대상으로 하는 링크 행위는 저작권 침해행위에 대한 방조로 민·형사상 법적 책임이 발생할 수 있다는 점에서 주의가 필요하다.[10)]

7. 음악 이용 시 주의점

무료 공개강좌의 휴식 시간에 수강자들의 긴장을 풀어 주기 위해서, 발매된 CD의 힐링 음악을 틀어 주려고 한다. 「저작권법」상 문제는 없을까?

음악에는 공연권(「저작권법」 제17조) 등 몇 가지 저작권이 발생한다. 상업용 음반을 다수의 사람에게 재생하여 들려 주는 것은 「저작권법」상 '공연' 행위에

8) 대법원 2017. 9. 7. 선고 2017다222757 판결.

9) 한국저작권위원회(2022). 저작권상담사례집, p. 263.

10) 링크를 걸어 놓은 사이트가 불법 사이트인 경우, 불법행위를 조장한 것으로서 불법행위 책임을 질 수 있다.

해당하고 원칙상 저작권자의 허락이 필요하다. 그러므로 자신이 구입한 CD를 개인적으로 듣는 것은 허용되지만, 공개된 장소에서 틀어 주는 것까지 허용되지는 않는다.[11] 인터넷 등에서 음악을 스트리밍으로 내려받아 틀어 주는 경우도 마찬가지이다.

그러나 비영리 공연의 하나로서 입장료 등 해당 공연에 대한 비용을 받지 않는 때는 상업용 음반을 재생하는 방식의 공연이 가능하도록 저작재산권자의 권리를 제한하고 있다(「저작권법」 제29조 제2항). 여기서 '상업용 음반'이란 CD나 디지털 파일의 음원 등 공중이 이를 구매해서 개인적으로 감상하는 데에 사용할 수 있도록 발행한 음반을 말한다.[12] 그러므로 '무료' 공개강좌에서 상업용 음반을 들려 주면서 수강자들로부터 해당 공연에 대한 비용 등을 받지 않는다면, 저작권자의 허락이 필요하지 않다. 그러나 상담료나 수강료 등의 반대급부를 받는다면 저작권자의 허락이 필요하다.

「저작권법」

제29조(영리를 목적으로 하지 아니하는 공연·방송) ①영리를 목적으로 하지 아니하고 청중이나 관중 또는 제3자로부터 어떤 명목으로든지 대가를 지급받지 아니하는 경우에는 공표된 저작물을 공연(상업용 음반 또는 상업적 목적으로 공표된 영상저작물을 재생하는 경우는 제외한다) 또는 방송할 수 있다. 다만, 실연자에게 일반적인 보수를 지급하는 경우에는 그러하지 아니하다.

②청중이나 관중으로부터 해당 공연에 대한 대가를 지급받지 아니하는 경우에는 상업용 음반 또는 상업적 목적으로 공표된 영상저작물을 재생하여 공중에게 공연할 수 있다. 다만, 대통령령으로 정하는 경우에는 그러하지 아니하다.

11) 전주지방법원 1988. 12. 7. 선고 88가소16095 판결; 대전지방법원 1990. 9. 27. 약식명령 90고학6000.

12) 임원선(2017). 실무자를 위한 저작권법(제5판), p. 250. 한국저작권위원회.

최근에는 저작권 침해의 위험성을 피하고자 음식점, 체육관, 댄스학원 등에서는 음악저작권을 관리하는 단체에게 영업장 면적이나 수강자 수를 기준으로 매달 일정한 사용료를 지불하고 음악을 이용하기도 한다. 또한 허락 없이 무료 이용이 가능한 저작권 프리(free) 음악도 쉽게 구할 수 있으므로, 이러한 음악을 이용하는 방법도 있다.

8. 원고 작성 시 주의점

상담자 A는 어느 단체로부터 회보에 칼럼을 써 달라고 요청받았다. 이를 위한 별도의 계약서를 교환하지는 않았고, 이메일로 주제, 글자 수, 원고료, 마감일에 관한 의견교환을 하고 칼럼 기고를 승낙했다. 이 경우 누가 이 기사의 저작권자가 되는가?

이 사례와 관련된 규정으로서, 업무상 저작물의 저작자(「저작권법」 제9조)에 관한 조항이 있다. 회사(법인) 등에서 업무에 종사하는 자가 업무로서 창작한 저작물이 법인 명의로 공표될 경우, 근무규칙이나 다른 계약 등에서 이런 경우에 누가 저작권자가 될지를 미리 정해 놓은 규정이 없으면, 그 칼럼의 저작권은 회사에 귀속된다는 것이다. 그러나 이 사례와 같이, 외부 단체로부터 의뢰가 있었던 경우에는 상담자 A는 그 회사에서 업무에 종사하는 자가 아니다. 따라서 그 단체와의 사이에서 특별히 '칼럼의 저작권을 양도합니다.'라고 합의하지 않는 한, 칼럼의 저작권은 이를 쓴 상담자 A가 가진다.

「저작권법」

제9조(업무상저작물의 저작자) 법인등의 명의로 공표되는 업무상저작물의 저작자는 계약 또는 근무규칙 등에 다른 정함이 없는 때에는 그 법인등이 된다. 다만, 컴퓨터프로그램저작물(이하 "프로그램"이라 한다)의 경우 공표될 것을 요하지 아니한다.

만일 예를 들어, 회사의 종업원이 거래처를 대상으로 하는 광고물에 기사를 쓰면서 그 종업원 개인의 이름(작자의 이름)을 표시하지 않고 회사 이름으로 기사가 작성된 경우, 이는 업무상 저작물로서 회사가 저작권자가 된다. 그러나 여기에 종업원의 개인 이름을 표시한 경우, 그 기사의 저작권은 회사가 아닌 종업원이 가진다. 다만, 근무규칙 등에서 "직무상 작성한 저작물은 회사 측에 양도한다." 등의 규정이 있는 경우에는, 설령 종업원 개인 이름이 표시되어 있다고 하더라도, 저작권은 회사로 돌아간다.

9. 「저작권법」 위반 시 책임

상담자로서 활동하면서 저작권을 침해한 경우, 어떤 책임을 지는가? 「저작권법」에서는 형사책임과 민사책임이 모두 규정되어 있다. 우선 형사책임과 민사책임의 차이를 살펴보자.

1) 형사책임과 민사책임의 차이

형사책임과 민사책임은 법원이 최종적으로 결정한다는 점은 같지만, 절차나 목적이 다르다. 민사책임(민사재판)은 '개인(피해자) 대 개인(가해자)'이라는 구조를 띠고 있는 것에 반해, 형사책임(형사재판)은 '국가(검사) 대 개인(용의자)'이라는 구조이다. 또한 민사재판은 손해 회복(금전 문제)이 목적인 데에 반해, 형사책임은 범죄를 처벌하여 재범을 방지하는 것(공익의 문제)이 목적이다. 예를 들어, 교통사고로 피해를 입은 경우, 경찰이 용의자를 체포하고 검사가 기소하여 법원이 유죄판결을 한다고 해서, 피해자가 가만히 있어도 저절로 배상금을 받게 되는 것이 아니다. 피해자는 형사재판과는 별도로 민사절차를 통해 손해배상을 청구해야 한다.

2)「저작권법」상 형사책임

저작권과 관련한 형사책임은 몇 가지가 정해져 있다. 대표적인 경우만 살펴보면, "저작재산권, 그 밖에 이 법에 따라 보호되는 재산적 권리(제93조에 따른 권리는 제외한다)를 복제, 공연, 공중송신, 전시, 배포, 대여, 2차적저작물 작성의 방법으로 침해한 자"에게는 "5년 이하의 징역 또는 5천만 원 이하의 벌금에 처하거나 이를 병과(倂科)할 수 있다."라고 규정하고 있다(「저작권법」 제136조 제1항 1호). 예를 들어, 교도소에 5년간 수감되는 것에 더해서 5,000만 원 벌금을 낼 수 있다는 의미이다.

다만, 이「저작권법」위반행위 중 일정한 경우[13] 이외에는, 고소하지 않으면 검사가 공소를 제기할 수 없다고 규정하고 있다(「저작권법」 제140조). 또한 애초에 피해자(저작권자)가 형사고소를 하더라도 기소되기 전에 합의하고 고소를 취하하면, 가해자(용의자)는 형사재판을 받지 않는다.

이처럼「저작권법」을 위반하면 벌칙 규정에 따라서 처벌을 받는다. 그러나 이에 대한 예외가 있어서 법률전문가가 아니라면 그 법을 위반했을 때 반드시 벌을 받는지, 벌을 받는다고 해도 어느 정도의 형량인지에 대해 실제로는 알 수 없을 것이다. 형사벌이 규정되어 있는 법률을 위반했다고 해서 반드시 처벌받는 것은 아니다. 또한 형사벌을 받는다고 하면 '체포'를 생각할 수 있지만, 법을 위반했다고 해서 반드시 체포되는 것은 아니다. 중대한 범죄로서 도망할 가능성이나 증거인멸의 가능성이 있는 경우에 체포된다.

공소제기(기소)를[14]할 때는 ① 범인의 연령, 성행, 지능과 환경, ② 피해자와의 관계, ③ 범행의 동기, 수단과 결과, ④ 범행 후의 정황 등을 종합적으로 고

13) 예를 들어, 영리를 목적으로 하거나 상습적으로 위반하는 경우가 아닌 경우가 이에 해당한다. 자세한 것은「저작권법」제140조 참조.

14) 검사가 특정한 형사사건에 대하여 법원에 심판을 요구하는 일을 말한다.

려한다. 게다가 설령 형사재판에 넘겨진다고 해도, 반드시 징역형이 확정되는 것은 아니다. 벌칙 규정에 '○○년 이하의 징역 또는 ○○만 원 이하의 벌금'이라고 규정되어 있어도, 양형기준에 따라서 가벼운 형(벌금형)을 받거나 집행유예가[15] 될 수도 있다. 양형기준이란 법관이 형을 정할 때 참고할 수 있는 기준을 말한다. 양형기준은 원칙적으로 구속력이 없으나, 법관이 양형기준을 이탈하는 경우 판결문에 양형 이유를 기재해야 하므로, 합리적 사유 없이 양형기준을 위반할 수는 없다.[16]

그러므로 상담자가 설령 「저작권법」 등을 위반했다고 하더라도 반드시 구속되어 형사재판을 받은 후 교도소에 가는 것은 아니다. 하지만 이런 일이 생기면, 현실적으로 상담자로서 개인의 이미지나 명예는 실추되고, 나아가 소속 단체의 이미지나 신용도 저하될 것이다. 상담자는 기본적으로 '내담자를 포함한 타인을 존중'하는 자세를 가져야 할 것이므로, 타인의 저작권을 침해하는 일이 없는지 주의해야 할 것이다.

3) 「저작권법」상 민사책임

민사책임의 핵심은 손해배상 청구이다. 손해배상을 청구할 수 있는 경우는 상대방이 계약을 위반하거나 불법행위를 저질렀을 때이다. 다른 사람의 저작권을 위반해서 손해를 입혔다면, 그는 일반불법행위(「민법」 제750조)에 근거한 손해배상을 청구할 수 있다. 일반불법행위에서는 가해자(저작권침해자)가 고의(일부러) 또는 과실(부주의)로 피해자(저작권자)에게 어느 정도의 손해(액)를

15) 3년 이하의 징역이나 금고 또는 500만 원 이하의 벌금의 형을 선고할 경우, 그 정상에 참작할 만한 사유가 있는 때에는 1년 이상 5년 이하의 기간 형의 집행을 유예할 수 있다(「형법」 제62조 제1항). 형의 집행을 유예하는 경우에는 보호관찰을 받을 것을 명하거나 사회봉사 또는 수강을 명할 수 있다(「형법」 제62조의2 제1항).

16) 양형위원회 홈페이지(https://sc.scourt.go.kr/sc/krsc/criterion/standard/standard.jsp) 참조.

입혔음을 피해자가 증명해야 한다. 그런데 실제 재판에서는 이러한 손해액을 입증하기 어려운 경우도 많으므로,「저작권법」제125조에서는 손해액 입증을 완화하는 특칙을 정하고 있다. 즉, ① 저작권 침해자가 저작권 침해행위로 인해 얻은 이익을 손해액으로 추정하거나, ② 저작권자가 자신의 권리 행사를 통해 통상 받을 수 있는 금액을 손해액으로 청구할 수 있다. 예를 들어, 한 부에 2,000원(이 중 수익은 1,000원)에 판매되고 있는 심리테스트 질문지를 무단으로 복사하여 내담자 100명에게 판매했을 경우, 1,000원×100명=100,000원을 손해액으로 추정한다. 상담 관련 서적을 그대로 모방하여 상담을 여러 차례 진행함으로써 총 2백만 원의 이익을 얻은 경우라면, 2백만 원이 손해액으로 추정된다.

손해배상 이외에도,「저작권법」상 민사책임을 물을 수 있는 수단이 있다. 우선, 저작권자는 그 권리를 침해하는 자에 대하여 침해의 정지를 청구할 수 있으며, 그 권리를 침해할 우려가 있는 자에 대하여 침해의 예방 또는 손해배상의 담보를 청구할 수 있다(침해정지 청구,「저작권법」제123조 제1항). 이 경우 침해행위에 의하여 만들어진 물건의 폐기나 그 밖의 필요한 조치를 청구할 수 있다(「저작권법」제123조 제2항). 또한 저작자는 고의 또는 과실로 저작물의 무단 변경 등 저작인격권(공표권, 성명표시권, 동일성유지권)을 침해한 자에 대하여 손해배상에 갈음하거나 손해배상과 함께 명예회복을 위하여 필요한 조치를 청구할 수 있다(명예회복 청구,「저작권법」제127조).

그러나 형사책임의 경우와 마찬가지로, 피해자가 항상 민사책임을 묻는 것은 아니다. 예를 들어, 좋은 의도로 저작물을 소개하던 중에 복제권이나 공중송신권을 침해했다면 저작권자가 굳이 책임을 추궁하려 들지 않을 것이다. 또한 침해자가 저작권자에게 사과하고 화해(합의)함으로써, 큰 책임 문제로 발전하지 않을 수도 있을 것이다. 그렇다고 저작권 침해행위에 둔감해도 된다는 것은 아니므로 평소에 주의를 기울일 필요가 있다.

10. 저작물의 존재를 몰랐던 경우 법적 책임

특허권은 특허청에 등록해야만 권리가 발생하지만, 저작권은 저작물을 창작하기만 하면 그 순간부터 저작권이 발생한다. 즉, 저작권에는 특허와 같은 등록제도가 없으므로, 자신이 창작한 저작물이 타인의 저작권을 침해하는지를 알 수 없는 때도 있다.[17] 이처럼 기존에 이미 나의 것과 동일한 저작물이 존재하는 줄 모르고, 같은 저작물을 제작했을 때에도 저작권 침해가 되는가?

이러한 경우는 저작권 침해가 되지 않는다. 즉, 이미 존재하는 저작물에 '의거(依據)'하여 새로운 저작물을 제작한 경우라야 저작권 침해가 된다. 저작권 침해를 따지는 재판에서는 고소인 측(이미 존재하는 저작물의 저작권자 측)이 '의거되었음'을 증명할 책임을 진다. 그런데 상대방의 제작 현장을 본 것이 아니라면, 의거되었음을 직접적으로 증명하기는 어렵다. 그래서 실제 재판에서는 상대방이 자신의 저작물을 접할 기회가 있었다는 것(이미 존재한다는 것을 알았을 것), 저작물이 구체적인 부분까지 유사하다는 것(의거하지 않으면 이런 정교한 저작물은 제작하지 못했을 것) 등의 다양한 사정을 기초로 침해 여부를 판단한다.

17) 저작권도 한국저작권위원회에 등록하는 제도가 있기는 하다. 저작물에 관한 일정한 사항(저작자 성명, 창작연월일, 맨 처음 공표연월일 등)과 저작재산권의 양도, 처분제한, 질권설정 등 권리의 변동에 대한 사항을 저작권등록부라는 공적인 장부에 등재하고 일반 국민에게 공개, 열람하도록 공시하는 것이다. 저작권 등록을 하면 법적 추정력과 대항력이 발생한다. 예를 들어, 저작자로 성명이 등록된 자는 그 등록 저작물의 저작자로 추정받으며, 저작물의 창작연월일과 공표연월일 등 해당 사실을 등록하면 이 날짜에 창작되거나 공표된 것으로 추정된다.

11. 「저작권법」 위반인 줄 몰랐던 경우 법적 책임

상담자 A는 예전에 동료로부터 "교육목적을 위해서는 저작물을 마음대로 이용할 수 있다."라는 말을 들은 적 있다. 그래서 A는 기업용 신입사원 심리상담 세미나를 주관하면서 참고가 될 만한 서적을 복사하여 배포했다. A는 그동안 저작권에 대해 그다지 공부한 적이 없고 관심도 적어서, 기업용 '교육연수'도 「저작권법」상 '교육목적'에 해당할 것이라고 확신하고 있었다. 이 경우에도 「저작권법」 위반으로 형사처벌을 받는가?

형사벌은 원칙적으로 고의(알면서 굳이 범죄행위를 한 경우)가 아니면 처벌받지 않는다.[18] 이러한 배경에는 책임주의라는 사상이 깔려 있다. 이는 '나쁘다는 것을 알고 있었음에도 불구하고 (단념할 기회가 있었음에도), 굳이 나쁜 짓을 했으니 벌을 받아야 한다.'라는 사고이다. 하지만 이 사고를 따르다 보면, "나는 「저작권법」 같은 건 들어 본 적도 본 적도 없다."고 말하면 고의가 없었던 것이 되고 무죄가 되고 만다. 그러면 오히려 법을 모르는 편이 이득을 보게 되고, 세상은 엉망진창이 되고 말 것이다. 그래서 '몰랐다.'라는 것이 허용되는 것은 법률을 몰랐던 경우(이를 '법률의 착오'라고 부른다)가 아니라, 법률 위반이 되는 전제 사실을 몰랐던 경우(이를 '사실의 착오'라고 부른다)로 한정된다. 예를 들면, 이 사례에서는 「저작권법」 위반이 되는 전제 사실(서적 복사본을 배포한 것)에 오인은 없으며, 법률('신입사원 교육연수'가 「저작권법」상 '교육목적'에 해당하는지 여부)에 오인이 있었던 경우이므로, 사실의 착오에 해당하는 것이 아니고, 법률의 착오에 해당한다. 이는 「저작권법」 위반이다.

18) 고의가 아닌 과실(부주의)인 경우에도 특별한 규정이 있으면 처벌의 대상이 되지만(예를 들어, 「형법」 제268조의 업무상 과실치사상죄), 「저작권법」에는 과실에 의한 처벌 규정은 없다.

12.「저작권법」 위반 발견 시 법적 책임

여러 명으로 구성된 팀이 있다. 이 팀에서 심리상담 세미나를 기획하고 운영하게 되었다. 그런데 이 중에 발표 역할을 맡은 자가 특정 서적을 복사하여 배포 자료로 나눠 주자고 한다. 발표를 맡은 사람의 말을 아무도 거스를 수 없는 분위기인데, 다른 팀원들도 같이 저작권 침해에 대한 책임을 지는가?

앞의 '「저작권법」 위반 시 책임'에서 설명한 대로, 저작권을 침해하면 '5년 이하의 징역, 5,000만 원 이하의 벌금'을 받는다(「저작권법」 제136조 제1항 1호). 그 자리에 있던 다른 팀원들이 단순히 묵인한 것만으로는 공동정범(「형법」 제30조)이나 방조범(「형법」 제32조)으로 처벌받을 가능성은 적다. 그러나 서적의 복사·배포를 돕거나 강연료 등의 이익을 누릴 경우, 적극적으로 가담했다는 평가를 받아 공범이나 방조범으로 처벌받을 수 있다.

한편 형사처벌까지는 받지 않더라도, 민사상으로는 다른 팀원들과 연대하여 손해배상책임을 질 가능성이 있다. 민사상 손해배상책임은 고의뿐만 아니라 과실이 있는 경우에도 그 책임을 지기 때문이다. 그때에는 어느 정도 적극적으로 가담했는지, 발표자 역할을 맡은 자의 행위를 저지할 수 없었는지 등이 판단 근거가 될 것이다. 발표자가 연장자거나 상급자인 경우, 현실적으로는 그러한 행위를 막지 못할 수도 있겠지만, 함께 이익을 누리는 등 적극 가담한 경우는 면책되지 않을 수도 있으니 조심해야 한다.

정리

이 장에서는 상담자가 상담업무 등을 하면서 겪을 수 있는 여러 가지 상황에서 일어날 수 있는 「저작권법」 이슈들을 다루었다. 상담 시 또는 학회나 연수회 등에서 활용할 자료를 작성하는 과정에서 「저작권법」 관련 주의해야 할 점들을 '인용'을 중심으로 살펴보았다. 또한 상담센터의 광고물이나 홈페이지 제작 시 「저작권법」상 유의해야 할 점들도 언급했다. 마지막으로 「저작권법」 위반 시의 민·형사상 책임과 관련한 문제들에 대해서도 다루었다.

제2부

상담자들은 다양한 계층의 내담자들을 만나서 여러 가지 주제들에 대해 상담을 해 준다. 이러한 상담 대상과 상담 주제는 매우 다양하여 이를 유형화하기 어렵겠지만, 여기서는 현행법에서 다루고 있는 이슈들을 기준으로 분류해 보려고 한다. 그러면 이러한 유형들을 세 가지 정도의 기준으로 분류할 수 있는데, 첫째, 상담의 내용을 기준으로, 괴롭힘, 폭력, 성착취로 나눌 수 있다. 물론 진로 문제로 상담을 받으러 오는 내담자도 있겠지만, 이런 상담 주제는 법적으로 문제되지는 않기 때문에, 여기서는 제외하기로 한다. 둘째, 내담자 즉, (예상)피해자가 누군지에 따라 분류해 보면, 아동 · 청소년(학생), 여성, 서열상 상대적으로 낮은 지위에 있는 자(직장에서 하급자 등) 등이 있다. 셋째, 문제된 장소를 기준으로 분류하면, 학교, 가정(데이트), 직장, 군대(병영) 등이 있다.

그러나 우리나라를 포함한 대부분 국가의 법률들은 일정한 분류 기준을 따라 체계적으로 법률을 제정하는 것이 아니라, 사회에서 어떠한 이슈가 발생하여 여론이 들끓으면 그 대응책으로서 법률을 제정하거나 기존의 법률에다가 새로운 조항을 추가하는 방식으로 대처하는 경우가 많다. 그러다 보니, 어느 영역에서는 적용되는 법률이 중복되는 경우가 있다. 예를 들어, 학교(고등학교 이하)에서의 폭력을 예방하는 법률도 있고, 청소년을 보호하는 법률도 있다. 학교에 다니는 학생들은 거의 청소년들이므로, 이 경우 두 개의 법률이 중복될 수 있다. 이런 경우에는 해당 법률들에서 법 적용의 우선순위를 정하는 조항을 두고 있어서 그에 따르면 될 것이다.

반면, 어느 영역에 관해서는 해당 법률이 아직도 존재하지 않는다. 예를 들어, 직장에서 하급자가 상사로부터 폭행을 당한 경우, 어떤 법을 적용할 것인가? 이런 경우만을 특정하여 제정된 법률은 없다. 그러나 관련 법률이 없다고 해서 법적 제재와 구제를 못 받는 것은 아니다. 이런 경우에는 일반적으로 모든 경우에 적용되는 법률(일반법)을 적용하면 된다. 「민법」「형법」 등이 이에 해당한다. 이 사례에서는 상사의 행위가 「형법상」 폭행죄나 상해죄에 해당하는지를 검토해 보면 될 것이다.

제2부의 목적은 학교폭력이나 성착취 등의 특정 문제를 안고 온 내담자들을 상담자가 대응하는 과정에서 기본적으로 알고 있으면 도움이 될 만한 법적 내용 정도를 다루고자 한다. 주로 〈표 5-0〉에서 나열한 법률들이 상담의 내용과 관련이 많을 것이다. 그러나 여기서는 이러한 법률들에 관해 전부 상세히 검토하지는 않는다.

표 5-0 **상담 영역별 관련 법률**

영역	관련 법률
아동 · 청소년 문제	「아동 · 청소년의 성보호에 관한 법률」 「아동복지법」 「아동수당법」 「아동의 빈곤예방 및 지원 등에 관한 법률」 「아동학대범죄의 처벌 등에 관한 특례법」 「장애아동 복지지원법」 「청소년 기본법」 「청소년 보호법」 「청소년복지 지원법」 「청소년활동 진흥법」 「학교 밖 청소년 지원에 관한 법률」 「학교폭력예방 및 대책에 관한 법률」
가정폭력	「가정폭력방지 및 피해자보호 등에 관한 법률」 「가정폭력범죄의 처벌 등에 관한 특례법」 「건강가정기본법」 「남녀고용평등과 일 · 가정 양립 지원에 관한 법률」
성착취	「성폭력방지 및 피해자보호 등에 관한 법률」 「성폭력범죄의 처벌 등에 관한 특례법」 「성폭력범죄자의 성충동 약물치료에 관한 법률」 「성희롱 · 성폭력 근절을 위한 공무원 인사관리규정」 「여성폭력방지기본법」 「폭력행위 등 처벌에 관한 법률」
직장 내 문제	「근로기준법」 「산업안전보건법」 「산업재해보상보험법」

그 이상의 법적 지식이 필요한 경우에는 변호사 등 법률지원기관의 도움을 받도록 하는 것이 좋다. 제2부에서는 아동 · 청소년, 가정(데이트) 폭력 · 성착취, 직장 내 문제의 4개 영역으로 나누어서 관련 법률들의 내용과 이를 상담에 적용하는 방법을 살펴보기로 한다.

제 5 장

아동학대

1. 아동학대의 이해

1) 현황

아동학대 사례는 매년 증가하고 있다. 2017년과 2018년에는 2만여 건에 달하던 것이 2019년부터는 3만여 건으로 증가하였다. 특히 2021년 아동학대 사

표 5-1 연도별 아동학대 신고 및 학대 건수 (단위: 건)

구분	2017년	2018년	2019년	2020년	2021년	2022년
전체 신고 건수 (증가율)	34,169 (15.1%)	36,417 (6.6%)	41,389 (13.7%)	42,251 (2.1%)	53,932 (27.6%)	46,103 (−14.5%)
아동학대 의심 사례 건수	30,923	33,532	38,380	38,929	52,083	44,531
학대 판단 건수 (증가율)	22,367 (19.6%)	24,604 (10.0%)	30,045 (22.1%)	30,905 (2.9%)	37,605 (21.7%)	27,971 (−25.6%)

출처: 보건복지부(2022, 2023). 아동학대 주요통계를 토대로 재작성.

례는 전년 대비 21.7%로 큰 폭으로 증가하였다. 2021년에는 이른바 정인이 사건 등 중대 아동학대 사건으로 인한 아동학대에 대한 국민적 관심과 인식 제고, 코로나19(COVID-19) 대유행에 따른 가정 내 활동 증가 등의 요인으로 일시적으로 아동학대 신고접수가 급증한 것으로 보인다. 아동학대 주요 통계에 따르면, 학대로 인해 사망한 아동은 2017년 38명, 2018년 28명, 2019년 42명, 2020년 43명, 2021년 40명, 2022년 50명으로, 연평균 40명꼴이다.

2022년을 예로 들면, 집계된 전체 신고 접수 건수는 총 46,103건으로 2021년의 53,932건 대비 약 14.5%로 감소했다. 이 중 아동학대 의심 사례는 44,531건으로 전체 신고 접수의 96.6%로서 가장 많았고, 이외에 동일 신고는[1] 711건(1.5%), 일반 상담은 861건(1.9%)이었다.[2]

아동학대의심사례로 신고접수된 44,531건에 대한 신고자 유형을 살펴보면, 신고의무자에 의한 신고는 16,149건(36.3%)으로 나타났으며, 이 중 초·중·고교 직원이 6,370건(14.3%)으로 가장 높았고, 사회복지전담공무원이 4,492건(10.1%), 아동복지전담공무원이 2,060건(4.6%), 의료인·의료기사가 424건(1.0%)를 차지했다. 한편 비신고 의무자에 의한 신고접수 건수는 28,382건(63.7%)이었으며, 부모 10,779건(24.2%), 아동 본인 9,488건(21.3%), 이웃·친구 2,760건(6.2%) 순으로 나타났다.[3] 또한 아동학대의심사례 44,531건 중 아동학대사례로 판단된 사례는 27,971건(62.8%), 일반사례 15,746건(35.4%), 조사진행중사례는 814건(1.8%)으로 나타났다.

아동학대 사례로 판단된 피해 아동 가족 유형을 보면, 친부모가정 18,152건(64.9%), 모자가정 3,713건(13.3%), 부자가정 2,526건(9.0%), 재혼가정 1,369건

1) 최초 신고 접수 이후에 동일한 학대 내용(동일 시점 및 동일 행위)에 대한 신고가 다른 신고자를 통해 접수된 것을 말한다.
2) 보건복지부(2023). 2022년 아동학대 주요통계, p. 14.
3) 보건복지부(2023). 2022년 아동학대 주요통계, p. 16.

표 5-2 **피해 아동 가족 유형**

(단위: 건, %)

친부모 가정	부자 가정	모자 가정	미혼 부·모 가정	재혼 가정	친인척 보호	동거 (사실혼 포함)	가정 위탁	입양 가정	시설 보호	기타	계
18,152 (64.9)	2,526 (9.0)	3,713 (13.3)	443 (1.6)	1,369 (4.9)	217 (0.8)	343 (1.2)	80 (0.3)	76 (0.3)	164 (0.6)	888 (3.2)	27,971 (100.0)

출처: 보건복지부(2023). 2022년 아동학대 주요통계.

(4.9%) 순으로 나타났다. 이는 어느 가족 유형에서든 아동학대는 사례는 발생할 수 있다는 것을 의미한다.

「아동복지법」 제1조(목적)에서는 "이 법은 아동이 건강하게 출생하여 행복하고 안전하게 자랄 수 있도록 아동의 복지를 보장하는 것을 목적으로 한다."라고 규정하고 있다. 그리고 이로부터 아동학대의 개념을 끌어내고 있다. 즉, "아동학대란 보호자를 포함한 성인이 아동의 건강 또는 복지를 해치거나 정상적 발달을 저해할 수 있는 신체적·정신적·성적 폭력이나 가혹행위를 하는 것과 아동의 보호자가 아동을 유기하거나 방임하는 것을 말한다."(「아동복지법」 제3조 7호). 즉, 발달 단계에 따라, 행복하고 안전하게 성장하는 것이 아동의 권익이라는 의미이다.

그러므로 상담자는 발달 단계에 따른 아동의 성장이란 구체적으로 어떤 것인가, 그리고 각 단계에서 보호자의 양육이 필요한지를 법률에 담긴 복지임상적 의미를 충분히 헤아려서 아동학대와 연관시켜야 한다. 이렇게 해야만 학대 가해자인 부모가 "내 자식을 어떻게 훈육할지는 부모 마음이다."라고 했을 때, "자녀의 심신을 상하게 하고 건강한 발달에 방해가 되는 행위는 정당한 것이 아니라 학대에 해당하기 때문에 허용되지 않는다."라고 명확하게 대응할 수 있을 것이다. 이런 식의 대응이 부모에게 "당신이 법적으로 자식의 인권을 침해하고 있다."라고 말을 하는 것보다 더욱 쉽게 납득시킬 수 있을 것이다.

2) 아동학대에 대한 기본적 대응

우리나라에서 아동학대에 대한 대응을 보면 법률을 통한 규제는 강화되고 있는 반면에, 중요한 임상적 지원은 뒷전으로 물러나 있다. 통상적으로 자녀와 가족을 접하는 경우가 많은 상담자는 부모나 가족을 감시하여 학대를 찾아내기보다는, 오히려 부모나 가족에게 다가가 자녀교육이나 훈육방식을 지켜볼 필요가 있다.

'아동학대'라는 용어는 학대하는 부모를 비난하기 위한 것이 아니라 부적절한 양육환경에 처한 아이들을 구하고 양육에 어려움을 겪는 부모나 가족을 돕기 위한 용어라고 이해할 필요가 있다. 즉,「아동복지법」에서 규정하고 있는 아동학대의 유형인 신체적 학대, 정서적 학대, 성적 학대, 유기 또는 방임행위를 한 부모를 찾아내어 처벌하거나 그 부모와 자식을 강제로 떼어 놓기 위한 것이 아니다. 그보다는 육아에 어려움을 겪는 부모를 지원하여 아동의 행복하고 안전한 성장에 이바지하기 위한 것이다. 이와 같이 이해한다면 상담자는「아동복지법」상 아동학대의 정의를 넘어 부적절한 양육 영역 전체에까지 관여하게 된다. 법이 규정한 학대에는 해당하지 않지만 부적절한 영역에서의 육아를 지원하고(임상적 관여), 그러한 임상적 관여 중 위법한 학대행위를 발견하거나 긴급 대응이 필요한 위기 개입이 필요할 때, 법적 관여를 요청해야 할 것이다.

이 장에서는 이러한 상담자의 대응 자세를 전제로 하여, 아동학대에 관한 법률의 내용과 법적 대응을 설명한다. 상담자는 일반적으로 법의 해석이나 법적 대응에 관하여 접할 기회가 많지 않을 것이다. 따라서 법률이 요구하는 아동학대에 대한 중요한 이슈를 놓칠 수 있다. 또한 실제 상황에서 망설이거나 신속한 대응을 하는 데 어려움을 겪을 수도 있다. 이때 유의해야 할 것은 아동학대와 관련하여 상담자는 단지 법적 대응만을 해서는 안 된다는 것이다. 법적 조치를 고려하되, 내담자 개개인이 적합한 해결의 실마리를 찾을 수 있도록 지원할 필요가 있다. 그것이야말로 법과 임상의 조화를 통한 대응이라고 할 수 있을 것이다.

3) 아동학대가 일어나는 배경

아동학대는 왜 일어나는가? 반드시 부모가 아이를 싫어하거나 미워하기 때문에, 학대가 일어나는 것은 아니다. 아동학대는 결코 부모와 자녀, 가족 간의 관계 문제만이 아니라 사회적 · 경제적 요인 등 여러 요인이 관련되어 일어난다. 실제로 많은 경우에 육아나 교육 방법을 모른다거나, 아이의 발달에 대한 이해가 부족하거나, 주위에 도와주는 사람이 없다거나 하는 여러 가지 사정이 아동학대의 배경에 깔려 있다. 또한 실업이나 빈곤 등 생활의 스트레스가 원인이 되는 경우도 많다. 또한 아동이 부모의 말을 듣지 않는 등 키우기 어려운 아이인 경우도 있을 것이다. 그리고 부모에게 정신질환이 있거나 부모 자신이 어렸을 때 학대받았던 경험이 있는 경우도 적지 않다.

2. 법률의 내용과 법적 대응

1) 개관

아동학대 건수는 앞서 살펴본 바와 같이 해마다 증가하는 추세이다. 아동학대는 아이가 가장 신뢰할 수 있는 존재이자 가장 가까이 있고 다른 누구보다 그 인권을 지켜 줘야 할 위치에 있는 보호자와 성인이 아동의 마음과 몸에 상처를 주는 것이다. 그로 인한 영향은 장기적이고 때로는 생명을 앗아가기도 한다. 이런 점에서 아동학대는 아동에게 치명적인 가장 중대한 인권침해이다

아동학대와 관련한 내용들은 「아동복지법」과 「아동학대범죄의 처벌 등에 관

한 특례법」(이하 「아동학대처벌법」)에 규정되어 있다. 「아동복지법」은 주로 아동학대의 예방과 방지에 관한 내용들을 담고 있다. 한편 「아동학대처벌법」은 아동학대범죄를 저지른 자들의 처벌에 관한 내용을 담고 있다. 「아동복지법」은 아동이 건강하게 출생하여 행복하고 안전하게 자랄 수 있도록 아동의 복지를 보장하는 것을 목적으로 제정되었다(「아동복지법」 제1조). 이는 아동의 복지에 관한 일반적인 내용을 담고 있다는 점에서 일반법의 지위에 있다고 말할 수 있다. 반면, 「아동학대처벌법」은 아동학대범죄의 처벌 및 그 절차에 관한 특례와 피해아동에 대한 보호절차 및 아동학대행위자에 대한 보호처분을 규정함으로써 아동을 보호하여 아동이 건강한 사회 구성원으로 성장하도록 함을 목적(「아동학대처벌법」 제1조)으로 한다. 이 법률은 아동학대행위자의 처벌에 초점을 두고 있다는 점에서 아동학대 영역에서 특별법적 지위에 있다.

2) 기본 개념

「아동복지법」과 「아동학대처벌법」상 '아동'이란 18세 미만의 사람을 말하며(「아동복지법」 제3조 1호), '보호자'란 친권자, 후견인, 아동을 보호 · 양육 · 교육하거나 그러한 의무가 있는 자 또는 업무 · 고용 등의 관계로 사실상 아동을 보호 · 감독하는 자를 말한다(「아동복지법」 제3조 3호). 또한 '아동학대'란 보호자를 포함한 성인이 아동의 건강 또는 복지를 해치거나 정상적 발달을 저해할 수 있는 신체적 · 정신적 · 성적 폭력이나 가혹행위를 하는 것과 아동의 보호자가 아동을 유기하거나 방임하는 것을 말한다(동법 제3조 7호).

3) 아동학대의 유형

앞에서 살펴본 아동학대의 개념에 따라, 아동학대의 유형을 신체적 학대, 정신적 학대, 성적 학대, 유기 또는 방임으로 유형화할 수 있다. 이러한 아동학대

표 5-3 「아동복지법」상 아동학대의 유형, 금지행위 및 처벌

아동학대의 유형	해당 금지행위(제17조) 유형	처벌(제71조)
신체적 학대	-아동의 신체에 손상을 주거나 신체의 건강 및 발달을 해치는 신체적 학대행위(3호)	5년 이하의 징역 또는 5천만 원 이하의 벌금
정서적 학대	-아동의 정신건강 및 발달에 해를 끼치는 정서적 학대행위(5호)[4] -장애를 가진 아동을 공중에 관람시키는 행위(7호) -아동에게 구걸을 시키거나 아동을 이용하여 구걸하는 행위(8호)	5년 이하의 징역 또는 5천만 원 이하의 벌금
성적 학대	-아동에게 음란한 행위를 시키거나 이를 매개하는 행위 또는 아동에게 성적 수치심을 주는 성희롱 등의 성적 학대행위(2호)	10년 이하의 징역 또는 1억 원 이하의 벌금
유기 또는 방임	-자신의 보호·감독을 받는 아동을 유기하거나 의식주를 포함한 기본적 보호·양육·치료 및 교육을 소홀히 하는 방임행위(6호)[5] -공중의 오락 또는 흥행을 목적으로 아동의 건강 또는 안전에 유해한 곡예를 시키는 행위 또는 이를 위하여 아동을 제3자에게 인도하는 행위(9호)	(6호) 5년 이하의 징역 또는 5천만 원 이하의 벌금 (9호) 1년 이하의 징역 또는 1천만 원 이하의 벌금

의 유형은 아동의 보호를 위해 누구라도 해서는 안 될 행위, 즉 금지행위(「아동복지법」 제17조)와 연관성이 있다(〈표 5-3〉 참조).

신체적 학대는 아동을 폭행하는 것이고, 성적 학대는 아동과 외설적인 행위를 하거나 아동에게 외설적인 행위를 시키는 것이다. 유기 또는 방임은 현저하

4) 「가정폭력범죄의 처벌 등에 관한 특례법」 제2조 제1호에 따른 가정폭력에 아동을 노출시키는 행위로 인한 경우를 포함한다.

5) 자신의 보호·감독을 받는 아동에 대해 학교에 보내지 않는 등 기본적 교육을 소홀히 하는 것도 방임행위에 해당한다.

게 식사의 양을 줄이거나, 장시간 방치하거나, 동거하는 사람이 아동을 학대하는 것을 방치하는 것들이다. 정서적 학대는 아동에게 폭언을 하거나, 배우자를 폭행·폭언하는 모습을 아동에게 보이는 것 등이다. 「아동복지법」은 이러한 행위를 하는 것을 금지하고 있고, 이를 행하는 경우 형사처벌을 받는다.

4) 아동학대 신고 및 신고 의무자

아동학대범죄를 알게 된 경우나 그 의심이 있는 경우에는, 누구든지 시·도 및 시·군·구 또는 수사기관 등에 신고할 수 있다(「아동학대처벌법」 제10조 제1항). 특히 〈표 5-4〉에 해당하는 사람들은 직무를 수행하면서 아동학대범

표 5-4 아동학대 신고 의무자

1. 아동권리보장원 및 가정위탁지원센터의 장과 그 종사자
2. 아동복지시설의 장과 그 종사자
3. 아동복지전담공무원
4. 가정폭력 관련 상담소 및 가정폭력피해자 보호시설의 장과 그 종사자
5. 건강가정지원센터의 장과 그 종사자
6. 다문화가족지원센터의 장과 그 종사자
7. 사회복지전담공무원 및 사회복지시설의 장과 그 종사자
8. 「성매매방지 및 피해자보호 등에 관한 법률」에 따른 지원시설 및 성매매피해상담소의 장과 그 종사자
9. 성폭력피해상담소, 성폭력피해자보호시설의 장과 그 종사자 및 성폭력피해자통합지원센터의 장과 그 종사자
10. 119구급대의 대원
11. 응급의료기관에 종사하는 응급구조사
12. 육아종합지원센터의 장과 그 종사자 및 어린이집의 원장 등 보육교직원
13. 유치원의 장과 그 종사자
14. 아동보호전문기관의 장과 그 종사자
15. 의료기관의 장과 그 의료기관에 종사하는 의료인 및 의료기사

16. 장애인복지시설의 장과 그 종사자로서 시설에서 장애아동에 대한 상담 · 치료 · 훈련 또는 요양 업무를 수행하는 사람
17. 정신건강복지센터, 정신의료기관, 정신요양시설 및 정신재활시설의 장과 그 종사자
18. 청소년시설 및 청소년단체의 장과 그 종사자
19. 청소년 보호 · 재활센터의 장과 그 종사자
20. 「초 · 중등교육법」에 따른 학교의 장과 그 종사자
21. 한부모가족복지시설의 장과 그 종사자
22. 학원의 운영자 · 강사 · 직원 및 교습소의 교습자 · 직원
23. 「아이돌봄 지원법」에 따른 아이돌보미
24. 「아동복지법」에 따른 취약계층 아동에 대한 통합서비스지원 수행인력
25. 입양기관의 장과 그 종사자
26. 한국보육진흥원의 장과 그 종사자로서 어린이집 평가 업무를 수행하는 사람

죄를 알게 된 경우나 그 의심이 있는 경우에 즉시 신고하여야 한다(「아동학대처벌법」 제10조 제2항).

만일 신고 의무자가 정당한 이유 없이 신고하지 않으면, 관계행정기관의 장이 그에게 1천만 원 이하의 과태료를 부과한다(「아동학대처벌법」 제63조). 특히 아동학대의 의심, 즉 아동학대의 명확한 증거가 없더라도 신고하도록 규정하고 있으므로, 일반적으로 생각하여 아동학대가 의심되는 경우는 신고하여야 한다. 신고는 익명으로도 가능하고, 신고에 대해 불이익 조치를 하지 못하도록 하는 동시에(「아동학대처벌법」 제10조의2), 신고자에 대해 보호조치를 취할 것을 법에서 규정하고 있다(「아동학대처벌법」 제10조의3). 또한 누구든지 신고인의 인적 사항 또는 신고인임을 미루어 알 수 있는 사실을 다른 사람에게 알려 주거나 공개 또는 보도하여서는 안 된다(「아동학대처벌법」 제10조 제3항). 만일 이 사실을 다른 사람에게 알려 주거나 공개 또는 보도한 자는 3년 이하의 징역이나 3천만 원 이하의 벌금에 처한다(「아동학대처벌법」 제62조 제2항).

정리하면, 상담자가 앞의 26가지 유형의 신고 의무자에 해당한다면, 아동학대범죄를 알게 되거나 의심되는 경우에 내담자의 동의 여부와 관계없이 수사기관 등에 신고할 법적 의무가 있다. 실무상으로는 범죄 사실과 관련하여 상담 내용을 녹음하고 상담 내용을 작성해 두면 추후 증거로 활용하는 데에 유용할 것이다. 상담 내용을 기록할 때, 육하원칙에 근거하여 학대 시간 및 장소를 기재하고, 내담자가 어디를 다쳤는지, 어느 병원에서 치료를 받았는지 등을 기록해 두면 추후 조치에 도움이 된다. 범죄 사실과 관련된 내담자와의 상담을 녹음해 두어도 좋다.

5) 응급조치, 긴급임시조치 및 임시조치

아동학대범죄가 발생한 때에 취해야 할 조치는 시간의 순서에 따라 3단계(응급조치, 긴급임시조치, 임시조치)로 나뉜다.

제1단계는 경찰관이 직접 아동학대의 범죄 현장을 발견한 경우뿐만 아니라 아동학대범죄의 신고를 받고 현장에 출동한 경우이다. 이때 경찰 또는 아동학대전담공무원은 「아동학대처벌법」 제12조에 따라 피해아동에 대해 '응급조치'를 취해야 한다. 여기서 응급조치란 ① 아동학대범죄 행위의 제지, ② 아동학대행위자를 피해아동으로부터 격리, ③ 피해아동을 아동학대 관련 보호시설로 인도, ④ 긴급치료가 필요한 피해아동의 의료기관으로 인도를 말한다(「아동학대처벌법」 제12조 제1항 1호-4호).

제2단계는 학대 현장에 출동한 경찰관이 응급조치를 하였음에도 불구하고 아동학대범죄가 재발할 우려가 있고, 긴급을 요하여 법원의 임시조치결정을 받을 수가 없을 때이다. 이 경우에는 「아동학대처벌법」 제13조에 따라 '긴급임시조치'를 취할 수 있다. 여기서 긴급임시조치란 아동학대행위자에게 ① 피해아동 또는 가정구성원의 주거로부터 퇴거 등 격리, ② 피해아동 또는 가정구성원의 주거, 학교 또는 보호시설 등에서 100미터 이내의 접근 금지, ③ 피해아동 또는 가정구성원에 대한 전기통신을 이용한 접근 금지를 말한다. 경찰관은 긴급임시조치를 한 경우에는 즉시 긴급임시조치결정서를 작성하여야 하고, 그 내용을 시·도지사 또는 시장·군수·구청장에게 지체 없이 통지하여야 한다.

3단계는 경찰이 응급조치 또는 긴급임시조치를 하였거나, 아동보호전문기관의 장으로부터 응급조치가 행하여졌다는 통지를 받은 때에는 지체 없이 검사에게 「아동학대처벌법」 제19조에 따른 임시조치의 청구를 신청하여야 한다. 검사가 아동학대범죄가 재발될 우려가 있다고 인정하는 경우에는 직권으로 또는 사법경찰관이나 보호관찰관의 신청에 따라 법원에 '임시조치'를 청구할 수 있다. 경찰관의 임시조치 청구의 신청은 필수적이나 검사의 임시조치 청구는 임의적이다. 여기서 임시조치란 아동학대행위자에게 ① 피해아동 또는 가정구성원의 주거로부터 퇴거 등 격리, ② 피해아동 또는 가정구성원의 주거, 학교 또는 보호시설 등에서 100미터 이내의 접근 금지, ③ 피해아동 등 또는 가정구성원에 대한 전기통신을 이용한 접근 금지, ④ 친권 또는 후견인 권한 행사의 제한 또는 정지, ⑤ 아동보호전문기관 등에의 상담 및 교육 위탁, ⑥ 의료기관이나 그 밖의 요양시설에의 위탁, ⑦ 경찰관서의 유치장 또는 구치소에의 유치를 말한다.[6]

6) 보호처분

일반적으로 '보호처분'이란 사전적 의미로는 사회방위 및 특별예방적 목적으로 소년범이나 누범자 또는 등에 대해 가하는 '보안처분'을 말한다. 여기서 보안처분이란 범죄자의 범죄 재발을 막기 위하여 —형벌 대신— 행하는 개선교육이나 보호 그 밖의 처분을 말한다. 이러한 보호처분은 주로 소년범, 가정

6) 백승흠(2015). 아동학대처벌법과 피해아동의 보호. 한국경찰학회보, 17(1), p. 88.

폭력, 아동학대 등과 관련해서 내려진다.

「아동학대처벌법」에서도 검사는 아동학대범죄 중에서 다음의 '사유'를 고려하여 '보호처분'을 하는 것이 적절하다고 인정하는 경우에는 –형사재판이 아닌– 아동보호사건(재판)으로 처리할 수 있도록 하고 있다. 여기서 검사가 고려해야 할 '사유'들은 ① 사건의 성질 · 동기 및 결과, ② 아동학대행위자와 피해아동과의 관계, ③ 아동학대행위자의 성행(性行) 및 개선 가능성, ④ 원가정 보호의 필요성, ⑤ 피해아동 또는 그 법정대리인의 의사를 말한다(「아동학대처벌법」 제26조).

또한 여기서 '보호처분'이란 ① 아동학대행위자가 피해아동 또는 가정구성원에게 접근하는 행위의 제한, ② 아동학대행위자가 피해아동 또는 가정구성원에게 전기통신을 이용하여 접근하는 행위의 제한, ③ 피해아동에 대한 친권 또는 후견인 권한 행사의 제한 또는 정지, ④「보호관찰 등에 관한 법률」에 따른 사회봉사 · 수강명령, ⑤「보호관찰 등에 관한 법률」에 따른 보호관찰, ⑥ 법무부장관 소속으로 설치한 감호위탁시설 또는 법무부장관이 정하는 보호시설에의 감호위탁, ⑦ 의료기관에의 치료위탁, ⑧ 아동보호전문기관, 상담소 등에의 상담위탁을 말한다(「아동학대처벌법」 제36조 제1항). 이러한 보호처분은 판사가 결정으로서 한다.[7] 이상의 보호처분은 병과(함께 부과)할 수 있다.

아동보호재판이란?

아동보호재판은 18세 미만인 아동에 대한 보호자의 학대 즉, 아동의 건강 또는 복지를 해치거나 정상적 발달을 저해할 수 있는 신체적 · 정신적 · 성적 폭력 등으로부터 피해아동을 보호하는 재판절차입니다.

7) 재판의 종류로는 판결, 결정, 명령이 있다.

아동학대범죄에 법원이 관여하는 절차로는 학대행위자를 징역 등으로 처벌하는 형사 절차와 학대행위자에 대한 아동보호사건, 학대아동을 위한 피해아동보호명령사건으로 대별할 수 있는데, 서울가정법원이 관여하는 절차는 아동보호사건과 피해아동보호명령 사건입니다.

누구든지 아동학대범죄에 대해 아동보호전문기관이나 수사기관에 신고할 수 있고, 신고를 접수한 사법경찰관리나 아동보호전문기관 직원은 지체 없이 현장에 출동하여 행위자를 피해아동으로부터 격리하거나, 피해아동을 보호시설이나 의료기관으로 인도하는 등의 응급조치를 취하여야 합니다.

검사는 아동학대범죄가 재발될 우려가 있다고 인정되는 경우 행위자를 피해아동 또는 가정구성원으로부터 퇴거 등 격리, 경찰관서의 유치장 또는 구치소에의 유치 등 수사단계에서의 임시조치를 법원에 청구할 수 있고, 아동보호사건이 검사나 형사법원에 의하여 가정법원에 송치된 이후에는 법원이 직권으로 임시조치를 할 수 있습니다.

법원이 아동보호사건을 조사·심리하여 보호처분을 할 필요가 있다고 인정되는 경우 행위자가 피해아동 또는 가정구성원에게 접근하거나 전기통신을 이용하여 접근하는 행위의 제한, 보호시설에의 감호위탁이나 의료기관에의 치료위탁, 피해아동에 대한 친권 또는 후견인 권한 행사의 제한 또는 정지 등을 명할 수 있습니다. 또한 피해아동 또는 가정구성원의 부양에 필요한 금전 지급 등과 같은 배상명령도 보호처분과 함께할 수 있습니다.

피해아동보호명령사건은 피해아동이나 아동보호전문기관의 장 등이 법원에 직접 청구하거나 가정법원 판사에 의하여 직권으로 개시되는 절차로서 판사가 조사와 심리과정을 거쳐 피해아동보호명령의 필요성이 있을 경우 행위자를 피해아동의 주거지 등으로부터 격리시키거나 피해아동을 아동복지시설 또는 장애인복지시설로의 보호위탁, 의료기관으로의 치료위탁, 연고자 등에게 가정위탁 등을 하는 명령을 할 수 있습니다. 그리고 판사는 임시로 피해아동에 대한 보호명령이 필요하다고 인정되면 임시의 보호명령을 할 수 있습니다.

출처: 서울가정법원 홈페이지(https://slfamily.scourt.go.kr/slfamily/court_intro/intro_02/intro_02_05/task_info_05.html)

7) 피해아동보호제도

피해아동을 보호하기 위한 제도로서, 「아동복지법」상 피해아동보호조치와 「아동학대처벌법」상 피해아동보호명령이 있다.

첫째, 피해아동보호조치에 관해 살펴보면, 시·도지사 또는 시장·군수·구청장은 그 관할 구역에서 보호대상아동을 발견하거나 보호자의 의뢰를 받은 때에는 아동의 최상의 이익을 위하여 다음 각 호에 해당하는 보호조치를 하여야 한다(「아동복지법」 제15조 제1항).

① 전담공무원 또는 아동위원에게 보호대상아동 또는 그 보호자에 대한 상담·지도를 수행하게 하는 것,
② 보호자 또는 대리양육을 원하는 연고자에 대하여 그 가정에서 아동을 보호·양육 할 수 있도록 필요한 조치를 하는 것,
③ 아동의 보호를 희망하는 사람에게 가정위탁 하는 것,
④ 보호대상아동을 그 보호조치에 적합한 아동복지시설에 입소시키는 것,
⑤ 약물 및 알코올 중독, 정서·행동·발달 장애, 성폭력·아동학대 피해 등으로 특수한 치료나 요양 등의 보호를 필요로 하는 아동을 전문치료기관 또는 요양소에 입원 또는 입소시키는 것,
⑥ 「입양특례법」에 따른 입양과 관련하여 필요한 조치를 하는 것.

①호 및 ②호의 보호조치가 적합하지 아니한 보호대상아동에 대하여는 ③호부터 ⑥호까지의 보호조치를 할 수 있다(「아동복지법」 제15조 제2항). ③호부터 ⑥호까지의 보호조치를 함에 있어서 해당 보호대상아동의 의사를 존중하여야 하며, 보호자가 있을 때에는 그 의견을 들어야 한다. 다만, 아동의 보호자가 아동학대행위자인 경우에는 예외이다(「아동복지법」 제15조 제5항).

한편 시·도지사 또는 시장·군수·구청장은 그 관할 구역에서 약물 및 알코

올 중독, 정서 · 행동 · 발달 장애 등의 문제를 일으킬 가능성이 있는 아동의 가정에 대하여 예방차원의 적절한 조치를 강구하여야 한다(「아동복지법」 제15조 제7항). 또한 누구든지 앞의 보호조치와 관련하여 그 대상이 되는 아동복지시설, 아동보호전문기관 및 가정위탁지원센터의 종사자를 신체적 · 정신적으로 위협하는 행위를 하여서는 아니 된다(「아동복지법」 제15조 제8항).

둘째, 피해아동보호명령이란 피해아동이 경찰이나 검사 등의 수사기관을 거치지 않고 자신의 안전과 보호를 위하여 직접 법원에 보호를 요청하는 제도이다. 그러면 판사는 직권 또는 피해아동, 그 법정대리인, 변호사, 시 · 도지사 또는 시장 · 군수 · 구청장의 청구에 따라 결정으로 피해아동의 보호를 위하여 다음 각 호의 피해아동보호명령을 할 수 있다(「아동학대처벌법」 제47조 제1항).

① 아동학대행위자를 피해아동의 주거지 또는 점유하는 방실(房室)로부터의 퇴거 등 격리,
② 아동학대행위자가 피해아동 또는 가정구성원에게 접근하는 행위의 제한,
③ 아동학대행위자가 피해아동 또는 가정구성원에게 전기통신을 이용하여 접근하는 행위의 제한,
④ 피해아동을 아동복지시설 또는 장애인복지시설로의 보호위탁,
⑤ 피해아동을 의료기관으로의 치료위탁,
⑥ 피해아동을 아동보호전문기관, 상담소 등으로의 상담 · 치료위탁,
⑦ 피해아동을 연고자 등에게 가정위탁,
⑧ 친권자인 아동학대행위자의 피해아동에 대한 친권 행사의 제한 또는 정지,
⑨ 후견인인 아동학대행위자의 피해아동에 대한 후견인 권한의 제한 또는 정지,
⑩ 친권자 또는 후견인의 의사표시를 갈음하는 결정.

이 피해아동보호명령(「아동학대처벌법」 제47조 제1항)과 앞에서 살펴본 보호

처분(「아동학대처벌법」 제36조 제1항)은 판사가 결정으로서 명령 또는 처분을 한다는 점과 그 명령 또는 처분의 유형이 유사하다는 공통점이 있다. 그러나 보호처분은 반드시 검사를 통해야 하는 데에 반해, 피해아동보호명령은 피해아동 측에서 직접 법원에 청구할 수 있다는 점에서 차이가 있다.

3. 친권과 아동학대

1) 친권의 의미

아동학대와 관련하여, 부모의 친권과의 관계가 문제가 될 수 있다. 부모가 종종 친권자로서 필요한 일을 하고 있으니 친권행사에 간섭하지 말라고 주장하는 경우가 있다. 그렇다면 친권이란 무엇일까? 친권에서 권리의 '권(權)'이라는 글자가 사용되기 때문에, 마치 소유권처럼 부모가 자녀에 대해 자유롭게 결정할 수 있는 '권리'라고 생각하는 사람들이 적지 않다. 체벌 사용 여부를 포함하여 어떻게 아이를 훈육하느냐는 부모의 권리이고 거기에 개입하는 것은 권리 침해라는 생각이다. 그러나 친권은 소유권과 같은 권리가 아니다. 친권자는 자녀를 보호하고 교양할 권리와 의무가 있다(「민법」 제913조).

「민법」

제913조(보호, 교양의 권리의무) 친권자는 자를 보호하고 교양할 권리의무가 있다.

제914조(거소지정권) 자는 친권자의 지정한 장소에 거주하여야 한다.

제915조 삭제 〈2021. 1. 26.〉

제916조(자의 특유재산과 그 관리) 자가 자기의 명의로 취득한 재산은 그 특유재산으로 하고 법정대리인인 친권자가 이를 관리한다.

아동도 어른과 같은 인권을 가지며, 아동은 정신적으로나 육체적으로 발달의 과정에 있다. 아동권리협약 및 「아동복지법」도 아동의 성장 발달권을 인정하고, 이를 국가나 어른이 보장할 것을 요청하고 있다. 부모에게는 자녀의 성장 발달권을 보장하고 아이의 인권을 보호할 책무, 아이를 보호 및 양육하고 그 최선의 이익을 실현할 책무가 있는 동시에, 국가 등에 대하여 자녀가 필요로 하는 의료나 교육, 보호 등을 요구할 수 있는 권한이 있다. 친권이란 이같이 자녀를 보호 및 양육하는 부모의 책무(의무)와 권한을 총칭하는 것으로서, 자녀를 위한 최선의 이익 실현을 위하여만 행사해야 하는 것이다. 따라서 친권은 자녀에 관한 것은 무엇이든 마음대로 결정할 수 있는 권리가 아니다.

친권은 보호, 교양의 권리의무(「민법」 제913조), 거소지정권(「민법」 제914조)과 재산관리권(「민법」 제916조~제923조)을 포함한다. 그러나 자녀징계권은 삭제되었다. 예전에는 "친권자는 그 자를 보호 또는 교양하기 위하여 필요한 징계를 할 수 있고 법원의 허가를 얻어 감화 또는 교정기관에 위탁할 수 있다."(「민법」 제915조)라고 규정하고 있어서, 아동학대 가해자들이 이 조항을 가혹한 체벌을 훈육으로 합리화하는 데에 악용될 수 있다는 문제점을 안고 있어 끊임없이 논란이 되었다. 그러던 중 이른바 정인이 학대 사망사건을 계기로 아동학대에 악용될 소지가 있는 「민법」상 자녀징계권 조항을 삭제한 것이다. 따라서 현행법상 자녀에 대한 체벌은 허용되지 않는다.

친권은 자녀의 보호와 교양을 위하여 행사되는 것이므로 어떠한 때에도 학대를 정당화하는 근거가 될 수 없다. 아무리 부모가 필요한 훈육이라고 생각하거나 교육을 한 것이라고 주장하더라도, 그것이 아이에게 해롭거나 부적절하다면 이는 학대이다. 따라서 어떤 행위가 '훈육이냐 학대냐'를 생각하기보다는 그러한 행위가 '학대인가 아닌가, 아이에게 적절한가 부적절한가'를 생각해야 할 것이다. 그리고 친권자라도 아동에게 폭력(체벌)을 행사하면 폭행죄가 성립되고, 그 결과 아동이 다치면 상해죄가 성립된다(「아동학대처벌법」 제2조 4호).

2) 친권의 상실 · 일시 정지 선고

앞에서 살펴본 바와 같이, 친권이란 미성년인 자녀가 행복하고 안전한 삶을 누릴 수 있도록 기본적인 여건을 조성하고 조화롭게 성장 · 발달할 수 있도록 경제적 · 사회적 · 정서적 지원을 하는 부모의 권리이자 의무이다(「아동복지법」 제3조 제2호 참조). 그러나 아동의 친권자가 그 친권을 남용하거나 현저한 비행 그 밖에 친권을 행사할 수 없는 중대한 사유가 있는 경우 아동의 복지를 위해 시 · 도지사, 시장 · 군수 · 구청장 또는 검사의 청구로 법원이 그 친권의 상실을 선고할 수 있다. 이를 친권상실선고라고 한다(「아동복지법」 제18조 제1항 참조).

친권상실선고를 청구해야 할 사유에 해당하면, 아동복지시설의 장 및 학교의 장은 시 · 도지사, 시장 · 군수 · 구청장 또는 검사에게 법원에 친권행사의 제한 또는 친권상실의 선고를 청구하도록 요청할 수 있다(「아동복지법」 제18조 제2항). 또한 시 · 도지사, 시장 · 군수 · 구청장 또는 검사는 아동의 친권자가 그 친권을 남용하거나 현저한 비행이나 아동학대, 그 밖에 친권을 행사할 수 없는 중대한 사유가 있는 것을 발견한 경우, 아동의 복지를 위해 필요하다고 인정할 때는 법원에 친권행사의 제한 또는 친권상실의 선고를 청구해야 한다(「아동복지법」 제18조 제1항). 이렇게 시 · 도지사, 시장 · 군수 · 구청장 또는 검사가 친권행사의 제한 또는 친권상실의 선고 청구를 할 경우, 아동권리보장원 또는 아동보호전문기관 등 아동복지시설의 장, 아동을 상담 · 치료한 의사 및 해당 아동의 의견을 존중해야 한다(「아동복지법」 제18조 제3항).

자녀, 자녀의 친족, 검사 또는 지방자치단체의 장이 친권상실선고의 청구를 하면, 가정법원은 부 또는 모가 친권을 남용하여 자녀의 복리를 현저히 해치거나 해칠 우려가 있는 경우에는 그 친권의 상실 또는 일시 정지를 선고할 수 있다(「민법」 제924조 제1항). 가정법원이 하는 친권상실선고는 친권의 일시 정지, 친권의 일부 제한에 의해서는 자녀의 복리를 충분히 보호할 수 없는 경우에만 할 수 있다(「민법」 제925조의2 제1항).

한편 가정법원이 친권의 일시 정지를 선고할 때는 자녀의 상태, 양육 상황, 그 밖의 사정을 고려하여 그 기간을 정하여야 한다. 이 경우 그 기간은 2년을 넘을 수 없다(「민법」 제924조 제2항). 만일 자녀의 복리를 위하여 친권의 일시 정지 기간의 연장이 필요하다고 인정하는 경우 자녀, 자녀의 친족, 검사, 지방자치단체의 장, 미성년후견인 또는 미성년후견감독인의 청구에 의하여 2년의 범위에서 그 기간을 한 차례만 연장할 수 있다(「민법」 제924조 제3항).

4. 아동학대 상담의 기본

1) 상담자의 기본자세

「아동학대처벌법」은 학대받았거나 학대받은 것으로 의심되는 아동을 발견한 경우, 신고하도록 규정하고 있다(「아동학대처벌법」 제10조). 이러한 신고 규정을 둔 이유는 학대받는 아이를 구하기 위해서며, 이는 육아에 어려움을 겪고 있는 가정에 행정이 지원의 손길을 뻗는 계기가 되기도 한다. 특히 교사나 각종 지원센터 종사자 등 일정한 지위에 있는 자들에게는 즉시 신고 의무를 부과하고 있다(「아동학대처벌법」 제10조 제2항). 학대를 조기에 발견할 수 있는 위치에 있는 이러한 사람들은 학대로 인한 부상이 아닌지 의심스러운 상황이 발생하면 학대 여부를 확인하려고 부모에게 자세히 이야기를 들으려는 경향이 있다. 그러나 법은 먼저 즉시 신고할 것을 규정하고 있다. 굳이 부모의 변명을 듣거나 그 변명을 고려할 필요는 없다는 것이다. 이렇게 「아동학대처벌법」이 즉시 신고하도록 의무를 부과한 이유는, 교사 등의 신고 의무자가 보호자의 이야기를 듣고 잠시 상황을 지켜 보려고 하거나 이번에는 봐 주려고 하는 경우가 있기 때문이다. 이는 학대로 인한 사망 등 중대한 사건으로 이어질 우려가 있다. 학대에 해당하는지 여부, 현재 상황에서 어떤 대응이 필요한지를 판단하는 것은 −신고 의무자가 아니라− 시·도, 시·군·구 또는 수사기관의 역할이다. 그 때문에 신고받은 시·도, 시·군·구 또는 수사기관은 정당한 사유가 없으면 즉시 조사 또는 수사에 착수하여야 한다고 규정하고 있다(「아동학대처벌법」 제10조 제4항).

「아동학대처벌법」의 규정을 바탕으로 상담자도 신고할 경우가 있을 것이다. 이럴 때 상담자는 학대를 발견하고 단순히 신고하기만 하면 되는 것은 아니다. 일반인들에게는 해당되지 않을 수 있겠지만, 상담자는 신고할 때의 자신의 태도가 당사자에게 어떤 영향을 미치는지 고려해야 한다. 누구든지 의심의 대상이 된다는 것은 괴로운 일이다. 학대 가해자인 부모도 마찬가지일 것이다. 여러 가지 어려움과 자신의 개인적 문제를 안고 학대를 가한 당사자는 초기 대응으로 인해 마음을 굳게 닫아 버릴 수도 있다. 이는 나중에 학대하기 위한 구체적인 근거로 작용할 수도 있다. 아무리 「아동학대처벌법」이 학대하는 부모를 비난하기 위한 것은 아니라고 해도, 부모 입장에서는 학대를 의심받는 것 자체가 마음의 커다란 상처가 되거나 혹은 법적 개입으로 폭행죄나 상해죄로 추궁당할 가능성이 있으므로 몸을 사리거나 숨게 될 수도 있다.

그렇지만 상담자의 시선이 따뜻하다면 부적절한 양육 방법을 이용한 부모도 조금이나마 마음을 열지 않을까? 그렇게 되면 부적절한 양육에 대해 조언하면서 학대행위를 미리 방지하거나 학대행위가 발생한 때 조기에 관여하기가 쉬울 것이다. 그렇다면 상담자는 아동학대의 발견 및 신고와 관련하여 적절한 해결책을 마련하기 위해 어떻게 해야 할까? 학대 가해자인 부모와 피해자인 자녀의 악순환을 끊기 위해서는 이들을 일시적으로 분리할 필요가 있을 때가 있다. 이에 더해 가해자인 부모를 비난하는 시선이 아니라 어려운 상황에서 힘든 육아를 하는 부모를 이해하면서 지원하는 방식으로 대응할 필요가 있다.

2) 비밀유지의무

상담자는 내담자의 비밀을 준수해야 할 의무가 있다. 그러나 「아동학대처벌법」에서는 일정한 직무를 수행하는 사람들에게는 아동학대범죄를 알게 된 경우나 그 의심이 있는 경우에는 시·도, 시·군·구 또는 수사기관에 즉시 신고하여야 한다고 규정하고 있다(「아동학대처벌법」 제10조 제2항). 이런 경우 비밀유지의무와 신고 의무가 충돌할 수 있다. 아동학대를 발견한 자가 법률상 비밀유지의무를 지는 자인 경우에도 신고 의무는 비밀유지의무에 우선하며, 신고하였다고 해서 비밀유지의무 위반에 해당하는 것이 아니다. 신고자의 비밀도 지켜진다. 이렇게 아동이나 가족과 관련된 일이 많은 상담자에게 비밀유지의무보다 신고를 우선시하는 것은, 아동학대의 조기 발견과 방지를 위한 것이지만, 아동이나 내담자 사이에 신뢰를 전제로 관계가 형성되어 있는 상담자는 실제 현장에서 당황스러울 때가 있을 것이다.

예를 들어, 어느 중학생 형 A가 학교 상담 과정에서 자신의 초등학생 동생 B가 아버지로부터 학대받고 있다는 것을 밝히면서, A는 "내가 말했다는 것을 아버지가 알면 집에 있을 수 없게 되니까 절대 아무에게도 말하지 마세요."라고 요청했다고 하자. 학교 상담에서 아동학대가 의심되거나 발견되었을 때는 우선 학교장 등에게 보고해야 한다. 학교뿐만 아니라 기업체 등의 조직에 속해 있는 상담자는 개인이 문제를 떠안거나 신고 여부에 대해 망설이지 말고 반드시 소속기관의 장에게 보고한 후 대처해야 한다. 그러나 아무리 법률상 자녀나 보호자의 동의 없이 신고하는 것이 가능하고 신고자의 신분도 비밀 보장해 준다고 하더라도, 앞의 사례의 경우 학교 상담자나 학교가 형 A가 준 정보를 바탕으로 신고했다는 것을 머지않아 아버지는 알게 될 것이다. 이렇게 되면 형 A의 요청을 무시하고 신고하는 것은 A 학생의 학교 상담에 대한 신뢰를 훼손할 뿐만 아니라 A에게 대인관계의 불신감을 심어 줄 우려가 있다. 게다가 A와 아버지의 관계에도 오해가 생길 수 있다.

이런 경우 학교 상담자는 세 명을 고려(배려)해야 한다. 즉, 학대받는 동생, 학대하는 부모, 그리고 부모의 학대를 털어놓은 형 A이다. 아동학대에 의해 우선 보호받아야 할 대상은 학대받는 아이들임은 물론이지만, 상담자들은 아동학대를 신고함으로써 누가 더 상처를 입는지, 누구를 돌볼 필요가 있는지에 대한 안목을 가져야 한다. 이때 중요한 것은, 신고를 주저함으로써 학대에 대한 대응이 늦어지지 않아야 한다는 것, 형 A에게 신고할 필요성을 설득할 수 있도록 반복해서라도 설명하는 것이다. 또한 아버지의 학대가 밝혀진 후 가족에 대한 도움도 주는 것이다. 물론 이들 3명에 대한 지원은 학교 상담자가 혼자 하는 것이 아니며, 관계 기관과 연계된 공동 대응이 필요하다.

즉, 비밀유지의무를 전제로 한 상담에서 신고 의무를 우선시하고 그 후에 임상적 대처를 하는 것이다. 여기서 상담자들은 개인의 생각이나 가치관에 기반해서 대응하지 않도록 주의해야 한다. 법의 원칙과 기준에 따라 대응하고 개별 사례에 따른 임상적 도움을 주어야 할 것이다.

3) 아동학대 부모에의 접근법

아동학대가 의심되면 어떻게 부모에게 접근해야 하는지 구체적으로 생각해 보도록 하자. 학대하는 부모가 안고 있는 가장 큰 과제는 인격적으로 미성숙하다는 것이다. 특히 사람과 사람의 관계에서 도움을 요청할 수 있는 능력이 충분히 성숙하지 않았다는 점을 지적할 수 있다. 스스로 감당할 수 없는 과제에 대해 적절한 방법으로 다른 사람에게 도움을 요청하는 것은 매우 중요한 대인관계 능력 중 하나이다. 타인에게 적절하게 의존할 수 없는 사람들은 왜곡된 의존성을 보이게 된다. 그래서 알코올이나 마약 등 약물에 의존하거나, 과식이나 거식 등 음식에 의존하거나, 도박이나 일(워커홀릭)에 중독될 수 있다.

아동학대는 부모의 스트레스나 좌절감을 어린 자녀에게 전가하여 해소하려는 '부모가 자녀에게 의존'하는 '부모와 자녀 관계의 역전'이라고 할 수 있는 잘못된 의존관계이다. 다른 사람에게 도움을 청하는 의존을 제대로 할 수 없는 부모는 다른 사람에게 접근하는 것 자체가 위협이라고 느낀다. 그래서 아이를 잘 키우지 못하는 부모를 도우려고 해도, 그 부모들은 접근하기를 거부하고 욕설을 퍼부어 관계를 끊으려고 한다. 그 결과 도움의 손길을 뻗치려는 사람들로부터 외면당하고 더욱 고립되는 악순환에 빠지게 된다. 학대하는 부모들은 세상(사람)으로부터 외면당할 것 같은 불안감을 안고 있으므로, 학대 의심이 있는 부모에게 접근할 때는 단순히 학대 사실이나 정보를 찾으려는 듯한 행동을 취하게 되면 부모는 점점 더 굳게 마음의 문을 닫고 반발과 저항을 강화할 것이다. 그 결과 보호받아야 할 아동의 발견이 늦어져서 비참한 상황을 초래할 수 있다.

학대하는 부모들도 마음속 깊은 곳에서는 도움을 청하는 간절한 외침이 있는데, 그 미숙함 때문에 도와달라는 말을 차마 하지 못하고, 반대로 심한 공격성을 보여주는 것이다. 따라서 아동학대 지원에 종사하는 사람들은 학대하는 부모들의 반발과 반항 뒤에 숨어 있는 잠재적 의존심을 인정하고 대응할 필요가 있다. 이를 '가해자인 부모 대 피해자인 자녀' 간의 대립 구도라는 선입견을 버리고 '돌봄을 받아야 할 부모와 자녀' 즉, 가족이라고 생각할 필요가 있다. 이처럼 그 부모와 자식을 가족으로 묶으면 부모와 자녀 모두를 보호하고 도와야 한다는 점을 이해할 수 있을 것이다.

 **정리**

이 장에서는 아동학대를 이해하기 위한 국내 현황을 통계를 중심으로 살펴보고, 상담자들이 아동학대를 보는 관점에 관해 서술했다. 그리고 「아동복지법」과 「아동학대처벌법」의 주요 내용을 설명했다. 아동학대의 개념과 유형, 응급조치 · 긴급임시조치 · 임시조치 및 피해아동보호조치 등을 다루었다. 상담자들이 「아동학대처벌법」상 아동학대 신고의무자에 해당하는 경우가 있는데, 이때 주의할 점에 대해서도 언급했다. 또한 심리상담에 도움이 될 수 있도록 친권과 아동학대의 관계 및 아동학대 상담 시 고려할 점도 설명했다.

제6장 가정폭력과 데이트폭력

1. 가정폭력과 데이트폭력의 이해

이 장에서는 우선 가족체계이론의[1] 관점에서 가정폭력을 이해한 후, 이에 대한 상담자의 기본적인 대응 방안을 살펴본다. 가족체계이론에 따르면, 부부 등 커플은 친밀한 상호 작용을 통해 자신들의 독자적인 관계와 역할을 형성하고, 나아가 그 관계에서 규정된 각각의 역할을 한다. 체계 내의 역할에 따라 사람들은 특정 방식으로 상호 작용하고 반응한다. 패턴은 체계 내에서 발전하고 각 구성원의 행동은 예측할 수 있는 방식으로 다른 구성원에게 영향을 미친다.

가정폭력의 문제도 부부간의 상호 작용 과정에서 서서히 형성되어 폭력을 행사하는 남편(아내)과 폭력을 당하는 아내(남편)라는 상보적인 부부관계가 반복되는 것이라고 할 수 있다. 남편과 아내는 그러한 역할에 규정되기 때문에

1) 가족을 개별 가족 구성원 간의 상호 관계로 이루어지는 하나의 체계로 이해하는 이론이다.

가정폭력 행위자는 배우자에게 폭력을 행사하는 것을 당연히 여기고, 가정폭력 피해자는 폭력을 당하는 것을 받아들이는 관계에 빠지는 특징이 있다.

이에 따라 폭력이 개재된 부부관계의 패턴이 견고하게 형성되어 있어서 이혼 등으로 그 부부관계를 해소하려고 해도, 아내가 폭력을 행사하는 남편에게 돌아가 버리고 말거나 남편이 아내에게 접근하여 떠나려고 하지 않음으로써 가정폭력의 관계는 계속 유지된다. 이것이 가정폭력문제 해결이 어려운 이유 중의 하나이다. 가족체계이론에 따르면, 가정폭력의 부부관계는 폭력이 개재된 채 유지되고 있어서 남편의 폭력이 심할수록 아내는 남편을 떠나지 않는 모순적인 상황이 된다.

따라서 가족체계이론의 관점에서, 가정폭력 해결의 핵심은 다음과 같이 이해할 수 있다. 즉, ① 가정폭력 피해자가 가정폭력 관계에서 이탈하려고 할 때 가정폭력 행위자와 가정폭력 피해자 간의 재접근을 막을 것, ② 가정폭력에서의 '가해-피해' 관계를 명확히 할 것, ③ 가정폭력 피해자는 가정폭력을 동반한 부부관계를 끊고 폭력을 당하지 않는 삶의 방식을 선택하며, 가정폭력 행위자는 폭력행위의 책임을 지고 폭력을 행사하지 않는 삶의 방식을 선택할 것이다.

가정폭력 해결을 위한 이러한 맥락 속에서, 다음으로는 가정폭력에 대한 법적 조치에 대해 살펴본 후에, 이를 바탕으로 가정폭력에 대한 상담자의 대응 방안에 관해 설명한다.

2. 법률의 내용과 법적 대응

1) 여성폭력의 심각성

여성가족부가 발표한 2021년 여성폭력실태조사에 따르면, 평생 과거 또는 현재의 배우자나 연인 등 친밀한 관계에 있는 사람으로부터 신체적·성적·

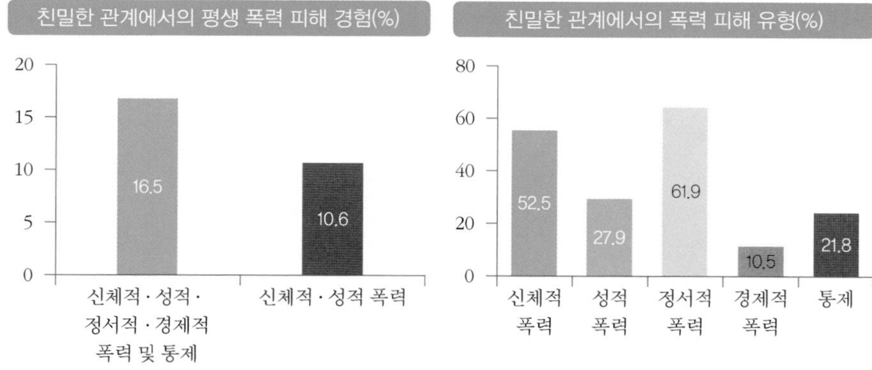

[그림 6-1] **여성 폭력 피해 경험률**

출처: 여성가족부(2022). 여성폭력실태조사 주요 결과, p. 2.

정서적 · 경제적 폭력 및 통제 피해를 하나라도 경험한 비율은 전체 응답자의 16.1%로 나타났다. 여기서 친밀한 관계에 있는 사람(가해자)이란 ① 당시 배우자(사실혼 포함), ② 피해 이전 헤어진 배우자(사실혼 포함), ③ 피해 당시 사귀고 있던 사람, ④ 과거 사귀었으나 피해 시점에서는 헤어졌던 사람을 말한다. 이러한 친밀한 관계에서 발생하는 폭력 피해의 유형은 정서적 폭력(61.9%)과 신체적 폭력(52.5%)이 높았고, 다음으로 성적 폭력 27.9%, 통제 21.8%, 경제적 폭력 10.5%의 순이었다. 평생 친밀한 관계의 파트너로부터 신체적 또는 성적 폭력 피해를 경험한 비율도 전체 응답자의 10.6%였다.

또한 여성가족부의 가정폭력실태조사에 따르면, 2019년 기준 평생 현 배우자에 의한 신체적 · 성적 폭력 피해 경험률은 여성 10.5%, 남성 2.9%이며, 이 중 지난 1년간 현 배우자에 의한 신체적 · 성적 폭력 피해 경험률은 여성 5.9%, 남성 1.3%였다. 이는 법률혼 또는 사실혼 관계에 있는 여성 약 10명 중 1명이 평생, 약 17명 중 1명이 지난 1년간 현 배우자에 의해 신체적 또는 성적 폭력을 1회 이상 경험하였음을 의미한다.

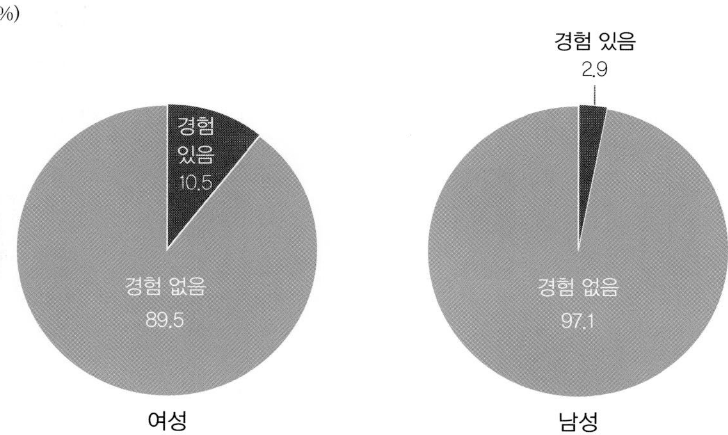

[그림 6-2] 평생 현 배우자에 의한 신체적·성적 폭력 피해 경험률

출처: 여성가족부(2019). 가정폭력실태조사, p. 83.

주: 경험 있음=신체적·성적 폭력 중 1개 이상 폭력을 경험한 사람의 비율

우리 사회에서는 부부나 친밀한 남녀 간의 폭력에 대해서는 이들 간의 사생활 문제로 여기면서, 타인(사회)이 관여해서는 안 된다는 인식이 있다. 또한 가

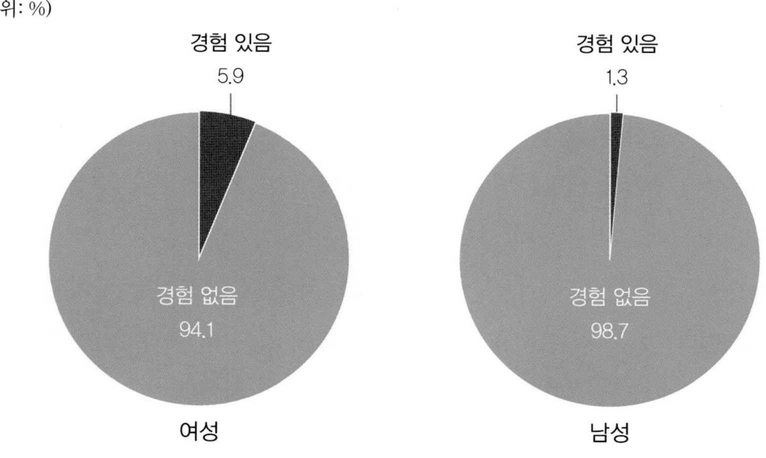

[그림 6-3] 지난 1년간 현 배우자에 의한 신체적·성적 폭력 피해 경험률

출처: 여성가족부(2019). 가정폭력실태조사, p. 82.

주: 경험 있음=신체적·성적 폭력 중 1개 이상 폭력을 경험한 사람의 비율

해행위자에게는 배우자에 대한 폭력은 중대한 인권침해이며 폭행·상해 등의 범죄에 해당한다는 의식이 희박한 경우가 많다. 한편 피해를 받은 배우자도 언젠가는 상대방의 폭력이 진정되지 않을까 하고 기대하거나, 자녀를 생각해서 참거나, 심리적으로 지배당하고 무력해지는 등의 이유로 폭력에 의한 지배와 복종의 관계가 장기간 지속된다.

이렇게 가장 안심할 수 있는 안전장소여야 할 가정이라는 밀폐된 공간에서 일상생활을 함께하고 자신을 보호해 줘야 할 사람으로부터 가해지는 폭력은 피해자에게 심적으로 매우 큰 상처를 줌에도 불구하고 이를 피하기도 어려워 그 피해는 매우 심각하다. 이와 함께 자녀들이 있는 가정에서 행해지는 가정폭력은 자녀에 대한 학대에도 해당한다. 이는 가정폭력에 아동을 노출시키는 행위로서, 아동에 대한 정서적 학대에 해당하기 때문이다(제5장 '법률의 내용과 법적 대응' 참조).

2) 가정폭력

(1) 기본 개념

가정폭력에 관해서는 「가정폭력방지 및 피해자보호 등에 관한 법률」(이하 「가정폭력방지법」)과 「가정폭력범죄의 처벌 등에 관한 특례법」(「가정폭력처벌법」)에서 규율하고 있다. 이들 법률에 따르면, "가정폭력"이란 가정구성원 사이의 신체적, 정신적 또는 재산상 피해를 수반하는 행위를 말한다(「가정폭력처벌법」 제2조 1호). 여기서 가정폭력 당사자로서의 "가정구성원"이란 다음 중 어느 하나에 해당하는 사람을 말한다(「가정폭력처벌법」 제2조 2호).

① 배우자(사실상 혼인관계에 있는 사람 포함) 또는 배우자였던 사람,
② 자기 또는 배우자와 직계존비속관계(사실상의 양친자 관계 포함)에 있거나 있었던 사람,

③ 계부모와 자녀의 관계 또는 적모(嫡母)와 서자(庶子)의 관계에 있거나 있었던 사람,

④ 동거(同居)하는 친족.

즉, 가정폭력이라고 하면 통상적으로 남편이 아내를 때리는 행위를 의미한다고 생각하는데, 법률상 가정폭력의 당사자는 이보다 넓다. 또한 폭력의 범위를 "신체적, 정신적 또는 재산상 피해를 수반하는 행위"라고 규정하고 있으므로, 신체적 폭력에 국한하지 않고 정신적 학대와 재산상의 손해 및 손괴를 포함하는 포괄적인 개념으로 보고 있다.

또한 "가정폭력 행위자"란 가정폭력범죄를 범한 사람(가해자) 및 가정구성원인 공범을 말하며(「가정폭력처벌법」 제2조 4호), "가정폭력 피해자"란 가정폭력범죄로 인해 직접적으로 피해를 입은 사람을 말한다(「가정폭력처벌법」 제2조 5호).

(2) 가정폭력과 가정폭력범죄의 유형

법에서는 가정폭력을 가정구성원 사이의 신체적, 정신적 또는 재산상 피해를 수반하는 행위라고 정의하고 있다. 이를 세분하면 다음 〈표 6-1〉과 같이, 신체적 폭력, 정서적 학대, 경제적 위협, 성적인 폭력 및 방임으로 나눌 수 있다.

표 6-1 **가정폭력의 유형**

유형	내용 및 예시
신체적 폭력	-물리적인 힘이나 도구를 이용하여 신체를 직접적으로 때리기, 물건을 집어던지거나 어깨나 목 등을 꽉 움켜잡기, 흉기로 협박하기 등 -밀치기, 때리기, 발로 차기, 꼬집기, 뺨 때리기, 사지를 비트는 행위, 담배불로 지지는 행위, 머리채를 잡아당기거나 조르는 행위, 흉기를 휘두르는 행위 등

정서적 학대	–폭언, 무시, 모욕과 같은 언어폭력으로 기분을 상하게 하는 것, 직접적으로 때리지는 않았으나, 때리려고 위협을 하거나 물건을 던지거나 부수는 것, 상대방을 통제해서 고립시키고 의심하는 행위를 하는 것 등 –아이들에게 폭력을 가하거나 떼어 놓겠다고 위협하기, 피해자를 학대하는 모습을 자녀에게 보여 주기 등 –경멸하는 말투로 모욕을 주는 행위, 열등하고 무능력하다고 비난하는 행위, 큰 소리를 지르거나 비난하는 행위, 말로 공격·협박·위협하는 행위, 대화를 거부하는 행위, 희롱하는 행위, 무시하고 업신여기는 행위, 피해자의 의사결정권을 침해하는 행위 등
경제적 위협	–생활비를 주지 않는 것, 동의 없이 임의로 재산을 처분하거나 생활비 지출을 일일이 보고하게 하는 것 등 –가정구성원(노인)의 소득, 재산 및 임금을 가로채거나 임의로 사용하는 행위, 재산에 관한 법적 권리를 침해하는 행위, 재산의 사용 또는 관리에 관한 결정 통제행위, 금액에 상관없이 허락 없는 금전사용 금지행위 등
성적인 폭력	–성적 수치심을 유발하는 행위, 원치 않는 성관계를 요구하는 것, 낙태 강요, 신체 부위 등을 동의 없이 촬영·유포하기 등 –원하지 않은 성행위를 강요하는 행위, 상대방의 몸을 동의 없이 만지고 애무하고 움켜쥐고 꼬집는 등의 행위, 자기의 성기나 이물질을 상대방의 성기에 넣는 행위, 구강성교, 항문성교 등 그 밖의 유사 성행위를 강요하는 행위 등
방임	–무관심과 냉담으로 대하는 것, 위험 상황에 방치하는 것 등 –끼니를 주지 않는 행위, 불결한 생활환경에 장시간 놔두는 행위, 교육을 시키지 않는 행위, 아파도 병원에 데려가지 않는 행위, 문을 잠가 놓고 나가는 행위 등

〈표 6–1〉에서 예시한 가정폭력 행위들은 공통적인 특징이 있는데, 그것은 「형법」 등 다른 형사 법규들을 위반한 경우보다 폭력에 대한 죄의식이 낮다는 것이다. 그러나 가정폭력은 가출, 가정 파탄 및 폭력성의 세습 등을 가져오는 원인이 되므로, 우리 사회에서 근절되어야 할 행위로서 법률에서 금지하고 있

표 6-2 「가정폭력처벌법」상 가정폭력범죄

구분	가정폭력범죄
상해와 폭행의 죄	–상해, 존속상해(「형법」 제257조) –중상해, 존속중상해(「형법」 제258조) –특수상해(「형법」 제258조의2) –폭행, 존속폭행(「형법」 제260조제1항 및 제2항) –특수폭행(「형법」 제261조) –상해와 폭행의 죄에 대한 상습범(「형법」 제264조)
유기와 학대의 죄	–유기, 존속유기(「형법」 제271조제1항 및 제2항) –영아유기(「형법」 제272조) –학대, 존속학대(「형법」 제273조) –아동혹사(「형법」 제274조)
체포와 감금의 죄	–체포, 감금, 존속체포, 존속감금(「형법」 제276조) –중체포, 중감금, 존속중체포, 존속중감금(「형법」 제277조) –특수체포, 특수감금(「형법」 제278조) –체포와 감금의 죄에 대한 상습범(「형법」 제279조) –체포와 감금의 죄에 대한 미수범(「형법」 제280조)
협박의 죄	–협박, 존속협박(「형법」 제283조제1항 및 제2항) –특수협박(「형법」 제284조) –협박의 죄에 대한 상습범(「형법」 제285조) –협박의 죄에 대한 미수범(「형법」 제286조)
강간과 추행의 죄	–강간(「형법」 제297조) 및 그 미수범 · 상습범(「형법」 제300조 및 제305조의2) –유사강간(「형법」 제297조의2) 및 그 미수범 · 상습범(「형법」 제300조 및 제305조의2) –강제추행(「형법」 제298조) 및 그 미수범 · 상습범(「형법」 제300조 및 제305조의2) –준강간, 준강제추행(「형법」 제299조) 및 그 미수범 · 상습범(「형법」 제300조 및 제305조의2) –강간 등 상해 · 치상(「형법」 제301조) –강간 등 살인 · 치사(「형법」 제301조의2) –미성년자 등에 대한 간음(「형법」 제302조) –미성년자에 대한 간음, 추행(「형법」 제305조)

명예에 관한 죄	−명예훼손(「형법」 제307조) −사자(死者)의 명예훼손(「형법」 제308조) −출판물 등에 의한 명예훼손(「형법」 제309조) −모욕(「형법」 제311조)
주거침입의 죄	−주거침입, 퇴거불응(「형법」 제319조) −특수주거침입(「형법」 제320조) −주거 · 신체 수색(「형법」 제321조) −주거침입의 죄의 미수범(「형법」 제322조)
권리행사를 방해하는 죄	−강요(「형법」 제324조) −강요죄에 대한 미수범(「형법」 제324조의5)
사기와 공갈의 죄	−공갈(「형법」 제350조) −특수공갈(「형법」 제350조의2) −공갈죄 및 특수공갈죄에 대한 미수범(「형법」 제352조)
손괴의 죄	−재물손괴 등(「형법」 제366조) −특수손괴(「형법」 제369조제1항)
카메라 등을 이용한 촬영죄	−카메라 등을 이용한 촬영죄 및 그 미수범(「성폭력범죄의 처벌 등에 관한 특례법」 제14조 및 제15조)
불법정보의 유통금지	−불법정보의 유통금지 등 위반죄(「정보통신망 이용촉진 및 정보보호 등에 관한 법률」 제74조제1항제3호)
−위의 죄 중에서 다른 법률에 따라 가중처벌 되는 죄	

출처: 찾기쉬운 생활법령정보(https://www.easylaw.go.kr/CSP/CnpClsMain.laf?popMenu=ov&csmSeq=685&ccfNo=1&cciNo=1&cnpClsNo=1&search_put=%EA%B0%80%EC%A0%95%ED%8F%AD%EB%A0%A5)

는 범죄행위에 해당한다. 이에 「가정폭력처벌법」에서는 가정폭력으로서 〈표 6−2〉에 해당하는 죄를 가정폭력범죄로 규정하고(「가정폭력처벌법」 제2조 3호), 이들에 대해서는 여러 가지 특례규정을 적용하고 있다.

(3) 가정폭력 상담과 비밀 준수 의무

가정폭력 피해자와 그 가족은 「가정폭력방지법」에 따라 설치된 가정폭력 관련 상담소(이하 가정폭력 상담소)를 통해 가정폭력과 관련된 사항들에 대해 상담을 받을 수 있다(「가정폭력방지법」 제6조 참조). 가정폭력 상담소는 여성가족부에서 위탁·운영하는 여성긴급전화(국번 없이 1366)를 비롯해 경찰청 및 각종 단체 등에서 운영하고 있다. 한국어에 서툰 결혼이민자의 경우에는 다누리 콜센터(1577−1366)를 통하여 여러 나라의 언어로 상담을 받거나, 통역 등의 서비스를 받을 수 있다(「가정폭력방지법」 제4조의6 참조). 또한 가정폭력 상담은 피해자뿐만이 아니라 가정폭력 행위자(가해자) 및 그 배우자와 자녀 등도 모두 이용할 수 있다.

한편 가정폭력 상담소에서 근무하는 사람은 그 직무상 알게 된 비밀을 누설하지 말아야 할 의무가 있으므로, 상담 내용은 법에 따라 비밀이 유지된다(「가정폭력방지법」 제16조). 가정폭력 상담소에서 근무하는 사람이 이를 위반하여 그 직무상 알게 된 비밀을 누설한 경우에는 1년 이하의 징역 또는 1천만 원 이하의 벌금에 처해진다(「가정폭력방지법」 제20조 제2항 3호).

(4) 가정폭력의 신고

가정폭력은 −남의 가정의 사생활이 아닌− 범죄이므로, 누구든지 가정폭력을 알게 된 경우에는 경찰에 신고할 수 있다(「가정폭력처벌법」 제4조 제1항). 일반인의 경우에는 가정폭력에 대한 신고 의무가 없지만, 다음 중 어느 하나에 해당하는 교육기관, 의료기관, 보호시설의 종사자는 그 직무를 수행하면서 가정폭력범죄를 알게 된 경우에는 정당한 사유가 없으면 즉시 신고해야 한다(신고의무, 「가정폭력처벌법」 제4조 제2항).

① 아동의 교육과 보호를 담당하는 기관의 종사자와 그 기관장,

② 아동, 60세 이상의 노인 그 밖에 정상적인 판단 능력이 결여된 사람의 치료 등을 담당하는 의료인 및 의료기관의 장,

③ 노인복지시설, 아동복지시설, 장애인복지시설의 종사자와 그 기관장,

④ 다문화가족지원센터의 전문인력과 그 장,
⑤ 국제결혼중개업자와 그 종사자,
⑥ 구조대 · 구급대의 대원,
⑦ 사회복지 전담공무원,
⑧ 건강가정지원센터의 종사자와 그 센터의 장.

앞의 신고 의무자가 정당한 사유 없이 신고하지 않을 경우, 300만 원 이하의 과태료가 부과된다(「가정폭력처벌법」 제66조 제1항).

또한 다음 중 어느 하나에 해당하는 기관에 근무하는 상담원과 그 기관장은 가정폭력 피해자 또는 그 가족 등과 상담하는 과정에서 가정폭력범죄 사실이 확인된 경우, 피해자의 명시적인 반대의견이 없으면 즉시 이를 신고해야 한다(「가정폭력처벌법」 제4조 제3항).

① 아동상담소,
② 가정폭력 상담소 및 피해자 보호시설,
③ 성폭력 피해 상담소 및 성폭력 피해자 보호시설.

한편 가정폭력범죄 신고를 받은 경찰은 지체 없이 가정폭력의 현장에 출동하여 가정폭력 피해자에게 조치를 해야 한다(응급조치, 「가정폭력처벌법」 제5조 및 「가정폭력방지법」 제9조의4 제1항). 여기서 조치란 ① 폭력행위의 제지, ② 가정폭력 행위자 · 피해자의 분리, ③ 현행범인의 체포 등 범죄수사, ④ 피해자의 가정폭력 관련 상담소 또는 보호시설 인도(피해자의 동의가 있는 경우에 한함), ⑤ 긴급치료가 필요한 피해자의 의료기관 인도, ⑥ 폭력행위의 재발 시 가해자의 접근금지 등과 같은 임시조치를 신청할 수 있음을 통보, ⑦ 피해자보호명령 또는 신변안전조치를 청구할 수 있음을 고지하는 것을 말한다.

경찰은 이러한 응급조치에도 불구하고 가정폭력범죄가 재발될 우려가 있고, 상황이 긴급하여 가해자의 접근 등을 금지시키는 법원의 임시조치 결정을 받을 시간적 여유가 없을 경우에는 직권으로 조치를 취할 수 있다(긴급임시조치, 「가정폭력처벌법」 제8조의2 제1항). 여기서 조치란 ① 피해자 또는 가정구성원의 주거 또는 점유하는 방실(房室)로부터의 퇴거 등 격리, ② 피해자 또는 가정구성원의 주거 · 직장 등에서 100미터 이내의 접근 금지, ③ 피해자 또는 가정구성원에 대한 전기통신을 이용한 접근 금지를 말한다. 이 긴급임시조치는 피해자와 그 법정대리인이 직접 경찰에 신청할 수도 있다(「가정폭력처벌법」 제8조의2 제1항). 정당한 사유 없이 긴급임시조치를 이행하지 않은 사람에게는 300만 원 이하의 과태료가 부과된다(「가정폭력처벌법」 제66조 2호).

(5) 가정폭력범죄의 고소

가정폭력 피해자 또는 그 법정대리인은 다른 형사사건과 마찬가지로 가정폭력 행위자(가해자)를 고소할 수 있다. 고소란 사실을 신고하여 범인의 처벌을 구하는 의사표시를 말한다. 만일 피해자의 법정대리인이 가해자인 경우 또는 가해자와 공동하여 가정폭력범죄를 범한 경우에는 피해자의 친족이 고소할 수 있다(「가정폭력처벌법」 제6조 제1항).

원칙적으로 「형사소송법」상 범죄피해자는 고소할 수 있으나(「형사소송법」 제223조), 자기 또는 배우자의 직계존속을 고소할 수 없다(「형사소송법」 제224조). 그러나 가정폭력의 경우, 예외적으로 가해자가 자기 또는 배우자의 직계존속인 경우에도 고소할 수 있다(「가정폭력처벌법」 제6조 제2항). 만일 피해자에게 고소할 법정대리인이나 친족이 없는 경우에 이해관계인이 신청하면 검사는 10일 이내에 고소할 수 있는 사람을 지정해야 한다(「가정폭력처벌법」 제6조 제3항). 고소는 경찰이나 검사에게 구술이나 서면으로 할 수 있다(형사소송법 제237조 제1항).

한편 가정폭력을 신고하거나 고소하면 바로 이혼이 되는 것이 아니다. 가정폭력 시 처벌에 관한 사항은 「가정폭력처벌법」에서 규정하고 있는데, 이 법률은 가정의 안정을 회복하는 것이 목적이기 때문이다. 그러므로 이혼을 원한다면 이혼 절차를 별도로 밟아야 한다.

(6) 가정폭력범죄 사건의 처리

검사는 가정폭력범죄로 다음 중 어느 하나에 해당하는 경우에는 해당 사건의 성질·동기 및 결과, 가해자의 성행(性行) 등을 고려하여 「가정폭력처벌법」상 보호처분을 하는 것이 적절하다고 판단되면 –형사사건이 아닌– '가정보호사건'으로 처리할 수 있다(「가정폭력처벌법」 제9조 제1항).

① 피해자의 고소가 있어야 공소를 제기할 수 있는 가정폭력범죄(사자명예훼손죄 및 모욕죄)에서 피해자의 고소가 없거나 취소된 경우,
② 피해자의 의사에 반해 공소를 제기할 수 없는 가정폭력범죄(폭행죄, 존속폭행죄, 협박죄, 존속협박죄, 명예훼손죄 및 출판물 등에 의한 명예훼손죄)에서 피해자가 처벌을 희망하지 않는다는 명시적 의사표시가 있거나 처벌을 희망하는 의사표시가 철회된 경우.

이렇게 가정보호사건으로 처리하는 경우, 검사는 피해자의 의사를 존중해야 한다(「가정폭력처벌법」 제9조 제1항). 검사는 가정보호사건으로 처리하는 경우 그 사건을 관할 가정법원 또는 지방법원에 송치하여야 한다(「가정폭력처벌법」 제11조 제1항). 만약 가정폭력범죄와 그 외의 범죄가 경합(競合)하는 경우에는 가정폭력범죄에 대한 사건만을 분리하여 관할 법원에 송치할 수 있다(「가정폭력처벌법」 제11조 제2항).

만일 검사가 가정폭력 가해자의 행위가 –가정보호사건(보호처분)이 아닌– 형사처벌을 받아야 할 사안으로 판단하는 경우에는 가해자를 기소할 수 있다(「형사소송법」 제246조). 그러나 법원이 기소된 가해자에 대한 피고사건을 심리한 결과 「가정폭력처벌법」상 보호처분을 하는 것이 적절하다고 인정하는 경우

에는 결정으로 사건을 가정보호사건으로 처리하도록 가정보호사건 관할 법원에 송치할 수 있다(「가정폭력처벌법」 제12조). 또한 검사는 가정폭력 사건을 수사한 결과 가해자의 성행(性行) 교정을 위해 필요하다고 인정되는 경우에는 상담받는 것을 조건으로 하는 기소유예를[2] 할 수 있다(상담조건부 기소유예, 「가정폭력처벌법」 제9조의2).

마지막으로, 법원은 가정보호사건의 심리 결과 보호처분이 필요하다고 인정하는 경우에는 결정으로 다음 중 어느 하나에 해당하는 보호처분을 할 수 있으며, 필요한 경우에는 중복하여 처분할 수 있다(「가정폭력처벌법」 제40조 제1항 및 제2항).

① 가정폭력 행위자(이하 가해자)가 가정폭력 피해자(이하 피해자) 또는 가정구성원에게 접근하는 행위의 제한,
② 가해자가 피해자 또는 가정구성원에게 전기통신을 이용하여 접근하는 행위의 제한,
③ 가해자가 친권자인 경우 피해자에 대한 친권 행사의 제한,
④ 사회봉사 · 수강명령,
⑤ 보호관찰,
⑥ 보호시설에의 감호위탁,
⑦ 의료기관에의 치료위탁,
⑧ 상담소 등에의 상담위탁.

가정보호사건에 대한 보호처분은 최대 6개월까지 할 수 있으며, 사회봉사 ·

2) 기소유예란 피의사건에 관하여 범죄의 혐의가 인정되고 소송조건이 구비되었으나 범인의 연령, 성행, 지능과 환경, 범행의 동기, 수단과 결과, 범행 후의 정황 등을 고려하여 공소를 제기하지 않는 것이다(「형사소송법」 제247조).

수강명령의 시간은 각각 200시간을 넘길 수 없다(「가정폭력처벌법」 제41조).

이와 함께, 법원은 보호처분 선고 시 직권으로 또는 피해자의 신청에 따라 피해자에게 금전 지급이나 배상을 명할 수 있다(피해자 배상명령, 「가정폭력처벌법」 제57조 제1항). 원래 손해배상은 별도의 민사소송으로 하여야 하겠지만, 소송 촉진과 신속한 피해자 구제를 위한 제도라고 할 수 있다.[3)]

(7) 가정폭력 피해자에 대한 지원 및 보호

가정폭력 피해자를 위한 지원으로는 긴급지원(생계지원), 교육지원, 의료지원, 주거지원 및 법률지원이 있다.

㉠ 긴급지원

가정폭력 피해자 또는 피해자와 생계 및 주거를 함께하는 가구구성원이 가정폭력으로 생계유지 등이 어렵게 된 경우에는 긴급지원대상자로서 긴급 지원을 받을 수 있다(「긴급복지지원법」 제2조 4호). 긴급지원대상자와 친족, 그 밖의 관계인은 구술 또는 서면 등으로 관할 시장·군수·구청장에게 긴급복지지원법에 따른 지원을 요청할 수 있다(「긴급복지지원법」 제7조 제1항). 긴급지원대

3) 배상명령제도란 법원이 형사사건 또는 가정보호사건 재판에서 유죄판결을 선고할 경우, 피해자의 신청이 있을 경우, 가해자에게 범행으로 인해 발생한 직접적인 물적 피해, 치료비, 위자료의 배상을 명령하는 제도이다. 형사공판 절차가 계속 중인 형사사건 또는 가정폭력범죄로 인한 보호처분 대상인 가정보호사건의 직접적인 피해자 또는 그 상속인은 배상명령을 신청할 수 있다. 배상명령 신청이 인정되면 가해자에게 손해배상 청구가 가능하여, 형사사건의 경우 범죄로 인한 직접적인 물적 피해, 치료비, 위자료를, 가정보호사건에서는 가정폭력범죄로 인한 직접적인 물적 피해, 치료비 및 부양료를 청구할 수 있다(법무부 홈페이지 http://www.moj.go.kr/cvs/2724/subview.do#:~:text=%EB%B2%95%EC%9B%90%EC%9D%B4%20%ED%98%95%EC%82%AC%EC%82%AC%EA%B1%B4%20%EB%98%90%EB%8A%94,%EC%9D%84%20%EB%AA%85%EB%A0%B9%ED%95%98%EB%8A%94%20%EC%A0%9C%EB%8F%84%EC%9E%85%EB%8B%88%EB%8B%A4.)

상자는 시장 · 군수 · 구청장으로부터 금전 또는 현물 등으로 생계지원 · 의료지원 · 주거지원 · 사회복지시설 이용지원 · 교육지원 및 그 밖의 지원을 받을 수 있다(「긴급복지지원법」 제9조).

긴급지원 기간은 1개월이며, 시장 · 군수 · 구청장이 긴급지원대상자의 위기상황이 계속된다고 판단되는 경우 1개월씩 두 번의 범위에서 기간 연장이 가능하다(「긴급복지지원법」 제10조 제1항 및 제2항).

ⓒ 교육지원

가정폭력 피해자나 피해자가 동반한 가정구성원(피해자의 보호나 양육을 받고 있는 사람을 말함)이 만 18세 미만의 아동인 경우, 주소지 외 지역의 초 · 중 · 고등학교에 입학 및 전학을 할 수 있다(「가정폭력방지법」 제4조의4, 「가정폭력방지법 시행령」 제1조의3).

피해자가 보호하고 있는 아동이나 피해자인 아동의 교육 또는 보육을 담당하는 학교의 교직원 또는 보육교직원은 정당한 사유가 없이 해당 아동의 취학, 진학, 전학 또는 입소의 사실을 가정폭력 행위자인 친권자를 포함하여 누구에게든지 누설하여서는 안 된다(「가정폭력처벌법」 제18조 제3항).

ⓒ 의료지원

의료기관은 가정폭력 피해자 본인 · 가족 · 친지나 긴급전화센터, 상담소 또는 보호시설의 장 등이 요청하면 피해자에 대하여 다음의 치료보호를 실시해야 한다(「가정폭력방지법」 제18조 제1항, 동법 시행령 제6조).

1. 보건에 관한 상담 및 지도,
2. 신체적 · 정신적 피해에 대한 치료,
3. 임산부의 심리적 안정을 위한 각종 치료프로그램의 실시 등 정신치료,
4. 임산부와 태아를 보호하기 위한 검사나 치료,

5. 가정폭력피해자 가정의 신생아에 대한 의료.

피해자는 치료보호에 필요한 일체의 비용(이미 납부한 의료비 포함)을 가정폭력 행위자의 주소지를 관할하는 특별자치시장 · 특별자치도지사 · 시장 · 군수 · 구청장에게 청구할 수 있다(「가정폭력방지법」 제18조 제3항 및 「가정폭력방지법 시행규칙」 제17조 제1항). 치료비용 청구는 −피해자 본인이 아닌− 의료기관에서 청구할 수도 있다. 피해자 본인 또는 대리인이 청구하는 경우에는 의료기관에 이미 지불한 의료비(진료비) 영수증(간이영수증은 불가)과 가정폭력 피해상담사실 확인서 등을 첨부하여 보호시설, 해바라기 센터 또는 특별자치도지사 · 시장 · 군수 · 구청장에 청구한다.[4] 청구를 받은 특별자치시장 · 특별자치도지사 · 시장 · 군수 · 구청장은 피해자가 가정폭력에 의한 피해자인지 여부를 확인하여 가정폭력 피해자라고 인정되는 경우에는 치료비용을 지급해야 한다(「가정폭력방지법 시행규칙」 제17조 제2항).

㉣ 주거지원

가정폭력 피해자는 가정폭력을 피하기 위해서 피해자 보호시설에서 임시로 머무를 수 있다(「가정폭력방지법」 제8조 참조). 이 보호시설에서 숙식제공, 상담과 치료, 법률지원, 취업정보제공 등의 지원을 받을 수 있다. 보호시설에 머무를 수 있는 기간은 보호시설의 종류에 따라 다르다(「가정폭력방지법」 제7조의2 및 「가정폭력방지법 시행규칙」 제7조). 원칙적으로 단기보호시설은 6개월 이내(최대 1년), 장기보호시설 · 외국인보호시설 · 장애인보호시설은 2년 이내이다.

4) 여성가족부(2022). 2022 여성 · 아동권익증진사업 운영지침, p. 469.

㉤ 법률지원

가정폭력 피해자(국내 거주 외국인 여성 포함)는 가정폭력과 관련된 민사·가사·형사사건에 대해 무료법률구조를[5] 신청할 수 있다(「법률구조법」 제7조 제2항 11호 및 「법률구조법 시행령」 제4조 제3항 6호). 무료법률구조를 받으려는 사람은 대한법률구조공단, 한국가정법률상담소, 대한변협 법률구조재단에 신청하면 된다. 가정폭력 피해자는 가정폭력 관련 민사·가사·형사사건 등에 대해 가정폭력 피해 상담 사실 확인서(가정폭력 상담소 또는 보호시설 등에서 발급), 진단서(가정폭력에 의한 상해임을 증명할 수 있는 2주 이상 진단서) 또는 고소장 사본 및 고소장 접수증 등과 같은 입증자료(1개 이상)를 구비해서 상담 및 법률 구조를 받을 수 있다.

㉥ 한부모가족지원

가정폭력으로 인해 배우자로부터 유기(遺棄)되었거나 배우자의 생사가 분명하지 않거나 배우자 또는 배우자 가족과의 불화 등으로 가출하게 된 모(母) 또는 부(父)로서 자녀[18세(취학 중인 경우에는 22세 미만을 말하되, 병역의무를 이행하고 취학 중인 경우에는 병역의무를 이행한 기간을 가산한 연령) 미만]를 양육하는 사람은 「한부모가족지원법」에 따라 지원을 받을 수 있다(「한부모가족지원법」 제4조, 제5조 및 「한부모가족지원법 시행규칙」 제2조).

지원대상자의 범위는 여성가족부장관이 매년 기준 중위소득, 지원대상자의 소득 수준 및 재산 정도 등을 고려하여 지원의 종류별로 정하는 기준에 해당하는 한부모가족으로 한다(「한부모가족지원법 시행규칙」 제3조). 지원대상자가 된

5) 법률구조란 경제적으로 어렵거나 법을 몰라서 법의 보호를 충분히 받지 못하는 사람에게 법률상담, 변호사 또는 공익법무관에 의한 소송대리 및 형사변호 등의 법률적 지원을 함으로써 정당한 권리를 적법한 절차에 의해 보호하고 국민의 기본적 인권을 옹호하는 사회복지제도를 말한다.

한부모가족은 생계비·아동교육지원비·아동양육비 등의 복지 급여를 받을 수 있다(「한부모가족지원법」 제12조 제1항). 지원대상자가 「국민기초생활 보장법」, 「긴급복지지원법」 등 다른 법령에 따라 지원을 받고 있는 경우에는 그 범위에서 「한부모가족지원법」에 따른 급여를 받을 수 없다. 다만, 아동양육비는 지급받을 수 있다(「한부모가족지원법」 제12조 제2항).

3) 스토킹 및 데이트폭력

(1) 스토킹행위와 스토킹범죄

스토킹에 대해서는 「스토킹범죄의 처벌 등에 관한 법률」(이하 「스토킹처벌법」)에서 주로 규제하고 있는데, 이 법에 따르면 "스토킹행위"란 상대방의 의사에 반하여 정당한 이유 없이 상대방 또는 그의 동거인이나 가족에 대해 다음의 어느 하나에 해당하는 행위를 함으로써 상대방에게 불안감 또는 공포심을 일으키는 것을 말한다(「스토킹처벌법」 제2조 1호).

① 접근하거나 따라다니거나 진로를 막아서는 행위,

② 주거·직장·학교, 그 밖에 일상적으로 생활하는 장소(이하 "주거등"이라 함) 또는 그 부근에서 기다리거나 지켜보는 행위,

③ 우편·전화·팩스 또는 정보통신망을 이용해서 물건이나 글·말·부호·음향·그림·영상·화상(이하 "물건등"이라 함)을 도달하게 하는 행위,[6)]

6) 만일 누군가 피해자의 의사에 반하여 정당한 이유 없이 피해자의 사진을 인터넷이나 SNS에 게시함으로써 불안감 또는 공포심을 일으키게 했더라도, "정보통신망을 이용해서 물건이나 글·그림·영상 등을 도달하게" 하지는 않았으므로, 이러한 행위를 스토킹행위라고 하기는 어렵다. 그러나 「스토킹범죄의 처벌 등에 관한 법률」에 따라 처벌되지 않을 뿐, 민사상 초상권 침해나 형사상 명예훼손 또는 모욕죄 등 다른 법률로는 처벌할 수 있다.

④ 직접 또는 제3자를 통해 물건등을 도달하게 하거나 주거등 또는 그 부근에 물건등을 두는 행위,

⑤ 주거등 또는 그 부근에 놓여있는 물건등을 훼손하는 행위.

한편 "스토킹범죄"란 지속적으로 또는 반복적으로 스토킹행위를 하는 것을 말한다(「스토킹처벌법」 제2조 2호). 예전에는 스토킹이 중범죄로 이어지지 않는 한, 「경범죄처벌법」상 "지속적 괴롭힘"으로 분류되어 10만 원 이하의 벌금이나 구류 또는 과료 등 가벼운 처벌을 받는 데 그쳤다. 그러나 2021년 「스토킹처벌법」 시행 이후, 처벌이 강화되어 3년 이하의 징역 또는 3천만 원 이하의 벌금에 처해지며, 흉기 또는 그 밖의 위험한 물건을 휴대하거나 이용해서 스토킹범죄를 저지르는 경우에는 5년 이하의 징역 또는 5천만 원 이하의 벌금에 처해지게 되었다(「스토킹처벌법」 제18조 제1항 및 제2항). 또한 법원은 스토킹범죄를 저지른 사람에 대해 재범 예방에 필요한 ① 수강명령, ② 스토킹 치료프로그램 이수명령 또는 ③ 보호관찰·사회봉사 중 하나 이상의 처분을 병과할 수 있다(「스토킹처벌법」 제19조 참조).

한편 「스토킹처벌법」 제정 당시에는 스토킹 피해자가 가해자에 대한 처벌을 원하지 않는 경우 그 의사에 반하여 스토킹 가해자에 대한 공소를 제기할 수 없도록 규정하고 있었다. 그러나 가해자가 합의를 빌미로 피해자를 찾아가 보복 범죄나 2차 가해를 벌이는 등의 문제가 지속해서 발생함에 따라 법개정을 통하여 현재는 이 같은 반의사불벌죄 조항을 삭제하였다. 따라서 이제는 피해자가 처벌을 원하지 않더라도 수사기관이 수사해 재판에 넘길 수 있다.

(2) 데이트폭력

데이트폭력이 우리 사회의 문제로 인식되고 있음에도 데이트폭력에 대한 법적 정의는 아직 없다. 관련 단체에서는 "데이트폭력"을 데이트 관계에서 발생하는 언어적·정서적·경제적·성적·신체적 폭력으로 말하고 있고, 헤어지

자는 연인의 요청을 거절하거나, 이별하더라도 집요하게 스토킹으로 이어지는 것 등을 데이트폭력으로 보고 있다.[7] 데이트폭력 역시 앞서 살펴본 가정폭력과 유사하게, 통제, 언어 · 정서 · 경제적 폭력, 신체적 폭력, 성적 폭력 등으로 유형화할 수 있을 것이다.

(3) 상담 지원

스토킹이나 데이트폭력으로 인해 어려움을 겪고 있다면 국가 또는 지방자치단체가 설치 · 운영하고 있는 상담소로 도움을 요청할 수 있다(「가정폭력방지법」 제5조 제1항, 「성폭력방지 및 피해자보호 등에 관한 법률」 제10조 제1항 및 「범죄피해자 보호법」 제7조 제1항).

특히 성폭력 피해에 대응하기 위한 시설로서 해바라기센터가 있다. 해바라기센터는 성폭력 피해상담 · 치료 · 수사 지원 및 그 밖에 피해구제를 위한 지원업무를 종합적으로 수행하기 위한 성폭력 피해자통합지원센터로서, ① 국가나 지방자치단체가 설치 · 운영하는 여성정책 관련 기관, ② 종합병원, ③ 지방의료원 또는 ④ 그 밖에 성폭력방지 및 피해자 보호를 주된 업무로 하는 비영리법인 또는 단체에 설치 · 운영하고 있다(「성폭력방지 및 피해자보호 등에 관한 법률」 제18조 제1항 및 제2항, 「성폭력방지 및 피해자보호 등에 관한 법률 시행령」 제6조). 현재 전국 39개 센터가 기능에 따라 통합형 · 위기지원형 · 아동형으로 구분되어 운영 중이며, 365일 24시간 상담 및 신고를 할 수 있다.[8]

(4) 기타 지원 및 보호

스토킹이나 데이트폭력 피해자에 대해서는 법률지원, 의료지원 및 보호시

7) 한국여성인권진흥원 홈페이지(https://www.stop.or.kr/modedg/contentsView.do?ucont_id=CTX000065&srch_menu_nix=zYCE5436&srch_mu_site=CDIDX00005).
8) 여성가족부(2022). 2022년 해바라기센터 사업안내, pp. 6-7.

설지원이 있다.

첫째, 국가와 지방자치단체는 성폭력·가정폭력·스토킹 및 데이트폭력 피해자에게 무료로 법률지원을 하고 있다(「가정폭력방지 및 피해자보호 등에 관한 법률」 제4조 제1항 제5호, 「성폭력방지 및 피해자보호 등에 관한 법률」 제7조의2, 「범죄피해자 보호법」 제7조 제1항).[9)]

둘째, 스토킹이나 데이트폭력 피해자에 대해서도 신체적·정신적 치료, 피해자의 후유증 최소화 등 피해자에 대한 보호·지원을 위해 의료비를 지원하고 있다(「가정폭력방지법」 제18조, 「성폭력방지 및 피해자보호 등에 관한 법률」 제28조, 「범죄피해자 보호법」 제7조 제1항).[10)]

셋째, 국가·지방자치단체 또는 특별시장·광역시장·특별자치시장·도지사·특별자치도지사 또는 시장·군수·구청장의 인가를 받은 사회복지법인이나 그 밖의 비영리법인은 성폭력 보호시설과 가정폭력 보호시설을 설치·운영할 수 있다(「성폭력방지 및 피해자보호 등에 관한 법률」 제12조 및 제16조, 「가정폭력방지법」 제7조 및 제7조의2, 「범죄피해자 보호법」 제7조 제2항 및 제4항).[11)]

이 외에도 성폭력이 수반된 스토킹·데이트폭력 피해자인 경우에는 임대주택우선공급(「공공주택 특별법 시행규칙」 별표 4),[12)] 비밀전학(「성폭력방지 및 피해자보호 등에 관한 법률」 제7조 제1항)[13)] 및 돌봄지원을[14)] 하고 있다. 또한 가정폭력이 수반된 스토킹 피해자인 경우에도 임대주택우선공급(「가정폭력방지법」 제8조의5, 「가정폭력방지법 시행령」 제4조의2 제1항, 「공공주택 특별법 시행규칙」 별

9) 자세한 내용은 여성가족부(2022). 2022년 여성·아동권익증진사업 운영지침, p. 197, 201, 500.
10) 자세한 내용은 여성가족부(2022). 2022년 여성·아동권익증진사업 운영지침, pp. 500-501.
11) 자세한 내용은 여성가족부(2022). 2022년 여성·아동권익증진사업 운영지침, pp. 109-110, 396.
12) 자세한 내용은 여성가족부(2022). 2022년 여성·아동권익증진사업 운영지침, pp. 111-113.
13) 자세한 내용은 여성가족부(2022). 2022년 여성·아동권익증진사업 운영지침, p. 99.
14) 자세한 내용은 여성가족부(2022). 2022년 여성·아동권익증진사업 운영지침, pp. 181-186.

표 4),[15] 자립지원(「가정폭력방지법」 제7조의5 제1항 4호,「가정폭력방지법 시행규칙」 제8조 제2항),[16] 비밀전학(「가정폭력방지법」 제4조의4,「가정폭력방지법 시행령」 제1조의3)[17]을 지원하고 있다.

3. 가정폭력 상담의 기본

1) 가정폭력 피해자가 상담을 요청했을 때

만약 상담자가 가정폭력 피해상담을 받았거나 상담 중 내담자가 가정폭력 피해를 받고 있다고 생각되는 상황이 나타나면, 먼저 지원센터나 변호사에게 상담하도록 조언하는 것이 좋다. 많은 가정폭력 피해자들은 '언젠가 남편이 다시 정신 차리지 않을까. 그때까지 참아 보는 편이 좋지 않을까'라는 생각을 가진다. 또한 만일 '내가 어디론가 피해도 금세 남편에게 들켜 끌려가서 심한 폭력을 당하지 않을까'라는 공포심을 가질 수도 있다. 또한 '과연 아이를 데리고 남편과 떨어져 생활할 수 있을까' '다시 누구와 결혼할 수 있을까' '이혼할 수 있다고 해도 내가 아이의 친권자가 될 수 있을까' 등의 여러 가지 걱정과 불안에 시달려 좀처럼 결론을 내리지 못한다. 이혼 조정 중에도 도중에 이를 취하하고 가정폭력 남편에게 돌아가는 사례도 있다.

지원센터는 지금까지 설명한 대로 법률에 따라 다양한 형태로 피해자를 지

15) 자세한 내용은 여성가족부(2022). 2022년 여성·아동권익증진사업 운영지침, pp. 419-422.

16) 보호시설 입소자나 그룹홈 입주자는 자립·자활을 위해 국·공립 직업훈련기관, 민간 직업훈련기관, 사설학원, 평생교육시설 등에서 실시하는 실질적 취업 및 창업이 가능한 직업교육 및 진학교육비를 지원받을 수 있다. 자세한 내용은 여성가족부(2022). 2022년 여성·아동권익증진사업 운영지침, p. 415.

17) 자세한 내용은 여성가족부(2022). 2022년 여성·아동권익증진사업 운영지침, pp. 422-424.

원하고 있다. 또한 변호사는 이혼, 양육권, 별거 중의 생활비 청구 등 다양한 법률문제에 대해 조언을 해 줄 수 있다. 비용이 부담된다면, 대한법률구조공단 등을 이용하는 방법도 있다.

2) 가정폭력 피해자의 신체와 심리의 안전 확보

남편의 폭력으로 인한 굴욕감과 무력감에 시달리는 아내는 오랜 세월 동안 가정폭력을 동반한 부부관계에 빠져 있다. 아내가 남편에게서 벗어나 도움을 청하는 계기가 되는 것은 자신이 폭력에서 벗어나기 위해서라기보다는 자식이 폭력을 당하거나 위험에 처할 때 이혼하기로 결심하는 경우가 많다. 그런데 가정폭력문제 해결에 있어서 가장 위험한 시기는 가정폭력 피해자가 가정폭력 행위자에게서 멀어지기로 결심했을 즈음, 가정폭력 행위자의 폭력이 매우 과격해지는 때이다. 때로는 이 시기에 아내가 가정폭력에 의해 살해되거나 아이들이 해를 입을 수도 있다.

따라서 가정폭력의 문제 해결에 있어서 가장 중요한 것은 가정폭력 피해자의 신체 안전을 확보하는 것이다. 이때 가정폭력 행위자가 가정폭력 피해자에게 접근하는 것을 막기 위해서는 통상적인 상담기관의 활동이나 임상적 관여만으로는 부족하다. 여기서 강제력과 처벌을 배경으로 하는 보호처분(「가정폭력처벌법」 제40조)에 의한 법적 개입이 중요하다. 보호처분은 가정폭력 행위자에게 피해자로부터 떠나라는 법원의 결정이다. 법원은 행위자에게 최대 6개월간 피해자에 대한 접근을 제한할 수 있다. 이메일이나 전화, 문자 등 전기통신의 방법을 통한 접근도 제한할 수 있다.

더욱 중요한 것은 이러한 신체에 대한 안전을 확보함과 동시에, 임상적 관여를 통한 심리적 안정도 확보하는 것이다. 여기서 심리적 안정이란 가정폭력 피해자가 가정폭력 행위자의 접근에 대한 두려움이나 불안감을 솔직하게 나타낼 수 있는 협조자(심리상담사)가 있어 그 두려움이나 불안을 확실히 받아들이

는 것이라고 할 수 있다. 이러한 신체의 안전과 마음의 안정을 확립하는 것이 가정폭력 해결을 위한 첫걸음이라고 할 것이다.

3) 가정폭력에서 가해와 피해 관계의 명확화

가정폭력의 특징 중 하나는 가정폭력 행위자에 의한 과격한 폭력 등의 행위로 가정폭력 피해자가 받는 피해가 심각한데도 불구하고, 가정폭력 행위자의 가해 의식과 가정폭력 피해자의 피해 의식이 왜곡되어 있다는 것이다. 이러한 의식 구조는 가정폭력의 해결을 어렵게 한다. 예를 들면, 가정폭력 행위자인 남편의 의식에는 '아내에 대한 나의 요구는 정당하다. 이를 따르지 않는 아내가 문제이기 때문에 내가 폭력을 행사한 것이다. 그런데도 내가 책망받는 것은 부당하다. 나는 피해자다.'라고 하는 잘못된 '피해자 의식'이 있다.

한편 가정폭력 피해자인 아내의 의식에는 '남편의 요구를 거스르는 나에게 잘못이 있다. 내가 나쁘다. 나 때문에 모든 문제가 일어났다. 나는 가해자다.'라는 잘못된 '가해자 의식'이 있다. 즉, 가정폭력 가해자에게 피해자 의식이, 가정폭력 피해자에게 가해자 의식이라고 하는 '가해-피해' 관계에 대한 의식의 뒤바뀜이 일어나는 것이다.

따라서 가정폭력 피해자에게는 가정폭력 가해자에게 폭력을 당하는 것은 이유 여하를 막론하고 피해임을 인식시키는 것, 즉 가정폭력 피해자에게는 자신이 '피해자'라는 것을 이해시키는 것이 중요하다. 가정폭력 피해자가 자신이 피해자라는 것을 자각한다는 것은 가정폭력 가해자가 자신이 가해자임을 확인시키는 데에 중요한 기능을 한다. 하지만 가해-피해 의식이 뒤바뀐 상황에서는 그로 인해 심각한 피해를 받고 있는 가정폭력 피해자에게 자신이 피해자임을 자각시키는 데에 임상적으로 오랜 시간이 소요된다.

법원의 보호처분 결정에서는 바로 그러한 가해행위의 유무와 그 정도가 문제가 되고 초점이 된다. 그 심리 과정에서 가정폭력 피해자는 지금까지 자신을 향한 폭력행위의 의미를 알게 되고 자신을 피해자로 인식한다. 그런데 이때 유의해야 할 것은 이 법적 절차가 상당히 직설적이고 짧은 시간에 이루어지기 때문에 가정폭력 피해자들에게 자기 인식의 혼란을 초래할 수 있다는 점이다. 이 경우 심리상담사는 가정폭력 피해자들을 충분히 지지해야 한다.

4) 법적 절차에서 자기결정을 지지

가정폭력의 보호처분은 신청부터 결정까지 비공개이지만, 재판상 이혼은 원칙적으로 공개 법정에서 이루어진다. 그 법적 절차를 위해 가정폭력 피해자는 가정폭력 가해자의 폭력 등 가해행위를 증명하기 위한 준비를 해야 한다. 가정폭력으로 인해 우울증이나 PTSD 증상을 보이는 가정폭력 피해자들이 과거의 폭행당한 경험을 상기하고 이를 서면에 적는 일은 매우 고통스러운 일일 것이다.

이러한 법적 절차에 수반되는 가정폭력 피해자의 불안, 공포, 스트레스 등의 심적 부담을 상담자가 지지해 줌으로써, 가정폭력 피해자는 과거의 자기와 결별하고 새로운 자기를 선택해 가는 자기결정을 할 수 있는 것이다. 이러한 법적 접근과 임상적 접근의 결합을 통해, 가정폭력 피해자는 지나간 가혹한 경험을 서서히 대상화하고, 가정폭력 피해자였던 자신을 객체화해 나가며, 더 이상 가정폭력 피해자가 아닌 삶의 주체성을 확립해 나갈 것이다.

한편 가정폭력과 관련된 보호처분 결정이 나거나 이혼 판결이 내려지는 것은 가정폭력 가해자에게 가정폭력 행위에 대한 책임이 있다는 것을 인정하는 것이나 다름없다. 이러한 가정폭력 가해자에게는 가정폭력의 책임을 지우면서 더 이상 폭력을 행사하지 않는 삶의 방식을 선택하도록 도울 수 있는 가해자 임상이 필요하다.

정리

이 장에서는 가정폭력에 대해 주로 살펴봄과 동시에, 데이트폭력에 대해서도 언급했다. 우리 사회는 가정폭력과 데이트폭력을 사회문제로 인식하기보다는 남녀 간에 자기들이 알아서 해결해야 할 사생활 문제로 여기는 의식이 강했다. 그러나 가정폭력과 데이트폭력은 명백한 범죄행위라는 점을 설명했다. 아울러 법에 규정된 가정폭력과 데이트폭력의 피해자 구제 제도에 대해서도 알아보았다. 또한 상담 시 가해자와 피해자가 가지고 있는 잘못된 피해의식과 가해의식이 불러오는 폐해와 이를 둘러싼 상담자의 대응에 관해서 다루었다.

제 7 장 이혼

1. 이혼 문제의 기본

1) 이혼의 이해

혼인이 적령에 이른 남녀의 합의로 성립하는 것과 같이, 이혼도 쌍방의 충분한 협의를 거쳐 합의로 혼인을 해소하는 것이라면, 적어도 법적으로 문제가 되지는 않을 것이다. 이혼하는 방법에는 크게 협의이혼과 재판상 이혼의 두 가지가 있다. 부부가 이혼하기로 합의한 때에는 협의이혼을 할 수 있으며, 합의가 이루어지지 않은 때에는 당사자 일방의 청구에 따라 법원의 재판으로 이혼하는 재판상 이혼을 할 수 있다. 이러한 이혼에 직면한 부부들은 상대방에 대해 혐오감과 증오심을 느끼고 충분한 대화를 나누지 않으며 상대방과 헤어지는 것만을 우선시하기 때문에, 이혼한 이후에 친권이나 양육비 문제 등 다양한 문제가 생기기 쉽다. 이혼에 따른 물건이나 돈 등에 관한 것은 이혼 후 결정할 수도 있고, 분쟁이 되어 해결되지 않으면 최종적으로는 법적 판단으로 해결할 수도 있다. 그러나 미성년 자녀가 있는 경우에는 이혼신고 시 어느 부모가 자녀의 친권자가 될 것인지를 결정해야 한다. 자녀의 친권자가 정해지지 않으면 부부관계는 완전히 깨져 있어도 이혼을 할 수 없다. 그 때문에, 빨리 이혼하고 싶은 마음으로 상대방이 시키는 대로 친권을 넘겨 준 당사자(대부분 어머니 쪽)가 이혼 후에 친권자 변경을 청구하기도 한다.

그때 당사자의 기분은 다음과 같은 경우가 많다. "이혼으로 남편과 다툼을 벌였을 때는 한시라도 빨리 남편과 헤어지고 싶다는 생각밖에 할 수 없었다. 그래서 남편이 내민 협의이혼신고 내용을 잘 읽지도 않고 사인해 버렸다. 그 내용은 남편이 아이의 친권자가 된다는 것이었지만 그 당시에는 친권의 의미를 몰랐다. 일단 아이를 상대방에게 맡겨 놓고 이혼을 한 다음에 침착하게 아이를 찾아오겠다고 생각했다." 그러나 물건이나 돈과는 달리, 아이를 나눌 수는 없으므로 아이를 둘러싼 다툼은 실력 행사에 미치는 등 격렬한 분쟁이 되고, 그러한 다툼 사이에서 아이의 마음에는 깊은 상처가 생긴다. 그러므로 가능하면 이혼에 따른 분쟁을 미리 방지하는 대책을 마련해야 할 것이다. 그러나 만일 분쟁이 발생했다면 자녀에게 악영향을 미치지 않도록 '적절하게 다투기'가 필요하다.

이를 위해서는 이혼에 직면한 당사자에 대한 지원, 특히 이혼 분쟁으로 대립하는 쌍방 당사자에 대한 조정적 개입이 필요하게 된다. 이혼 위기에 처한 남편에 대한 지원의 기본은 당사자가 협의이혼 서류를 성급하게 제출하기 전에, 이혼 후 생활에 필요한 서로의 의복과 가재도구, 재산을 나누는 방법 등을 충분히 논의하는 것이다. 또한 미성년 자녀가 있는 경우 이혼에 따른 친권자 결정, 면접교섭, 양육비 분담 등에서 기본적인 법 지식과 임상적 지원이 필요할 것이다.

2) 이혼 시 법적 문제

법률에서는 결혼을 혼인이라고 부른다. 혼인은 「가족관계의 등록 등에 관한 법률」에 의하여 혼인신고를 함으로써 그 효력이 생긴다(「민법」 제812조 제1항). 혼인신고를 하지 않았다면 그 결혼은 법률상 혼인으로 인정받지 못하며 그 두 사람은 법적으로 부부가 아니다. 반면에, 결혼식을 올리지 않아도 혼인신고를 하고 접수하면 법률상 부부가 된다. 결혼식을 올리고 그 후 수십 년 동안 부부로 함께 생활했더라도 혼인은 성립되지 않았으므로 법률상 부부가 아니다. 그러나 이러한 부부나 다름없는 커플은 사실혼이라고 불리며, 재산 관계 등에서는 가능한 한 법적 부부와 동일하게 취급한다.

그렇다면 이혼하기 위해서는 어떤 절차를 밟아야 하는가? 부부 중 한 사람이 이혼을 원하고 다른 사람이 이혼을 원하지 않을 때도 이혼할 수 있을까? 또 이혼으로 인해 신분 관계나 재산 관계에 어떤 영향이 있을까? 특히 미성년 자녀가 있는 경우 부부 중 어느 쪽이 친권자로서 자녀를 양육하게 될 것인가? 그리고 친권자가 아닌 부모와 자녀의 만남이나 양육비 지급은 어떻게 될 것인가? 이러한 문제들은 때때로 심각한 다툼을 일으키기도 한다. 재산 관계에서는 재산 분할과 위자료가 문제된다. 상담자들이 이에 관한 기본적인 법적 사항을 이해하고 있다면 당사자 지원에 도움이 될 것이다.

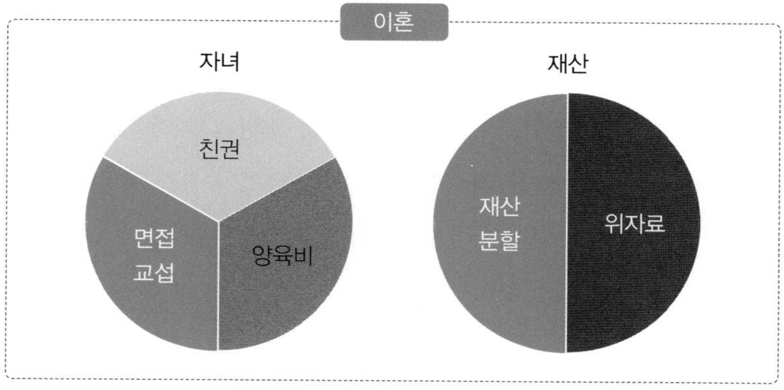

[그림 7-1] 이혼과 관련한 법적 문제

3) 별거 중의 법적 문제

이혼 전 별거 기간에 발생하기 쉬운 법적 문제에는 어떤 것들이 있을까? 혼인 중 미성년 자녀의 친권은 부모에게 있다(「민법」 제909조 제2항). 이를 부부 공동친권이라고 한다. 그래서 실제로 자녀를 어느 쪽이 양육하고 있는지에 관계없이 별거 중에도 부모가 친권자이다. 그런데 별거로 인해 자녀와 떨어져서 사는 부모가 별거 기간 중에 자녀를 면회하는 경우의 법률문제는 이혼 후의 경우와 공통되는 점이 많다. 이에 대해서는 후술한다. 또한 별거 중의 재산 관계에서 문제가 되는 것은 생활비이다. 혼인 중 부부와 자녀의 의식주 등 생활에 필요한 비용을 법률용어로 생활비용이라고 한다(「민법」 제833조). 공동생활을 하는 부부는 쌍방의 수입과 저축 등을 고려하여 생활비용을 분담하겠지만, 별거 시에는 수입이 많은 사람이 적은 사람에게 매월 일정액의 생활비용을 주어야 한다. 부부관계의 정리가 완료되지 않았다면 서로를 부양하고 책임져야 하는 의무가 아직 있기 때문이다(「민법」 제826조 제1항).

별거 중인 경우, 이혼이 성립하거나 다시 함께 살 때까지 예를 들어 남편은 아내에게 생활비용을 주어야 한다. 만일 아내가 자녀를 양육하고 있다면 남편은 자녀들의 생활비용까지 주어야 한다. 그 금액에 관해서 부부간의 협의를 통해 결정할 수 있다면 좋겠지만, 합의가 안 되는 때에는 부양료 사전처분 신청을 하여 이혼소송에 대한 판결이 나올 때까지는 부양료를 받을 수 있다(부양료 청구). 상담자는 이러한 법률 내용을 근거로 하면서 당사자의 기분과 상태를 이해하고 대응할 필요가 있다.

2. 이혼의 종류와 절차

이혼하는 방법에는 크게 협의이혼과 재판상 이혼의 두 가지가 있다. 부부가 이혼에 합의했다면 협의이혼을 할 수 있으며, 합의가 이루어지지 않는 경우라면 당사자 일방이 청구해서 법원의 재판으로 이혼하는 재판상 이혼을 할 수 있다.

1) 협의이혼

(1) 협의이혼의 요건과 절차

협의이혼이란 부부가 서로 합의해서 이혼하는 것을 말한다. 협의이혼은 부부가 이혼과 자녀의 친권·양육 등에 관해 합의해서 법원으로부터 이혼의사확인을 받아 행정관청에 이혼신고를 하는 방식이다. 협의이혼을 하려면 실질적 요건과 형식적 요건을 갖추어야 한다.

먼저, 실질적 요건은 다음과 같다.

① 진정한 이혼의사의 합치가 있어야 한다. 이때 이혼 사유는 무엇이든 상관없다. 이혼의사는 가정법원에 이혼의사확인을 신청할 때는 물론이고 이혼신고서가 수리될 때도 계속 존재해야 한다. 그렇지 않으면 이혼이 성립되지 않는다.

② 이혼하려는 당사자는 의사능력이 있어야 한다. 의사능력이란 자기가 하는 행위의 의미나 결과를 정상적인 인식력과 예기력을 바탕으로 합리적으로 판단하고 자기 의사를 결정할 수 있는 정신적 능력을 말한다. 피성년후견인도 의사능력이 있으면 부모나 후견인의 동의를 받아 이혼할 수 있다(「민법」 제808조 제2항 및 제835조). 피성년후견인이란 질병·장애·노령·그 밖의 사유로 인한 정신적 제약으로 사무를 처리할 능력이 지속적으로 결여된 사람으로서 일정한 자의 청구에 따라서 가정법원으로부터 성년후견개시의 심판을 받은 자를 말한다(「민법」 제9조 참조). 미성년자가 혼인할 경우는 부모 또는 후견인의 동의가 있어야 하지만, 혼인하면 성년으로 간주하므로(「민법」 제826조의2) 이혼할 때는 부모 등의 동의 없이

자유롭게 할 수 있다.

③ 이혼에 관해 가정법원의 안내를 받아야 한다. 협의이혼의사확인을 신청한 부부는 가정법원이 제공하는 이혼에 관한 안내를 받아야 하고, 가정법원은 필요한 경우 당사자에게 상담에 관한 전문적인 지식과 경험을 갖춘 전문상담인의 상담을 받을 것을 권고할 수 있다(「민법」 제836조의2 제1항).

④ 이혼숙려기간이 경과 후 이혼의사확인을 받아야 한다. 법원으로부터 이혼에 관한 안내를 받은 부부는 안내받은 날부터 이혼숙려기간이 지난 후에 이혼의사를 확인받을 수 있다(「민법」 제836조의2 제2항). 이혼숙려기간은 양육해야 할 자녀(임신 중인 자녀를 포함)가 있는 경우는 3개월이고, 양육해야 할 자녀가 없는 경우는 1개월이다. 다만, 폭력으로 인해 부부 일방에게 참을 수 없는 고통이 예상되는 등 이혼을 해야 할 급박한 사정이 있는 경우에는 위의 기간이 단축되거나 면제될 수 있다(「민법」 제836조의2 제3항).

⑤ 자녀의 친권과 양육에 관한 합의서 등을 제출해야 한다. 협의이혼을 하려는 부부는 가정법원에 이혼의사확인을 신청할 때 양육자의 결정, 양육비용의 부담, 면접교섭권의 행사 여부 등이 기재된 양육사항과 친권자 지정에 관한 합의서를 제출해야 한다. 부부가 이러한 사항에 관해 합의하지 못한 경우에는 법원에 그 결정을 청구하여 심판을 받은 다음, 그 심판정본을 제출해야 한다(「민법」 제836조의2 제4항 및 제837조 제1항 · 제2항 · 제4항).

협의이혼을 하려면 이상의 실질적 요건을 갖추는 것 이외에, 형식적 요건인 이혼신고를 해야 한다. 실질적 요건을 갖추었더라도 이혼신고를 하지 않으면 협의이혼이 성립하지 않기 때문이다(「민법」 제836조 제1항). 이혼신고는 부부 중 어느 한쪽이 가정법원으로부터 확인서 등본을 교부 또는 송달받은 날부터 3개월 이내에 그 등본을 첨부해서 등록기준지 또는 주소지를 관할 시청 · 구청 · 읍사무소 또는 면사무소에 신고해야 한다. 이 기간이 지나면 가정법원의 확인은 효력을 잃는다(「가족관계의 등록 등에 관한 법률」 제75조 및 「가족관계의 등록 등에 관한 규칙」 제79조).

(2) 협의이혼에서 자녀 문제

우리나라의 「민법」은 자녀의 복리를 우선시하기 위해, 협의이혼을 할 때 자녀의 양육사항 및 친권자에 관해 정하지 않은 상태에서는 협의이혼을 할 수 없도록 규정하고 있다. 즉, 양육해야 할 자녀(이혼숙려기간 이내에 성년이 되는 자녀는 제외)가 있는 경우에는 협의이혼의사확인을 신청할 때 또는 이혼의사확인 기일까지 그 자녀의 친권과 양육에 관한 협의서 또는 가정법원의 심판정본을 제출해야 한다(「민법」 제836조의2 제4항). 협의이혼하려는 부부가 양육비용의 부담에 대해 합의한 경우, 가정법원은 그 내용을 확인하는 양육비부담조서를 작성하여야 한다. 이는 이혼 시 양육비를 효율적으로 확보하기 위한 것으로, 이때의 양육비부담조서는 채무명의로서의 효력을 갖는다(「민법」 제836조의2 제5항, 「가사소송법」 제41조). 채무명의란 일정한 사법상 이행의무의 존재를 증명하고 법률이 강제집행에 의하여 실현할 수 있는 집행력을 인정한 공정증서를 말한다. 즉, 채권자에게 강제집행을 신청할 수 있는 권한을 부여한 증서이다. 자녀의 친권과 양육에 관해 부부간 합의가 이루어지지 않으면 가정법원이 직권으로 이를 결정할 수도 있다(「민법」 제837조 제4항 및 제909조 제4항).

(3) 협의이혼에서 재산 문제

우선, 이혼으로 인해 부부 공동생활이 해소되는 경우 혼인 중 부부가 공동으로 형성한 재산에 대한 분할을 청구할 수 있다(재산분할 청구, 「민법」 제839조의2). 협의이혼을 할 때 부부간 재산 문제 합의 여부는 법원의 확인사항이 아니므로 협의이혼 시 재산분할에 관해 합의되지 않더라도 이혼하는 것이 가능하며, 이혼 후 법원에 재산분할 청구 심판을 청구해서 재산분할 문제를 다툴 수도 있다(「가사소송법」 제2조 제1항 제2호 나목 4). 만일 이혼 시 재산분할 외에도 위자료, 자녀양육 등에 관해 합의되지 않은 사항이 있다면 이를 함께 청구하면(「가사소송법」 제14조 제1항) 시간과 비용을 줄일 수 있을 것이다. 이 재산분할 청구권은 이혼한 날로부터 2년이 지나면 소멸한다(「민법」 제839조의2 제3항).

다음으로, 배우자의 책임 있는 사유로 이혼하게 된 경우에 그로 인해 입은 정신적 고통에 대한 배상을 상대 배우자에게 청구할 수 있다(위자료 청구, 「민법」 제806조 및 제843조). 앞에서 설명한 바와 같이, 협의이혼을 할 때 부부간의 재산문제 합의 여부는 법원의 확인사항이 아니므로 협의이혼 시 위자료에 관해 합의되지 않더라도 이혼하는 것이 가능하며, 이혼 후 법원에 위자료 청구소송을 제기해서 위자료 문제를 다툴 수 있다. 이 위자료 청구권은 그 손해 또는 가해자를 안 날로부터(통상 이혼한 때부터) 3년 이내에 이를 행사하지 않으면 시효로 인해 소멸한다(「민법」 제766조 제1항).

2) 재판상 이혼

(1) 재판상 이혼의 요건과 절차

재판상 이혼은 이혼소송을 하기 전에 원칙적으로 조정절차를 거쳐야 한다는 조정전치주의(調停前置主義)에 따라, 가정법원에 조정신청을 하여 그 조정절차에서 당사자 사이에 이혼의 합의가 이루어져서 이혼하는 경우(조정에 의한 이혼) 및 조정이 성립되지 않는 등의 사유로 인해 소송절차로 가서 법원의 판결을 통해 이혼하는 경우(재판에 의한 이혼)로 나뉜다.

먼저 조정에 의한 이혼에 대해 살펴보자. 재판상 이혼을 하려면 이혼소송을 제기하기 전에 먼저 가정법원에 조정을 신청해야 한다. 조정신청 없이 이혼소송을 제기했다면 가정법원이 그 사건을 직권으로 조정에 회부한다. 다만, 예외적으로 조정절차를 거치지 않고 바로 소송절차가 진행되는 경우가 있다(「가사소송법」 제2조 제1항 제1호 나목 4 및 제50조).[1)]

이혼 조정 신청은 가정법원에 필요한 서류를 갖추어 조정신청서를 제출하면 된다(「가사소송법」 제22조 및 제51조). 그러면 가정법원은 사실조사를 한다. 가정마다 생활사정, 혼인생활, 이혼에 이르게 된 경위 등에 차이가 있으므로, 조정 시에 이러한 개별적·구체적 사정이 고려될 필요가 있기 때문이다. 이를 위해서 가사조사관이 가사조정 전에, 사실에 대한 조사를 한다(「가사소송법」 제6조 및 제56조). 사실조사를 위해 필요한 경우에는 경찰 등 행정기관과 그 밖에 상당하다고 인정되는 단체 또는 개인(예를 들어, 은행, 학교 등)을 대상으로 조정 당사자의 예금, 재산, 수입, 교육관계 및 그 밖의 사항에 관한 사실을 조사할 수 있다(「가사소송법」 제8조 및 「가사소송규칙」 제3조).

그 후 조정기일이 정해지면 조정당사자 또는 법정대리인이 법원에 출석해서 진술하고 조정당사자의 합의에 기초해서 조정을 한다(「가사소송법」 제7조). 만일 조정기일에 조정신청인이 출석하지 않으면 다시 기일을 정하는데, 그 새로운 기일 또는 그 후의 기일에도 조정신청인이 출석하지 않으면 조정신청은 취하된 것으로 보며(「가사소송법」 제49조 및 「민사조정법」 제31조), 조정상대방이 조정기일에 출석하지 않으면 조정위원회 또는 조정담당판사가 직권으로 조정에 갈음하는 결정, 즉 강제조정결정을 한다(「가사소송법」 제49조, 「민사조정법」 제30조 및 제32조).

조정절차에서 당사자 사이에 이혼의 합의가 이루어지면, 그 합의된 사항을 조정조서에 기재함으로써 조정이 성립된다(「가사소송법」 제59조 제1항). 이 조정은 재판상 화해와 동일한 효력이 생기고(「가사소송법」 제59조 제2항 본문) 혼인은 해소된다. 만일 ① 조정상대방이 조정기일에 출석하지 않거나, ② 당사자 사이에 합의가 이루어지지 않거나, ③ 조정당사자 사이의 합의 내용이 적절하지 않다고 인정되는 사건에 관해서 조정위원회 또는 조정담당판사가 직권으로 조정에 갈음하는 결정 또는 화해권고결정을 할 수 있다(「가사소송법」 제12조,

1) 공시송달에 의하지 않고는 부부 일방 또는 쌍방을 소환할 수 없는 경우와 이혼사건이 조정에 회부되더라도 조정이 성립될 수 없다고 인정되는 경우가 이에 해당한다.

제49조, 「민사조정법」 제30조, 제32조 및 「민사소송법」 제225조 제1항). 이 강제조정결정 등에 대해서 당사자가 그 송달 후 ① 2주 이내에 이의신청을 하지 않거나, ② 이의신청이 취하되거나, ③ 이의신청의 각하결정이 확정된 경우는 재판상 화해, 즉 확정판결과 동일한 효력이 생긴다(「가사소송법」 제49조, 제59조 제2항, 「민사조정법」 제34조 및 「민사소송법」 제231조).

그리고 조정이 성립되면 조정신청인은 조정성립일부터 1개월 이내에 이혼신고서에 조정조서의 등본 및 확정증명서를 첨부해서 등록기준지 또는 주소지 관할 시청 · 구청 · 읍사무소 또는 면사무소에 이혼신고를 해야 한다(「가족관계의 등록 등에 관한 법률」 제58조 및 제78조).

다음으로 재판에 의한 이혼에 대해 살펴보기로 한다. 조정절차에서 소송절차로 이행되는 경우 ① 조정을 하지 않기로 하는 결정이 있거나, ② 조정이 성립되지 않은 것으로 종결되거나, ③ 조정에 갈음하는 결정 등에 대해 2주 이내에 이의신청이 제기되어 그 결정의 효력이 상실한 경우는 조정신청을 한 때에 소송이 제기된 것으로 보아, 조정절차가 종결되고 소송절차로 이행된다(「가사소송법」 제49조 및 「민사조정법」 제36조 제1항). 소송절차가 개시되어 변론기일이 정해지면 소송당사자 또는 법정대리인이 출석해서 소송제기자(원고)와 소송상대방(피고) 각자의 주장 및 증거관계를 진술하고, 법원의 사실조사 · 증거조사 및 신문(訊問) 후 판결을 선고받는다(「가사소송법」 제7조, 제17조 및 「민사소송법」 제287조 제1항).

이혼소송의 판결은 선고로 그 효력이 발생한다(「가사소송법」 제12조 및 「민사소송법」 제205조). 이혼 청구를 인용(認容)한 확정판결(원고승소판결)은 제3자에게도 효력이 있다(「가사소송법」 제21조 제1항). 즉, 원고와 피고 이외의 다른 사람들에게 법원 판결의 효력이 미친다는 의미이다.

소송에서 진 자는 판결에 대해 불복이 있으면 판결정본 송달 전 또는 판결정본이 송달된 날부터 14일 이내에 항소 또는 상고할 수 있다(「가사소송법」 제19조 제1항 및 제20조). 그렇지 않고 이혼판결이 확정되면, 부부 중 어느 한쪽이 재판의 확정일부터 1개월 이내에 이혼신고서에 재판서의 등본 및 확정증명서를 첨부해서 등록기준지 또는 주소지 관할 시청·구청·읍사무소 또는 면사무소에 이혼신고를 해야 한다(「가족관계의 등록 등에 관한 법률」 제58조 및 제78조).

(2) 재판상 이혼과 친권·양육권, 면접교섭권

재판상 이혼 시 자녀를 둘러싸고 친권·양육권, 면접교섭권 등의 문제가 발생한다. 먼저 친권·양육권에 대해 살펴보자. 친권이란 부모가 미성년자인 자녀에 대해 가지는 신분·재산상 권리와 의무를 말한다. 양육권은 미성년자인 자녀를 부모의 보호하에서 양육하고 교양할 권리를 의미하지만, 친권은 자녀의 신분과 재산에 관한 사항을 결정할 수 있는 권리이므로 양육권보다는 친권이 좀 더 포괄적인 개념이라고 할 수 있다. 친권은 부모가 혼인 중인 때에는 부모가 공동으로 행사하고, 이혼하는 경우는 친권자를 지정해야 한다(「민법」 제909조 제2항~제5항). 협의이혼의 경우는 부부가 합의해서 친권자를 지정해야 하고, 합의할 수 없거나 합의가 이루어지지 않는 경우는 가정법원이 직권으로 또는 당사자의 청구에 따라 친권자를 지정하지만, 재판상 이혼의 경우는 가정법원이 직권으로 친권자를 정한다(「민법」 제909조 제5항). 그러나 친권자가 지정된 후에도 자녀의 복리를 위해 가정법원이 친권자를 변경할 수 있다(「민법」 제909조 제6항 및 「가사소송법」 제2조 제1항 제2호 나목 5).

친권을 행사하는 부 또는 모는 미성년자인 자녀의 법정대리인이 되고(「민법」 제911조), 친권을 행사한다. 친권의 주요 내용으로는 ① 자녀를 보호·교양할 권리의무(「민법」 제913조), ② 자녀가 거주하는 장소를 지정할 수 있는 거소지정권(「민법」 제914조), ③ 자녀가 자기명의로 취득한 특유재산에 관한 관리권(「민법」 제916조) 및 ④ 자녀의 재산에 관한 법률행위의 대리권(「민법」 제920조) 등이 있다.

한편 친권과 양육권은 구별되므로, 이혼하면서 친권자와 양육자를 부모 중 일방 또는 쌍방으로 지정할 수 있고, 친권자와 양육자를 각각 달리 지정할 수도 있다. 친권자와 양육자가 달리 지정된 경우, 친권의 효력은 양육권을 제외한 부분에만 미친다. 그리고 이혼으로 양육에 관한 사항이 정해진다고 해서 '부모와 자녀 사이의 권리의무'에 변화가 있는 것은 아니다(「민법」 제837조 제6항). 즉, 양육권이 없는 부 또는 모라도 부모와 자녀 사이에 혈족관계(「민법」 제768조)는 지속되며, 미성년자인 자녀의 혼인에 대한 동의권(「민법」 제808조 제1항), 부양의무(「민법」 제974조 제1호) 및 상속권(「민법」 제1000조 제1항) 등도 그대로 존속한다.

다음으로 면접교섭권에 대해 살펴보자. 이혼 후 자녀를 직접 양육하지 않는 부모 일방과 자녀는 상호 면접교섭할 수 있는 권리를 가진다(면접교섭권, 「민법」 제837조의2 제1항). 면접교섭은 직접적인 만남, 서신 교환, 전화 통화, 선물 교환, 일정 기간의 체재(가령, 며칠 간의 여행) 등 다양하다. 면접교섭의 행사 방법과 범위에 대해서는 부부가 합의해서 정하고, 합의가 이루어지지 않으면 가정법원에 심판을 청구해서 정할 수 있다(「민법」 제837조 제2항 제3호, 제843조 및 「가사소송법」 제2조 제1항 제2호 나목 3). 이러한 면접교섭권의 행사는 자녀의 복리를 우선적으로 고려해서 이루어져야 한다(「민법」 제912조). 따라서 자녀가 부모를 만나기 싫어하거나 부모가 친권상실 사유에 해당하는 등 자녀의 복리를 위해 필요한 경우에는 당사자의 청구 또는 가정법원의 직권에 의해 면접교섭이 제한되거나 배제, 변경될 수 있다(「민법」 제837조의2 제3항).

한편 상대방이 정당한 이유 없이 면접교섭 허용의무를 이행하지 않으면 그 의무를 이행할 것을 가정법원에 신청할 수 있다(「가사소송법」 제64조). 만일 상대방이 가정법원의 이행명령을 받고도 면접교섭을 허용하지 않으면 가정법원 등은 직권 또는 권리자의 신청에 의한 결정으로 1천만 원 이하의 과태료를 상대방에게 부과시킬 수 있다(「가사소송법」 제67조 제1항).

(3) 재판상 이혼과 양육비

재판상 이혼 시 자녀와의 관계에서 앞서 살펴본 친권·양육권, 면접교섭권

이외에도, 현실적으로는 양육비와 관련하여 다툼이 자주 발생한다. 자녀의 양육에 소요되는 비용은 부부가 공동으로 부담하는 것이 원칙이므로, 이혼하면 양육자가 부모 중 일방일 때에는 양육자가 아닌 다른 일방에게 상대방의 부담 몫만큼의 양육비를 청구할 수 있다.[2)] 만일 양육자가 제삼자일 때에는 부모 쌍방에 대해 양육비를 청구할 수 있다. 일반적으로 양육비를 부담해야 하는 기간은 자녀가 성년(만 19세)이 되기 전까지이며, 구체적인 양육비는 부모의 재산 상황이나 그 밖의 사정을 고려해서 정한다.

양육비는 이혼할 때 부부가 합의해서 정할 수 있으며, 합의가 이루어지지 않으면 법원에 청구해서 정할 수 있다(「민법」 제837조 제2항 제2호, 제843조 및 「가사소송법」 제2조 제1항 제2호 나목 3). 받을 양육비를 미리 확정해 두고자 하는 경우라면 양육자 지정 청구와 함께 장래의 이행을 청구하는 소송으로써 양육비 지급 청구를 동시에 할 수 있다(「가사소송법」 제14조 제1항 및 제57조). 양육비 지급 청구는 부, 모 또는 제삼자가 양육자로 지정된 경우, 그 양육자가 부모의 일방 또는 쌍방에 대해 할 수 있으며, 가정법원이 직권으로 양육비 지급에 관해 정할 수도 있다(「민법」 제837조 제4항). 이때 가정법원은 양육비 청구사건을 위해 특히 필요하다고 인정하는 때에는 직권 또는 당사자의 신청에 따라 당사자에게 재산 상태를 명시한 재산목록을 제출하도록 명할 수 있다(「가사소송법」 제48조의2). 재산목록의 제출 명령을 받은 사람이 정당한 사유 없이 재산목록의 제출을 거부하거나 거짓의 재산목록을 제출한 때에는 1천만 원 이하의 과태료를 부과받는다(「가사소송법」 제67조의3). 나아가 가정법원은 재산명시절차에 따라 제출된 재산목록만으로는 양육비 청구사건의 해결이 곤란하다고 인정할 경우, 직권 또는 당사자의 신청에 따라 개인의 재산 및 신용에 관한 전산망을 관리하는 공공기관·금융기관·단체 등에 당사자 명의의 재산에 관해 조

2) 대법원 1992. 1. 21. 선고 91므689 판결.

표 7-1 **양육비 산정기준표**

부모합산 소득 / 자녀 만 나이	0~ 199만 원	200~ 299만 원	300~ 399만 원	400~ 499만 원	500~ 599만 원	600~ 699만 원	700~ 799만 원	800~ 899만 원	900~ 999만 원	1,000~ 1,199만 원	1200만 원 이상
	평균양육비(원) 양육비 구간	평균양육비(원) 양육비 구간	평균양육비(원) 양육비 구간	평균양육비(원) 양육비 구간	평균양육비(원) 양육비 구간	평균양육비(원) 양육비 구간	평균양육비(원) 양육비 구간	평균양육비(원) 양육비 구간	평균양육비(원) 양육비 구간	평균양육비(원) 양육비 구간	평균양육비(원) 양육비 구간
0~2세	621,000 264,000~ 686,000	752,000 687,000~ 848,000	945,000 849,000~ 1,021,000	1,098,000 1,022,000~ 1,171,000	1,245,000 1,172,000~ 1,323,000	1,401,000 1,324,000~ 1,491,000	1,582,000 1,492,000~ 1,685,000	1,789,000 1,686,000~ 1,893,000	1,997,000 1,894,000~ 2,046,000	2,095,000 2,047,000~ 2,151,000	2,207,000 2,152,000 이상
3~5세	631,000 268,000~ 695,000	759,000 696,000~ 854,000	949,000 855,000~ 1,031,000	1,113,000 1,032,000~ 1,189,000	1,266,000 1,190,000~ 1,344,000	1,422,000 1,345,000~ 1,510,000	1,598,000 1,511,000~ 1,702,000	1,807,000 1,703,000~ 1,912,000	2,017,000 1,913,000~ 2,066,000	2,116,000 2,067,000~ 2,180,000	2,245,000 2,181,000 이상
6~8세	648,000 272,000~ 707,000	767,000 708,000~ 863,000	959,000 864,000~ 1,049,000	1,140,000 1,050,000~ 1,216,000	1,292,000 1,217,000~ 1,385,000	1,479,000 1,386,000~ 1,546,000	1,614,000 1,547,000~ 1,732,000	1,850,000 1,733,000~ 1,957,000	2,065,000 1,958,000~ 2,101,000	2,137,000 2,102,000~ 2,224,000	2,312,000 2,225,000 이상
9~11세	667,000 281,000~ 724,000	782,000 725,000~ 885,000	988,000 886,000~ 1,075,000	1,163,000 1,076,000~ 1,240,000	1,318,000 1,241,000~ 1,406,000	1,494,000 1,407,000~ 1,562,000	1,630,000 1,563,000~ 1,758,000	1,887,000 1,759,000~ 2,012,000	2,137,000 2,013,000~ 2,158,000	2,180,000 2,159,000~ 2,292,000	2,405,000 2,293,000 이상
12~14세	679,000 295,000~ 734,000	790,000 735,000~ 894,000	998,000 895,000~ 1,139,000	1,280,000 1,140,000~ 1,351,000	1,423,000 1,352,000~ 1,510,000	1,598,000 1,511,000~ 1,654,000	1,711,000 1,655,000~ 1,847,000	1,984,000 1,848,000~ 2,071,000	2,159,000 2,072,000~ 2,191,000	2,223,000 2,192,000~ 2,349,000	2,476,000 2,350,000 이상
15~18세	703,000 319,000~ 830,000	957,000 831,000~ 1,092,000	1,227,000 1,093,000~ 1,314,000	1,402,000 1,315,000~ 1,503,000	1,604,000 1,504,000~ 1,699,000	1,794,000 1,700,000~ 1,879,000	1,964,000 1,880,000~ 2,063,000	2,163,000 2,064,000~ 2,204,000	2,246,000 2,205,000~ 2,393,000	2,540,000 2,394,000~ 2,711,000	2,883,000 2,712,000 이상

*전국의 양육자녀 2인 가구 기준
출처: 서울가정법원 홈페이지

회할 수 있다(「가사소송법」 제48조의3 및 「민사집행법」 제74조).

양육비 산정을 위해, 법원은 다음 〈표 7-1〉과 같이 기준을 마련하여 시행하고 있다. 이 양육비 산정기준을 정함에 있어서는 자녀에게 이혼 전과 동일한 수준의 양육환경을 유지하여 주는 것이 바람직하며, 부모는 현재 소득이 없더라도 최소한의 자녀 양육비에 대하여 책임을 분담해야 한다는 것을 양육비 산정의 기본원칙으로 삼고 있다. 이 기본원칙에 따라, 표준양육비에 ① 부모의 재산 상황(가산 또는 감산), ② 자녀의 거주지역(도시 지역은 가산, 농어촌 지역 등은 감산), ③ 자녀 수(자녀가 1인인 경우 가산, 3인 이상인 경우 감산), ④ 고액의 치료비, ⑤ 고액의 교육비(부모가 합의하였거나 사건본인의 복리를 위하여 합리적으로 필요한 범위) 및 ⑥ 비양육자의 개인회생(회생절차 진행 중에는 감산, 종료 후에는 가산)과 같은 가산, 감산 요소 등을 고려하여 양육비 총액을 확정할 수 있다.

양육비에 관한 사항을 정한 후 사정이 변경된 경우, 양육비를 변경할 수 있다. 이때 당사자가 합의해서 양육비를 변경할 수 있으며, 합의가 이루어지지 않으면 법원에 심판을 청구해서 양육비를 변경할 수 있다(「민법」 제837조 제5항 및 「가사소송법」 제2조 제1항 제2호 나목 3). 한편 양육비 부담자가 실직, 파산, 부도나 그 밖의 사정 등으로 경제 사정이 나빠진 경우, 양육비 감액을 청구할 수 있다. 또한 양육자가 취직하거나 그 밖의 사정 등으로 경제 사정이 좋아진 경우, 양육비 부담자는 양육비 감액을 청구할 수 있다. 물가가 양육비 협의 또는 지정 당시에 비해 오른 경우, 자녀가 상급학교에 진학함에 따라 학비가 증가하는 등의 사정이 있으면 양육비 증액을 청구할 수 있다.

(4) 재판상 이혼과 재산분할

재판상 이혼을 둘러싼 재산 문제에서도 역시 재산분할과 위자료가 중요한 관심사이다. 먼저 재산분할에 대해 살펴보자. 부부가 이혼하면 혼인 중 부부가 공동으로 모은 재산을 나눌 필요가 있다. 이러한 재산분할제도는 본질적으로 혼인 중 쌍방의 협력으로 형성된 공동재산의 청산이라는 성격에다가, 경제적으로 곤궁한 상대방에 대한 부양적 성격이 보충적으로 가미된 제도이다.[3] 이때 이혼한 부부 일방이 상대 배우자에 대해 재산분할을 청구할 수 있는 권리가 재산분할 청구권이다. 재산분할 청구권은 협의이혼, 재판상 이혼의 경우에 모두 인정되며, 부부간에 재산분할에 관한 합의가 이루어지지 않으면 가정법원에 재산분할심판을 청구하면 된다.

재산분할의 대상이 되는 재산은 원칙적으로 혼인 중 부부가 공동으로 협력(맞벌이, 가사, 육아 등)해서 모은 재산으로서 부부 중 누구의 소유인지가 불분명한 공동재산이다. 판례는 그 재산이 비록 부부 일방의 명의로 되어 있거나 제삼자 명의로 명의신탁되어 있더라도 실제로 부부의 협력으로 획득한 재산이라면 재산분할의 대상이 되는 것으로 본다.[4] 부부의 공동재산에는 주택, 예금, 주식, 대여금 등이 모두 포함되고, 채무(빚)가 있는 경우에는 그 재산에서 공제한다.

그러나 혼인 전부터 부부가 각자 소유하고 있던 재산이나 혼인 중에 부부 일방이 상속·증여·유증으로 취득한 재산 등을 부부 일방의 특유재산이라고 하는데(「민법」 제830조 제1항), 이는 원칙적으로 재산분할의 대상이 되지 않는다. 다만, 다른 일방이 그 특유재산의 유지·증가를 위해 기여한 경우, 그 증가분에 대해 재산분할에 포함할 수 있다.[5]

또한 이혼 당시에 이미 수령한 퇴직금·연금 등은 재산분할의 대상이 될 수 있다.[6] 나아가 이혼 당시 부부 일방이 아직 재직 중이어서 실제 퇴직급여를 수령하지 않았더라도 이혼소송의 사실심 변론 종결 시에 이미 잠재적으로 존

3) 헌법재판소 1997. 10. 30. 96헌바14 전원재판부.
4) 대법원 1998. 4. 10. 선고 96므1434 판결.
5) 대법원 2002. 8. 28. 자 2002스36 결정.
6) 대법원 1995. 3. 28. 선고 94므1584 판결.

재하여 그 경제적 가치의 현실적 평가가 가능한 재산인 퇴직급여채권도 재산분할의 대상에 포함시킬 수 있고 사실심 변론 종결 시를 기준으로 그 시점에 퇴직할 경우 수령할 수 있을 것으로 예상되는 퇴직급여 상당액의 채권이 그 대상이 된다.[7)]

적극재산뿐만 아니라 소극재산(채무)도 분할된다. 혼인 중 부부 일방이 제삼자에게 채무가 있는데 그 채무가 부부의 공동재산 형성에 따른 채무(가령 함께 살 집을 마련하기 위한 대출금)이거나 일상가사에 관한 채무(가령 생활용품 구입비)라면 재산분할의 대상이 될 수 있다.[8)]

이 밖에도 혼인 중 부부 일방이 다른 일방의 도움으로 변호사, 의사, 회계사, 교수 등 장래 고액의 수입을 얻을 수 있는 능력이나 자격을 취득한 경우, 이 능력이나 자격으로 인한 장래 예상 수입 등이 재산분할의 액수와 방법을 정하는 데 참작될 수 있다.[9)]

이처럼 재산분할을 하기 위해서는 재산 상황을 알아야 하므로, 이를 위해 재산명시제도와 재산조회제도를 법률로 규정하고 있다. 즉, 가정법원은 재산분할 청구사건을 위해 특히 필요하다고 인정하는 때에는 직권 또는 당사자의 신청에 의하여 상당한 제출기간을 정하여 당사자에게 재산상태를 명시한 재산목록을 제출하도록 명할 수 있다(재산명시명령, 「가사소송법」 제48조의2 및 「가사소송규칙」 제95조의3 제1항). 나아가 가정법원은 재산명시절차에 따라 제출된 재산목록만으로는 재산분할 청구사건의 해결이 곤란하다고 인정할 경우, 직권 또는 당사자의 신청에 의하여 당사자 명의의 재산에 관하여 조회할 수 있다(「가사소송법」 제48조의3 제1항). 이때 재산조회를 신청하는 당사자는 재산조회에 필요한 비용으로서 가정법원이 정하는 금액을 미리 내야 하며, 가정법원이

7) 대법원 2014. 7. 16. 선고 2013므2250 판결.
8) 대법원 2002. 8. 28. 자 2002스36 결정.
9) 대법원 1998. 6. 12. 선고 98므213 판결.

직권으로 재산조회를 하는 때에는 그 재산조회로 이익을 받을 당사자에게 비용을 내게 할 수 있다.

그렇다면 유책배우자도 재산분할 청구권이 있을까? 재산분할 청구권은 이혼의 책임이 누구에게 있는지에 관계없이 부부 일방이 상대방에게 청구할 수 있는 권리로서 혼인관계의 파탄에 대해 책임이 있는 배우자도 재산분할 청구권을 행사할 수 있다.[10)]

(5) 재판상 이혼과 위자료

이혼 시 이혼하게 된 것에 책임이 있는 배우자(유책배우자)에게 이혼으로 인한 정신적 고통(가령 배우자의 혼인 파탄 행위 그 자체와 그에 따른 충격, 불명예 등)에 대한 배상, 즉 위자료를 청구할 수 있다(「민법」 제806조 및 제843조). 이혼으로 인한 위자료 청구는 재판상 이혼뿐만 아니라 협의이혼 시에도 할 수 있다. 위자료 산정 시에는 과실상계에 관한 규정이 준용되므로(「민법」 제396조 및 제763조), 부부 쌍방이 혼인의 파탄에 대등한 정도의 책임이 있는 경우에는 일방의 위자료 청구는 기각된다.[11)]

위자료는 이혼의 원인을 제공한 사람에게 청구할 수 있다. 따라서 배우자가 혼인 파탄에 책임이 있다면 그 배우자를 상대로 위자료를 청구할 수 있고, 시부모나 장인·장모,[12)] 배우자의 간통 상대방 등 제삼자가 혼인 파탄에 책임이 있다면, 그 제삼자를 상대로 위자료를 청구할 수 있다. 그러나 부부가 불화와 장기간의 별거로 부부 공동생활이 파탄되어 부부생활의 실체가 더 이상 존재하지 않고 객관적으로 회복할 수 없는 정도에 이른 후에 제삼자가 부부의 일방과

10) 대법원 1993. 5. 11. 자 93스6 결정.

11) 대법원 1994. 4. 26. 선고 93므1273, 1280 판결.

12) 가령 시부모나 장인·장모에게 폭행, 학대 또는 모욕을 당해서 이혼하는 경우가 이에 해당할 것이다(대법원 2004. 2. 27. 선고 2003므1890 판결).

외도를 했더라도 상대 배우자는 그 제삼자에게 손해배상을 청구할 수 없다.[13)]

위자료 청구권은 그 손해 또는 가해자를 안 날부터(즉, 이혼한 날부터) 3년이 지나면 시효로 인해 소멸한다(「민법」 제766조). 재판상 이혼의 경우에는 위자료 청구와 이혼 청구를 함께하는 것이 일반적이므로 위자료 청구권의 행사 기간이 지날 염려는 거의 없다. 그러나 협의이혼의 경우에는 빨리 이혼하고 싶은 마음에, 위자료에 관해 합의하지 않거나 그 합의를 미처 끝내지 않은 채 이혼하는 경우가 종종 있다. 이런 경우에는 이혼한 날부터 3년 이내에 위자료 청구권을 행사해야만 위자료를 받을 수 있다.

만일 상대방이 위자료를 지급하지 않는 경우 위자료 지급을 명한 판결·심판 또는 조정을 한 가정법원에 이행명령을 신청해서 상대방이 위자료지급의무를 이행할 것을 법원이 명하도록 할 수 있다. 이 이행명령 이외에 강제집행의 방법으로 위자료를 받을 수도 있다. 상대방이 위자료를 지급하지 않는 경우 집행권원(가령 판결, 조정조서, 화해조서 등)을 근거로 강제집행을 할 수 있다는 집행문을 부여받아 상대방 재산에 강제집행을 신청해서 경매처분을 통해 위자료를 받을 수도 있다(「민사집행법」 제28조, 제39조, 제56조, 제90조 및 「가사소송법」 제41조).

마지막으로 재산분할 청구권과 위자료 청구권의 관계를 살펴보면, 재산분할은 혼인 중 부부가 공동으로 모은 재산에 대해 본인의 기여도에 따른 상환을 청구하는 것이 목적이고, 위자료는 부부 일방의 잘못으로 이혼하게 된 사람의 정신적 고통을 위로하는 것이 목적이므로, 그 권리의 발생 근거, 제도의 입법 취지, 재판절차 진행 등 여러 가지 관점에서 차이가 있다. 이런 점에서 이들은 별개의 제도이므로,[14)] 재산분할 청구와 위자료 청구를 각각 따로 청구할 수 있다.

13) 대법원 2014. 11. 20. 선고 2011므2997 판결.
14) 대법원 2001. 5. 8. 선고 2000다58804 판결.

3. 이혼에 직면한 부부 상담의 기본

1) 부부관계의 악순환

상담자는 이혼에 직면한 부부를 상대할 때, 서로 대립하는 당사자들의 관점을 이해해 둘 필요가 있다. 이혼뿐만 아니라 분쟁 중에 있는 당사자는 예외 없이 문제의 원인을 상대방에게 돌린다. 상대방을 탓하다 보니 분쟁이 일어나는 것은 당연한 일이다. 가정폭력과 같이 상대방에게 일방적인 원인이 있는 경우를 제외하고, 가령 부부간 분쟁의 사유가 성격 차이 같은 경우라면 자신의 잘못을 조금이라도 인정할 수 있다면 원만한 해결로 이어질 수도 있다. 예를 들어, 이혼에 직면한 부부간에는 다음과 같은 언쟁이 일어날 수 있다. 아내는 "나는 아이를 돌보느라 하루 종일 녹초가 되어 쉬는 날도 없는데, 너는 퇴근길에 술을 마시고 기분 좋아서 밤늦게 들어오잖아. 휴일에 집에 있어도 아이를 돌보지 않고 놀고 있을 뿐이잖아."라며 부부 불화의 원인을 남편에게 돌린다. 반면 남편은 "나는 밤늦게까지 악착같이 일하고 귀가하는데, 아이도 돌보지도 않고 너만 일찍부터 자고 있냐? 너는 아내로서도 어머니로서도 실격이다."라며 부부 불화의 원인을 아내에게 돌린다. 양측의 말을 들어 보면 두 언행 모두 부부 불화의 원인이 되고 있으며, 이것이 관계의 악순환을 불러오고 있음을 알 수 있다.

우선 부부 불화의 대부분은 어느 쪽에 원인이 있다기보다는 부부관계의 악순환이 문제이다. 어떤 문제를 포함한 부모와 자녀, 부부 등의 가족관계를 상호 연쇄작용으로 파악한다면 부부 갈등과 가족 문제는 상호 관계의 악순환의 한 표현으로 이해할 수 있다. 이것이 이혼 분쟁에서 대립하는 당사자 간의 문제에 대한 임상적인 시각 중 하나이다. 그러나 이혼 분쟁 중에 있는 부부는 그 악순환이 보이지 않기 때문에 부부관계가 틀어지면, 그 원인을 상대방에게 전

가하려고 한다. 이것이 관계의 악순환을 더욱 심화시키고, 부부 불화를 심화시켜 한계점에 이르렀을 때 마침내 이혼에 이르게 된다.

부부관계가 악화되어 이혼을 고려하기 전에 상담자가 양측에 적절한 개입과 조정을 했다면 갈등은 격화되지 않았을 수도 있다. 그래서 상담자는 가정법원에 이혼 조정을 신청하기 전에 서로 충분히 대화할 것을 권할 필요가 있다.

여기서 이혼에 직면한 부부에 대한 임상적 지원의 핵심은 무엇일까? 부부 불화의 원인을 밝혀내고 그것을 지적하는 것이 아니라 서로 상대방의 관점에서 문제를 보도록 촉구하고, 관계의 악순환을 깨닫게 하는 것이다. 그러면 지금까지 상대방만을 탓하던 부부가 자신에게도 잘못(고칠 부분)이 있었다는 것을 서서히 이해해 갈 것이다.

2) 가정법원에 신청할 때 유의해야 할 사항

우리나라 이혼 중 협의이혼 비중은 77.3%이고, 재판상 이혼 비중은 22.6%이다. 이 중 재판상 이혼과 관련하여, 당사자 중 한 명이 가정법원에 이혼 조정을 신청했을 때, 대부분의 일반인들은 상대방이 '나를 재판에 회부했다.'라고 받아들여 단번에 마음을 닫고 자신도 상대방에 대해 강한 태도를 보이기 쉽다. 그러나 우리나라는 조정전치주의에 따라, 재판상 이혼을 하려면 먼저 가정법원의 조정을 거쳐야 한다. 즉, 이혼소송을 제기하기 전에 먼저 가정법원에 조정을 신청해야 하며, 조정신청 없이 이혼소송을 제기한 경우에는 가정법원이 그 사건을 직권으로 조정에 회부한다. 이때 조정 위원들이 조정의 의미를 설명하기도 하지만, 처음 조정에 실패하면 해결을 어렵게 만들 수 있다.

그러므로 상담자들은 조정의 의미를 사전에 숙지하고 있다가 쉽게 설명하거나, 조정의 진행에 따라 당사자의 불만이나 스트레스를 충분히 받아들일 필요가 있다. 경험이 풍부한 변호사가 쌍방의 대리인이 되면 불필요한 대립을 피하고 적절한 해결을 도모하기 위해 당사자의 양해를 얻어 변호사끼리 조정하기도 한다. 그러나 때때로 법조항과 판례를 바탕으로 곧바로 대립하는 경우도 있다. 이렇게 법적인 논쟁으로 일관하다 보면 이혼의 원인이 어느 쪽에 있고 얼마나 나쁜지에 대해 양측 간 비난만 하게 될 가능성이 크다. 이렇게 되면 어느 쪽이든 결과적으로 서로 상처를 입게 되어 버릴 것이다.

3) 친권자의 결정에 관한 상담

(1) 자녀의 복리

친권자를 어느 쪽으로 할지에 대한 다툼이 있다면 당사자끼리만 결정할 것이 아니라 가정법원의 조정을 이용하는 것이 좋다. 당사자의 협의도 고려하는 동시에 법적 사항도 고려하면서 자녀를 어느 부모 밑에서 키우게 하는 것이 더 적절한지에 대해 전문적인 견해로 해결할 수 있다는 이점이 있기 때문이다. 또한 면접교섭의 구체적인 방법과 양육비에 대해서도 함께 결정할 수 있다(「가사소송법」 제57조). 상담자가 상담 시 친권자를 어느 쪽으로 하는 것이 좋을지를 조언할 때도 있을 것이다. 그때는 '자녀의 복리(행복과 이익)'라는 기준을 잊지 말아야 한다. 자녀의 복리라는 것을 임상적 관점에서 말하면, 자녀의 발달 단계에 따른 관점에서 볼 때 그 자녀가 무엇을 필요로 하는지, 그 자녀가 심신이 건강하게 자라기 위해서는 무엇을 해서는 안 되는지를 의미한다.

그러나 갈등을 빚는 부모들은 종종 '자녀의 복리'라는 것을 "내가 키우는 것이 우리 아이에게는 최선의 복리이다."라고 주장한다. 이때 제삼자가 빠지기 쉬운 오류는 '과연 부모 중 어느 쪽에서 키우는 것이 좋은가'에 대해 단순 비교하는 태도이다. 이는 언뜻 보기에 당연한 것처럼 보일 수도 있다. 그러나 이것은 자녀의 관점에서 보고 있는 것이 아니라, 양쪽 부모의 입장에서 보고 있는 것일 뿐이다. 부모가 대립하는 것 자체가 자녀의 복리를 해치고 있는 상황이고, 자녀의 건전한 발달을 저해하고 있는 것이다. 이와 같은 중요한 전제를 바탕으로 상담자가 친권자를 고려할 때에 유의해야 할 구체적인 확인 사항을 생

각해 보자.

(2) 친권자에 관한 구체적 확인 사항

먼저 확인할 것은 자녀 측 사정과 부모 측 사정이다. 우선 상담자는 자녀의 상황 즉, 나이, 성별, 심신의 발육 상태, 자녀의 의사 등 아이의 발달 단계에 따른 상태를 파악할 필요가 있다. 형제자매를 나누는 것은 기본적으로 적절치 않다. 덧붙여 부부의 별거 기간이 긴 경우나 이혼 후 몇 년이 지난 후에 친권자를 변경하는 경우에는 자녀의 생활 상태의 현상 유지를 고려해야 할 수도 있다. 또한 이혼 후 부모의 상황으로서, 법적으로는 취업, 경제 상황, 주거 상황, 양육보조자의 유무 등 객관적 상황이 중요하다.

한편 자녀의 마음(의견)은 이를 어떻게 확인할 수 있을까? 이는 매우 어려운 일이다. 이 확인을 위한 전제는 양쪽 부모 모두 아이를 필요로 한다는 것이다. "엄마랑 같이 살래? 아빠랑 같이 살래?"라는 질문은 우문일 뿐만 아니라 이것을 표현하라는 것 자체가 자녀의 마음에 상처가 될 수 있다. 일반적으로 자녀들이 부모를 비교할 수 있는 시기는 사춘기 이후라고 한다. 만일 자녀의 의견이 어떠하다고 해도, 상담자는 부모의 비교만을 말하게 할 것이 아니라, 부모가 대립하고 있는 상황에 대한 자녀의 의견, 자녀 나름의 해결 방안 제안이나 기분(가령 "싸우지 마." 등)을 듣는 것이 더 적절할 것이다.

그리고 상담자로서 더욱 중요하고 어려운 점은 부모와 자식 간의 '애정'이란 무엇인가, 시간이 흐름에 따라 변화하는 부모와 자식의 '관계'를 어떻게 파악해야 하는지의 임상에 관한 사항이다. 이것들에 대해서는 간단히 말할 수 없다. 다만, '애정'이나 '관계성'을 파악하기가 불가능하다고 하여, 위와 같은 부모, 자녀의 객관적 상황만으로 친권자를 판단하는 것은 바람직하지 않다. 겉으로 보이는 것만으로 자녀와 부모에 대해 깊은 이해를 할 수 없기 때문이다. 또한 상담자는 자신의 성장 경력을 바탕으로 자기의 부모-자녀 관계가 어땠는지 및 자녀의 '애정'에 대한 가치관이 어떤지를 자각해 두면, 내담자에게 도움을 줄 때 편향된 시각을 방지할 수 있을 것이다.

4) 면접교섭에 관한 상담

(1) 면접교섭에서 유의할 점

면접교섭을 둘러싼 싸움에서, 비친권자는 "내 아이를 내가 만나겠다는데 왜 안 되냐? 부모와 자식이 만나는 것이 곧 아이의 행복이다. 상대방은 그것을 거부해서는 안 된다."라고 주장한다. 반면 친권자는 "상대방과 만나면 아이는 정서가 불안정해진다. 아이의 친권자로서 상대방과 아이가 만나게 할 수 없다." 라고 친권을 강조하며 반발하는 사례가 적지 않다. 앞서 친권자를 정하는 것에 관해 임상적 관점에서 살펴본 바와 같이, 면접교섭에 관한 대립에서도 쌍방의 논리는 비친권자가 자녀를 면회하는 것과 하지 않는 것 중 어느 쪽이 자녀의 복리(행복과 이익)에 부합하는지에 관한 말다툼이 되기 쉽다. 그러나 임상적인 관점에서 보면, 부모가 자녀를 만나는 것에 대해 서로 싸우고 대립하는 것 자체가 아이의 복리에 반하는 것이다. 자녀는 부모를 내재화(자신에게 받아들임)하거나 인격을 통합하여 성장해 간다. 그런데 부모가 서로의 결점을 지적하고 비난하면, 각 부모의 부정적인 면이 강조되어 자녀에게 받아들여진다. 이는 자녀의 발달 단계에 큰 악영향을 끼친다.

면접교섭은 부모의 형편에 따라 임의대로 결정하는 것이 아니라, 어디까지나 자녀의 복리를 따라야 한다. 따라서 부부관계는 파탄 나고 남남이 되었다고 해도 쌍방 모두 아이의 아버지, 어머니로서 분명히 연결되어 있다는 것을 이해할 필요가 있다. 쌍방이 자녀의 면접교섭을 이유로 말다툼을 하고 있다면, 자녀의 부모로서의 서로의 존재를 인정하는 것이 자녀를 위한 진정한 애정으로 이어진다는 것을 전할 필요가 있다.

(2) 바람직한 면접교섭을 위한 접근법

면접교섭에 관한 분쟁 해결을 위해서는 단지 법조항을 제시하거나 올바른 대응 방법을 조언하는 것만으로 부족하다. 바람직한 면접교섭을 위해서는 전(前) 부부관계의 조정과 자녀 돌봄을 동시에 진행해 나가는 것이 중요하다. 전 부부관계 조정의 중요성을 생각해 보자. 예를 들어, 자녀와 함께 사는 어머니가 "재혼해서 다른 여자와 살고 있는 아버지를 만나면 아이들이 정서적으로 불안정해지기 때문에 면접교섭은 불필요하다."라고 주장하는 반면, 별거 중인 아버지는 "엄마하고만 있으면 언제까지나 부모를 떠나지 못하고 불안해지기 때문에 아빠와의 만남이 필요하다."라고 주장했다고 하자. 이러한 아버지와 어머니의 주장은 자녀를 불안정하게 만든다. 달리 말하면, 갈등을 빚고 있는 전 부부의 관계가 아이를 불안정하게 만든다. 따라서 자녀를 안정시키기 위해서는 전 부부간의 대립을 조정해야 한다.

상담자는 이렇게 대립하는 전 부부에게 다음과 같은 접근을 시도할 수 있다. 실제 상담에서는 어디까지나 개별 사례에 따라 대응이 다르다는 전제가 있다. 우선, 양자가 주장하는 내용이 어떠한지를 떠나 아버지와 어머니 모두 자녀의 상태를 걱정하고 있다는 점을 충분히 인정해 준다. 이것만으로도 상당히 냉정하고 객관적으로 사태를 생각할 수 있게 한다. 그렇다면 지금까지 자녀를 둘러싸고 대립했던 양측 모두가 자녀를 걱정하고 있다는 점에서 생각이 일치(공유)한다는 관계에 의미를 부여할 수 있다. 비록 이혼하고 남남이 되었지만 자녀라는 끈으로 서로 연결되어 있다는 것을 깨닫도록 한다. 즉, 어머니로서의 일방적 주장 또는 아버지로서의 일방적 주장으로 일관할 뿐인 둘 사이에 누락되어 있는 것은 '자녀의 부모로서의 관계'였다. 그러므로 면접교섭 분쟁에서 '엄마-자녀' 또는 '아빠-자녀'라는 양자 관계 간의 대립 구조를 '엄마-자녀-아빠'라는 3자 관계로 변화시키는 것이다.

(3) 이혼 상담의 마무리

부부간의 문제가 발생하기 전에 심리상담사 등 전문가에게 상담하여, 해결책을 찾는 것보다 더 좋은 것은 없을 것이다. 그러나 분쟁이 격화되면 누구나 이기적인 해결을 원하고 이는 분쟁을 더욱 심화시킬 수 있다. 다양한 사정으로 부부간 불화가 발생하고 이혼을 고려해야 할 때 상대방과 의견이 일치하면 좋겠지만, 그렇지 않다면 제삼자와 의논하지 않으면 안 된다. 이런 경우 분쟁 해결 자체는 법원의 조정이나 심판, 그리고 변호사 등에게 맡기더라도 불안한 마음을 지지해 줄 전문가가 필요할 것이다. 이때 상담자가 당사자들이 겪는 가정문제, 특히 부부의 이혼과 분쟁에 연루된 자녀 문제에 관해 법률 지식을 가지고 있다면 내담자 상담에 유용할 것이다. 또한 상담 전문가는 법률가 및 기타 전문 직종과도 연계하여 당사자의 원만한 분쟁 해결을 위해 지원할 수 있도록 격려해야 할 것이다.

정리

이 장에서는 이혼 시 법적 문제들에 대해 협의이혼과 재판상 이혼으로 나누어 다루었다. 협의이혼과 재판상 이혼의 요건과 절차를 알아보고, 이혼의 유형별로 자녀와 관련한 이슈인 친권, 면접교섭권과 양육비 청구권, 그리고 재산과 관련한 재산분할과 위자료 청구권에 관해 설명했다. 또한 이혼에 직면하거나 이혼 과정에 있는 부부 상담에서 상담자가 가져야 할 자세와 유의점들에 대해서도 언급했다.

제8장

따돌림

1. 따돌림의 이해

1) 공격성의 변화와 따돌림

따돌림의 이해와 그에 대한 대응을 알아보기 위해서는 과거부터 현대에 걸친 따돌림의 변화 추이를 볼 필요가 있다. 과거에서 현대의 따돌림으로 이어지는 과정에서 공격성의 변화가 보이기 때문이다. 과거 비행소년은 부모나 교사에게 노골적으로 반항하거나 여러 가지 문제를 일으켰는데, 이는 답답함과 삶의 어려움을 호소하는 구조 신호를 보낸 것이었다. 1980년대까지의 따돌림은 기본적으로는 개인 대 개인에 의한 것으로 청소년 비행과 마찬가지로 표면화되기 쉽고 따돌림의 내용도 그다지 지능적이지 않아 괴롭히는 아이(학생)와 따돌림을 당하는 아이를 특정하기 쉬웠다. 그러나 1990년대에 이르러서는 한 아이를 여러 명이 괴롭히는 개인 대 집단의 따돌림으로 변해 갔다. 이때부터 학교폭력 등의 문제행동을 공권력 등 강제력으로 억제했다. 그 결과 비행의 수는 줄었지만 아이들의 공격성은 왜곡되고 지능적인 따돌림이 증가해 갔다.

그 후 21세기에 들어서는 부부, 부자 등 가족관계의 문제, 남녀 간의 인간관계 왜곡이 한꺼번에 드러났고 이에 대응하는 「아동학대범죄의 처벌 등에 관한 특례법」(2014년)과 「스토킹방지 및 피해자보호 등에 관한 법률」(2023년) 등이 제정·시행되고 있다. 저출산 고령화, 이혼율 상승 등의 문제 속에서 사회는 앞을 내다볼 수 없는 구조적 불황에 빠졌고, 실업률은 급증했다.[1] 이러한 가운데 본래 사회의 왜곡에 대해 아이를 보호하는 완충지대가 되어야 할 가족이 붕괴되거나 제 역할을 하지 못한 결과, 아이는 사회와 가족의 왜곡이 가져온 타격을 직접 입게 된 것이다.

또한 2000년 이후는 인터넷의 발전과 확산에 기반한 정보화 사회로 이행한 시기이기도 하다. 아이들에게 휴대폰과 스마트폰이 보급되면서, 그들의 소통 방식을 크게 바꾸어 놓았다. 다른 사람과 직접 마주하며 체감할 수 있었던 사람의 온기와 숨결이라는 생생한 인간관계를 잃게 한 것이다. 이는 따돌림의 질과 양상을 크게 변화시켰다. 인터넷을 매개로 한 따돌림은 상대방을 현실에서 마주하지 않고 익명의 상태로 상대를 공격할 수 있다. 즉, 따돌림을 당하는 아이의 마음과 몸의 고통을 모른 채 공격할 수 있다. 이러한 따돌림은 표면화되기 어렵기 때문에 초기 대응이 어렵다. 그 때문에 공격 행동을 하는 자신을 스스로 통제하지 못하거나 다른 사람에 의한 제어가 이루어지지 않아서, 왕따 등 따돌림에 의한 타살이나 자살로 이어지고 있다. 현대의 따돌림 사건에서는 이러한 아동의 공격성 변화가 바탕에 깔려 있다.

1) 2000년 4.4%로 가장 높은 실업률을 보인 이후 증감을 반복하고 있으며, 2020년 이후 감소추세를 보이고 있다(국가지표체계 웹사이트, https://www.index.go.kr/unify/idx-info.do?idxCd=8009#:~:text=2000%EB%85%84%204.4%25%EB%A1%9C%20%EA%B0%80%EC%9E%A5,2022%EB%85%84%206.4%25%EB%A1%9C%20%EB%82%AE%EC%95%84%EC%A1%8C%EB%8B%A4).

2) 현대형 따돌림의 특징

과거에는 괴롭히는 아이와 따돌림을 당하는 아이가 정해져 있는 방식이었다면, 현대형 따돌림은 괴롭히는 아이와 따돌림을 당하는 아이 누구나 언제든지 따돌림의 가해자가 될 수도 있고 피해자가 될 수도 있다는 특징이 있다. 즉, 아이들끼리 서로 상처를 입는 '아이 집단의 관계성 왜곡'을 현저하게 나타내고 있다. 이것은 현대 아이들이 처한 사회, 학교, 가족으로부터의 다양한 억압으로 인한 스트레스 반응이라고 볼 수 있다. 그렇다면 괴롭히는 아이에게 벌을 주거나 배제하려는 대응 방식은 따돌림 문제를 더욱 뿌리 깊게 할 수도 있다. 따라서 아동 집단의 관계성 왜곡을 수정한다는 관점에서 따돌림을 당하는 아이를 보호하고 돌보는 것은 물론이고, 괴롭히는 아이에 대한 배려도 동시에 하는 것이 따돌림에 대한 기본적인 대응 자세라고 할 수 있을 것이다.

2. 따돌림의 의의

1) 학교폭력과 따돌림의 정의

「학교폭력예방 및 대책에 관한 법률」(이하 「학교폭력예방법」) 제2조는 먼저 '학교폭력'을 학교 내외에서 학생을 대상으로 발생한 상해, 폭행, 감금, 협박, 약취·유인, 명예훼손·모욕, 공갈, 강요·강제적인 심부름 및 성폭력, 따돌림, 사이버 따돌림, 정보통신망을 이용한 음란·폭력 정보 등에 의하여 신체·정신 또는 재산상의 피해를 수반하는 행위로 정의하면서, 따돌림과 사이버 따돌림을 학교폭력의 한 유형으로서 예로 들고 있다.

「학교폭력예방법」

제1조(목적) 이 법은 학교폭력의 예방과 대책에 필요한 사항을 규정함으로써 피해학생의 보호, 가해학생의 선도 · 교육 및 피해학생과 가해학생 간의 분쟁조정을 통하여 학생의 인권을 보호하고 학생을 건전한 사회구성원으로 육성함을 목적으로 한다.

제2조(정의) 이 법에서 사용하는 용어의 정의는 다음 각 호와 같다.

1. "학교폭력"이란 학교 내외에서 학생을 대상으로 발생한 상해, 폭행, 감금, 협박, 약취 · 유인, 명예훼손 · 모욕, 공갈, 강요 · 강제적인 심부름 및 성폭력, 따돌림, 사이버 따돌림, 정보통신망을 이용한 음란 · 폭력 정보 등에 의하여 신체 · 정신 또는 재산상의 피해를 수반하는 행위를 말한다.

1의2. "따돌림"이란 학교 내외에서 2명 이상의 학생들이 특정인이나 특정집단의 학생들을 대상으로 지속적이거나 반복적으로 신체적 또는 심리적 공격을 가하여 상대방이 고통을 느끼도록 하는 모든 행위를 말한다.

1의3. "사이버 따돌림"이란 인터넷, 휴대전화 등 정보통신기기를 이용하여 학생들이 특정 학생들을 대상으로 지속적, 반복적으로 심리적 공격을 가하거나, 특정 학생과 관련된 개인정보 또는 허위사실을 유포하여 상대방이 고통을 느끼도록 하는 모든 행위를 말한다.

2. "학교"란 「초 · 중등교육법」 제2조에 따른 초등학교 · 중학교 · 고등학교 · 특수학교 및 각종학교와 같은 법 제61조에 따라 운영하는 학교를 말한다.

3. "가해학생"이란 가해자 중에서 학교폭력을 행사하거나 그 행위에 가담한 학생을 말한다.

4. "피해학생"이란 학교폭력으로 인하여 피해를 입은 학생을 말한다.

5. "장애학생"이란 신체적 · 정신적 · 지적 장애 등으로 「장애인 등에 대한 특수교육법」 제15조에서 규정하는 특수교육이 필요한 학생을 말한다.

표 8-1 **학교폭력의 유형**

유형	예시
신체폭력	• 신체를 손, 발로 때리는 등 고통을 가하는 행위(상해, 폭행) • 일정한 장소에서 쉽게 나오지 못하도록 하는 행위(감금) • 강제(폭행, 협박)로 일정한 장소로 데리고 가는 행위(약취) • 상대방을 속이거나 유혹해서 일정한 장소로 데리고 가는 행위(유인) • 장난을 빙자한 꼬집기, 때리기, 힘껏 밀치기 등 상대 학생이 폭력으로 인식하는 행위
언어폭력	• 여러 사람 앞에서 상대방의 명예를 훼손하는 구체적인 말(성격, 능력, 배경 등)을 하거나 그런 내용의 글을 인터넷, SNS 등으로 퍼뜨리는 행위(명예훼손) ※ 내용이 진실이라고 하더라도 범죄이고, 허위인 경우에는 「형법」상 가중처벌 대상이 됨 • 여러 사람 앞에서 모욕적인 용어(생김새에 대한 놀림, 병신, 바보 등 상대방을 비하하는 내용)를 지속적으로 말하거나 그런 내용의 글을 인터넷, SNS 등으로 퍼뜨리는 행위(모욕) • 신체 등에 해를 끼칠 듯한 언행("죽을래" 등)과 문자메시지 등으로 겁을 주는 행위(협박)
금품갈취(공갈)	• 돌려 줄 생각이 없으면서 돈을 요구하는 행위 • 옷, 문구류 등을 빌린다며 되돌려주지 않는 행위 • 일부러 물품을 망가뜨리는 행위 • 돈을 걷어 오라고 하는 행위
강요	• 속칭 빵 셔틀, 와이파이 셔틀, 과제 대행, 게임 대행, 심부름 강요 등 의사에 반하는 행동을 강요하는 행위(강제적 심부름) • 폭행 또는 협박으로 상대방의 권리행사를 방해하거나 해야 할 의무가 없는 일을 하게 하는 행위(강요)
따돌림	• 집단적으로 상대방을 의도적이고, 반복적으로 피하는 행위 • 싫어하는 말로 바보 취급 등 놀리기, 빈정거림, 면박 주기, 겁을 주는 행동, 골탕 먹이기, 비웃기 • 다른 학생들과 어울리지 못하도록 막는 행위

성폭력	• 폭행 · 협박을 하여 성행위를 강제하거나 유사 성행위, 성기에 이물질을 삽입하는 등의 행위 • 상대방에게 폭행과 협박을 하면서 성적 모멸감을 느끼도록 신체적 접촉을 하는 행위 • 성적인 말과 행동을 함으로써 상대방이 성적 굴욕감 · 수치감을 느끼도록 하는 행위
사이버폭력	• 속칭 사이버모욕, 사이버명예훼손, 사이버성희롱, 사이버스토킹, 사이버음란물 유통, 대화명 테러, 인증놀이, 게임부주 강요 등 정보통신기기를 이용하여 괴롭히는 행위 • 특정인에 대해 모욕적 언사나 욕설 등을 인터넷 게시판, 채팅, 카페 등에 올리는 행위. 특정인에 대한 저격글이 그 한 형태임 • 특정인에 대한 허위 글이나 개인의 사생활에 관한 사실을 인터넷, SNS 등을 통해 불특정 다수에게 공개하는 행위 • 성적 수치심을 주거나, 위협하는 내용, 조롱하는 글, 그림, 동영상 등을 정보통신망을 통해 유포하는 행위 • 공포심이나 불안감을 유발하는 문자, 음향, 영상 등을 휴대폰 등 정보통신망을 통해 반복적으로 보내는 행위

출처: 교육부 · 이화여자대학교 학교폭력예방연구소(2023). 2023년도 학교폭력 사안처리 가이드북, p. 7.

더욱이 판례는 학교폭력을 이 법에 나열된 것만 의미하는 것이 아니라, 법에서 예시로 든 것과 유사하거나 동질적인 행위로서 학생에게 신체 · 정신 또는 재산상 피해를 수반하는 모든 행위를 포함하는 것으로 본다.

가) 학교폭력법은 학교폭력의 예방과 대책에 필요한 사항을 규정함으로써 피해학생의 보호, 가해학생의 선도 · 교육 및 피해학생과 가해학생 간의 분쟁조정을 통하여 학생의 인권을 보호하고 학생을 건전한 사회구성원으로 육성함을 목적으로 하면서(제1조) "'학교폭력'이란 학교 내외에서 학생을 대상으로 발생한 상해, 폭행, 감금, 협박, 약취 · 유인, 명예훼손 · 모욕, 공갈, 강요 · 강제적인 심부름 및 성폭력, 따돌림, 사이버 따돌림, 정보통신망을 이용한 음란 · 폭력정보 등에 의하여 신체 · 정신 또는 재산상의 피

해를 수반하는 행위를 말한다"(제2조)라고 정의하고 있다. 학교폭력법의 목적 및 위 정의 규정의 문언을 살펴볼 때, 학교폭력은 위에서 나열한 폭행, 명예훼손 · 모욕, 따돌림 등에 한정되지 아니하고 이와 유사하거나 동질의 행위로서 학생의 신체 · 정신 또는 재산상의 피해를 수반하는 모든 행위를 포함한다고 할 것이고, 위에서 말하는 명예훼손 · 모욕 역시 형법상 명예훼손죄, 모욕죄와 동일하게 보아 그 성립요건 구비 여부에 따라 판단할 것이 아니라 학생의 보호 및 교육 측면에서 달리 해석하여야 할 필요가 있다.

나) 이 사건에 관하여 보건대, 앞서 본 바와 같이 원고가 F, E과 사이가 나빠지면서 2013. 8. 경부터 몇 달에 걸쳐 이들에게 "찐따", "시발" 등의 욕설이 포함된 문자메세지 등을 보내고 이들 옆을 지나칠 때 툭툭 치는 등의 행위를 한 사실, 원고, F, E은 다른 4명과 7명이 친하게 지냈는데 원고는 'F이 자신의 성적을 보아 F을 빼고 6명이서 놀았다', 'E이 장난을 거는 것이 싫어 E도 빠져 버렸다'고 진술한 사실, 자치위원회 회의 시 원고 및 원고의 부친은 사과하는 의견을, F과 E 측은 재발방지를 다짐하는 의견을 진술하였던 사실 등을 종합하여 볼 때 원고가 F, E에게 욕설 등이 담긴 문자메세지 등을 보내고 이들을 함께 노는 무리에서 제외하는 등의 행위(이른바 '왕따행위')를 한 것은 학교폭력법에서 규정하는 학교폭력에 해당한다고 봄이 상당하다.

(서울행정법원 2014. 6. 20. 선고 2014구합250 판결)

한편 따돌림이란 ① 학교 내외에서 ② 2명 이상의 학생이 특정인이나 특정 집단의 학생들을 대상으로 ③ 지속적이거나 반복적으로 ④ 신체적 또는 심리적 공격을 가하여 ⑤ 상대방이 고통을 느끼도록 하는 모든 행위를 말한다(「학교폭력예방법」 제2조 1의2). 그러므로 따돌림이 일어난 장소는 학교 안팎을 불문하며, 따돌림이 반드시 자신보다 약한 상대방에 대해 일방적으로 행해지는 것만을 의미하는 것도 아니다. 한편「학교폭력예방법」상 따돌림의 정의에 의하면, 물건을 부수는 등의 물리적 공격은 신체적 또는 심리적 행위에 해당하지 않으므로 따돌림에 해당하지 않을 수 있다. 그러나「학교폭력예방법」의 주요 목적이 학교폭력의 예방이며, 실제로 심리적 공격과 물리적 공격의 구별이 모호할 수 있으므로, 물리적 공격도 따돌림에 포함하는 방안으로의 법개정이 필요하다. 이와 함께 따돌림이라고 하기 위해서는 그러한 행위가 "지속적으로나 반복적으로" 이루어져야 하는데, 이러한 표현은 실제로 그 성립 여부가 애매할 수 있는 표현이므로 삭제하는 것이 타당할 것이다. 또한 「학교폭력예방법」은 인터넷, 휴대전화 등의 정보통신기기를 이용한 따돌림을 '사이버 따돌림'으로 정의하고 이를 금지하고 있다.

2) 따돌림 판단 시 주의할 점

따돌림 여부를 판단할 때 중요한 점을 언급하면, 우선 따돌림의 정의에서도 설명한 바와 같이 따돌림에 대한 판단은 어디까지나 따돌림을 당한 학생 자신 입장에서 할 필요가 있다. 따돌림을 당하는 아이들은 종종 누군가에게 따돌림에 대해 이야기함으로써 더 심한 따돌림을 두려워하거나 가족에게 걱정을 끼치고 싶지 않거나 자신이 비참해질 것이라는 생각이 들기 때문에, 따돌림을 좀처럼 밝히지 않는다. 폭행당하고 다친 경우조차도 넘어졌다고 거짓말을 할 수 있다. 이처럼 따돌림의 피해를 받고 있는 본인은 오히려 따돌림을 부정하는 경우가 많다는 전제하에 상담에 임할 필요가 있다. 그러므로 본인의 발언만으로 따돌림이 아니라고 쉽게 판단해서는 안 된다.

한편 따돌림을 저지르고 있는 쪽이나, 따돌림 행위를 재촉하는 등 따돌림을 곁에서 보고 있거나 즐기고 있는 학생 중에는 자신이 상대를 괴롭히고 있다는 인식이 전혀 없거나 매우 희박한 경우가 적지 않다. 단순한 농담이나 장난이기 때문에 따돌림이 아니라고 생각하거나, 대수롭지 않게 생각하거나, 상대방이 거부하지 않기 때문에 상관없다고 생각하는 사례가 많다. 예를 들면, 약속을 어긴 상대를 따돌리는 경우 등 상대방에게 원인이 있으니 따돌림을 당해도 괜찮다고 생각하는 사례도 자주 있다. 그러므로 괴롭히고 있다는 인식, 즉 가해의식의 유무는 따돌림 여부를 판단하는 데 필요한 요건이 아니다.

3) 따돌림의 특징

따돌림과 관련하여 흔히 착각하기 쉬운 실수가 있다. 따돌림 당하는 학생들에게 어떤 문제가 있다거나 따돌림을 잘 당하는 유형이 있다는 오해를 하는 사람들이 아직도 적지 않다. 그러나 따돌림은 누구에게나 어느 학교에서나 일어날 수 있다. 어느 학교, 어느 학년에서나 따돌림은 일어날 수 있고, 따돌림 피해를 입기 쉬운 학생이나 일정한 따돌림 유형이 있는 것이 아니다. 특히 폭력행위를 수반하는 심각한 수준의 따돌림이 아닌, 일상적인 따돌림과 관련해서는 오히려 많은 학생이 따돌림 피해를 경험하고 있고, 따돌림 가해 경험도 가지고 있다. 그래서 특정 학생만을 주시하여 신경 쓰고 있으면 따돌림을 막을 수 있다거나 '이 학생은 괜찮겠지.'라는 생각은 바람직하지 않다. 모든 학생을 대상으로 한 따돌림 예방 대책이 중요하다. 많은 경우 따돌림은 사소한 계기나 사소한 장난에서 시작하여 서서히 확대된다. 그러므로 일상적으로 흔히 일어나는 학생들 사이의 의견 충돌이나 사소한 변화에 신경을 쓰는 것이 중요하다. 따돌림을 발견하고 정확하게 대응하기 위해서는 이러한 따돌림의 특징을 충분히 이해해야 할 것이다.

3. 법률의 내용과 법적 대응

1) 사전 예방

학교폭력의 사전 예방을 위해, 「학교폭력예방법」에서는 전문상담교사의 배치, 전담기구의 구성, 학생보호인력 배치 및 학교전담경찰관을 운영하도록 규정하고 있다.[2)]

(1) 전문상담교사의 배치

학교의 장은 학교에 인터넷 이용 시설, 전화 등 상담에 필요한 시설 및 장비와 상담을 받는 사람의 사생활 노출 방지를 위한 칸막이 및 방음시설을 갖추어 상담 활동이 편리한 장소에 상담실을 설치하고, 전문상담교사를 둔다. 전문상담교사는 학교의 장 및 학교폭력대책심의위원회(이하 '심의위원회')의 요구가 있는 때에는 학교폭력에 관련된 피해학생 및 가해학생과의 상담 결과를 보고해야 한다(「학교폭력예방법」 제14조).

(2) 전담기구의 구성과 운영

학교폭력문제를 담당하는 전담기구(이하 '전담기구')는 학교의 장이 구성한다. 학교의 장은 교감, 전문상담교사, 보건교사 및 책임교사(학교폭력문제를 담당하는 교사), 학부모 등으로 학교폭력문제를 담당하는 전담기구를 구성한다. 이 경우 학부모는 전담기구 구성원의 3분의 1 이상이어야 한다(「학교폭력예방법」 제14조).

학교의 장은 학교폭력 사태를 인지한 경우 지체 없이 전담기구 또는 소속 교원으로 하여금 가해 및 피해 사실 여부를 확인하도록 하고, 전담기구로 하여금 학교의 장의 자체해결 부의 여부를 심의하도록 한다. 전담기구는 가해 및 피해 사실 여부에 관하여 확인한 사항을 학교의 장에게 보고해야 한다. 전담기구는 학교폭력에 대한 실태조사와 학교폭력예방 프로그램을 구성·실시하며, 학교의 장 및 심의위원회의 요구가 있는 때에는 학교폭력에 관련된 조사 결과 등 활동 결과를 보고해야 한다. 전담기구는 성폭력 등 특수한 학교폭력 사건에 대한 실태조사의 전문성을 확보하기 위하여 필요한 경우 전문기관에 그 실태조사를 의뢰할 수 있다. 이 경우 그 의뢰는 심의위원회 위원장의 심의를 거쳐 학

2) 이하에서의 법적 대응은 따돌림뿐만 아니라 모든 학교폭력에 적용된다. 「학교폭력예방법」에서는 따돌림뿐만 아니라 학교폭력 전반에 적용되기 때문이다.

교의 장 명의로 해야 한다. 피해학생 또는 피해학생의 보호자는 피해 사실 확인을 위하여 전담기구에 실태조사를 요구할 수 있다.

(3) 학생보호인력의 배치 및 학교전담경찰관 운영

국가·지방자치단체 또는 학교의 장은 학교폭력을 예방하기 위하여 학교 내에 학생보호인력을 배치하여 활용할 수 있다(「학교폭력예방법」 제20조의5). 그러나 아동·청소년대상 성범죄 또는 성폭력범죄를 범하여 벌금형을 선고받고 그 형이 확정된 날부터 10년이 지나지 아니하였거나, 청소년 출입·고용금지업소의 업주나 종사자 등은 학생보호인력이 될 수 없다(「학교폭력예방법」 제20조의5).

또한 국가는 학교폭력예방 및 근절을 위하여 학교폭력 업무 등을 전담하는 경찰관을 둘 수 있다. 이에 따라 경찰청장이 학교폭력예방 및 근절을 위해 학교폭력 업무 등을 전담하는 경찰관을 둘 경우에는 학생 상담 관련 학위나 자격증 소지 여부, 학생 지도 경력 등 학교폭력 업무수행에 필요한 전문성을 고려해야 한다. 학교전담경찰관은 학교폭력예방 활동, 피해학생 보호 및 가해학생 선도, 학교폭력 단체에 대한 정보 수집, 학교폭력 단체의 결성 예방 및 해체 및 그 밖에 경찰청장이 교육부장관과 협의해 학교폭력예방 및 근절 등을 위해 필요하다고 인정하는 업무를 한다(「학교폭력예방법 시행령」 제31조의2).

2) 학교폭력 신고 및 초기 대응

(1) 학교폭력 신고

학교폭력 현장을 보거나 그 사실을 알게 된 사람은 학교 등 관계 기관에 이를 즉시 신고해야 하며, 신고를 받은 기관은 이를 가해학생 및 피해학생의 보호자와 소속 학교의 장에게 통보해야 한다. 통보받은 소속 학교의 장은 이를 심의위원회에 지체 없이 통보해야 한다. 또한 학교폭력을 신고한 사람에게 그 신고행위를 이유로 불이익을 주어서는 안 된다. 학교폭력이 아직 발생하지 않았더라도 학교폭력의 예비·음모 등을 알게 된 자는 누구라도 이를 학교의 장 또는 심의위원회에 고발할 수 있다. 만일 교원이 이를 알게 된 경우에는 학교의 장에게 보고하고 해당 학부모에게 알려야 한다(「학교폭력예방법」 제20조).

(2) 신고 접수 및 학교장·교육청 보고

전담기구는 학교폭력 신고 접수 대장을 비치하고 117 신고센터, 학교장, 교사, 학생, 보호자 등 학교폭력 현장을 보거나 그 사실을 알게 된 자 및 기관으로부터 신고 받은 사안에 대해 기록·관리한다. 접수된 사안에 대해서는 관련 학생 보호자에게 통보하고, 통보일자, 통보방법 등을 기록한다. 전담기구는 인지 후 48시간 이내에 교육(지원)청으로 사안 보고하는 것이 원칙이다. 또한 전담기구는 신고된 학교폭력 사안을 조사하고 조사 결과를 보고서로 작성하여 학교장에게 보고한다. 전담기구가 심의위원회 개최를 요청하는 경우, 위 보고서를 수정·보완하여 학교장과 심의위원회에 보고한다. 사안 조사 후, 학교장 자체해결의 객관적 요건 충족 여부 및 피해학생과 그 보호자의 학교폭력 심의위원회 개최 요구 의사를 확인한다.[3)]

(3) 비밀누설금지

학교폭력의 예방 및 대책과 관련된 업무를 수행하거나 수행했던 사람은 그 직무로 인하여 알게 된 비밀 또는 가해학생·피해학생 및 신고자·고발자와 관련된 자료를 누설해서는 안 된다. 여기에 해당하는 비밀의 범위는 다음과 같다(「학교폭력예방법」 제21조).

3) 교육부·이화여자대학교 학교폭력예방연구소(2023). 학교폭력 사안처리 가이드북, p. 29.

① 학교폭력 피해학생과 가해학생 개인 및 가족의 성명, 주민등록번호 및 주소 등 개인정보에 관한 사항,
② 학교폭력 피해학생과 가해학생에 대한 심의 · 의결과 관련된 개인별 발언 내용,
③ 그 밖에 외부로 누설될 경우 분쟁당사자 간에 논란을 일으킬 우려가 있음이 명백한 사항.

비밀누설의무를 위반하면 1년 이하의 징역 또는 1천만 원 이하의 벌금에 처해진다(「학교폭력예방법」 제22조).

3) 사안 조사

학교폭력이 발생한 때부터 그에 관한 조사와 보고 과정은 다음 [그림 8-1]과 같다. 117 학교폭력 신고센터로부터의 통보나 교사 · 학생 · 보호자 등의 신고 접수 등을 통해 학교폭력 사건 발생을 인지하면, 신고 접수된 사안을 관련 학생과 그 보호자에게 통보한다. 그 후 피해 및 가해 사실 여부 확인을 위한 구

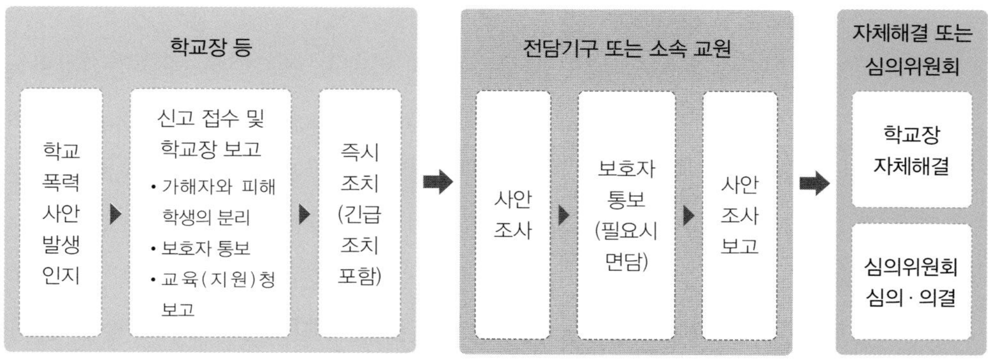

[그림 8-1] 사안 조사 과정

출처: 교육부 · 이화여자대학교 학교폭력예방연구소(2023), p. 30.

체적인 사안 조사를 실시한다.

그리고 다음의 경우에는 심의위원회의 위원장은 심의위원회 회의를 소집하여야 한다(「학교폭력예방법」 제13조).

① 심의위원회 재적위원 4분의 1 이상이 요청하는 경우,
② 학교의 장이 요청하는 경우,
③ 피해학생 또는 그 보호자가 요청하는 경우,
④ 학교폭력이 발생한 사실을 신고 받거나 보고받은 경우,
⑤ 가해학생이 협박 또는 보복한 사실을 신고 받거나 보고받은 경우,
⑥ 그 밖에 위원장이 필요하다고 인정하는 경우.

그러나 피해학생 및 그 보호자가 심의위원회의 개최를 원하지 않고, 일정한 요건에 해당하는 경우에는 학교의 장이 학교폭력 사건을 자체적으로 해결할 수 있다. 학교장의 자체해결에 대해서는 다음 절에서 자세히 살펴본다.

4) 학교폭력의 해결

(1) 학교장의 자체해결

학교폭력이 발생한 사실 및 가해학생이 협박 또는 보복한 사실을 신고받거나 보고받은 경우에도 불구하고 피해학생 및 그 보호자가 심의위원회의 개최를 원하지 않고, 다음에 모두 해당하는 경미한 학교폭력의 경우 학교의 장은 학교폭력 사건을 자체적으로 해결할 수 있다(「학교폭력예방법」 제13조의2).

① 2주 이상의 신체적·정신적 치료가 필요한 진단서를 발급받지 않은 경우,
② 재산상 피해가 없거나 즉각 복구된 경우,
③ 학교폭력이 지속적이지 않은 경우,

④ 학교폭력에 대한 신고, 진술, 자료제공 등에 대한 보복행위가 아닌 경우. 이 경우 학교의 장은 지체 없이 이를 심의위원회에 보고하여야 한다.

학교의 장은 자체적으로 사건을 해결하려는 경우 다음의 절차를 모두 거쳐야 한다(「학교폭력예방법」 제13조의2).

① 피해학생과 그 보호자의 심의위원회 개최 요구 의사의 서면 확인,
② 학교폭력의 경중에 대한 교감, 전문상담교사, 보건교사 및 책임교사(학교폭력문제를 담당하는 교사를 말함), 학부모 등으로 학교폭력문제를 담당하는 전담기구의 서면 확인 및 심의.

학교장 자체해결 절차

- 학교폭력 사안 조사
  - 전담기구의 사안 조사 과정에서 피해 관련 학생 및 그 보호자를 상담할 때 학교장 자체해결을 강요하지 않도록 유의한다.
- 전담기구 심의 시 유의사항
  - 학교장의 자체해결 요건 해당 여부는 전담기구 심의에서 협의를 통해 결정한다.
  - 피해학생이 1명이고 가해학생이 여러 명인 경우, 학교장 자체해결 요건에 충족하더라도 피해학생이 가해학생 모두에 대해 자체해결에 동의하는 경우에 한하여 학교장 자체해결이 가능하다. 단, 피해학생이 여러 명인 경우에는 피해학생별로 학교장 자체해결 부의 여부를 판단한다.
- 피해학생 및 그 보호자의 서면 확인
  - 전담기구의 심의 결과 학교장 자체해결 요건에 해당하는 사안의 경우, 전담기구에서 객관적으로 판단한 기준에 대해 피해학생 및 그 보호자에게 설명하고, 피해학생과 그 보호자가 심의위원회 개최 요구 의사 확인서를 통해 학교장 자체해결에 동의하면 학교장이 자체해결할 수 있다.

- 학교의 장이 자체해결한 학교폭력 사안에 대해서는 재산상의 피해 복구를 이행하지 않거나 해당 학교폭력 사안의 조사 과정에서 확인되지 않았던 사실이 추가적으로 확인된 경우를 제외하고는 피해학생 및 그 보호자가 심의위원회 개최를 요청할 수 없다는 사실을 반드시 사전에 충분히 설명한다.

• 학교장 자체해결 결재 및 교육(지원)청 보고
- 전담기구의 학교폭력 사안 조사 보고서, 전담기구 심의결과 보고서, 학교장 자체해결 동의서(피해학생 및 그 보호자의 심의위원회 개최 요구 의사 확인서)를 첨부한다.
- 학교장 자체해결 결과를 교육(지원)청에 보고한다.
- 가해학생 우선 출석정지 후 학교장 자체해결하는 경우 학교장이 긴급조치를 직권으로 취소하고 기타 부득이한 사유로 학교장의 허가를 받아 결석하는 경우로 보아 출석으로 인정할 수 있다.

• 관련 학생 보호자 통보 (서면, 유선, 문자 등 가능)

출처: 교육부 · 이화여자대학교 학교폭력예방연구소(2023), p. 48.

학교의 장은 학교폭력 사건을 자체적으로 해결하는 경우 피해학생과 가해학생 간에 학교폭력이 다시 발생하지 않도록 노력해야 하며, 필요한 경우에는 피해학생·가해학생 및 그 보호자 간의 관계 회복을 위한 프로그램을 운영할 수 있다(「학교폭력예방법 시행령」 제14조의3).

(2) 학교폭력대책심의위원회를 통한 해결

심의위원회는 학교폭력과 관련하여 분쟁이 있는 경우에는 그 분쟁을 조정할 수 있다(「학교폭력예방법」 제18조). 심의위원회 또는 교육감은 분쟁조정의 신청을 받으면 그 신청을 받은 날부터 5일 이내에 분쟁조정을 시작해야 한다(「학교폭력예방법」 제18조). 심의위원회 또는 교육감은 분쟁조정이 성립하면 분쟁당사자의 주소와 성명, 조정 대상, 분쟁의 내용(분쟁의 경위 및 조정의 쟁점), 조정의 결과를 적은 합의서를 작성하여 분쟁당사자와 피해학생 및 가해학생이 소속된 학교의 장에게 각각 통보해야 한다(「학교폭력예방법」 제18조). 또한 심의위원회의 위원장은 분쟁조정의 결과를 교육감에게 보고해야 한다. 분쟁의 조정은 1개월 이내에 끝내야 한다(「학교폭력예방법」 제18조).

(3) 법원을 통한 해결

법원을 통한 해결에는 민사적인 해결 방법과 형사적인 해결 방법으로 나눌 수 있다. 민사적 해결 방안에 관해 보면, 우선 가해자(가해학생과 그 부모)에게 손해배상 청구를 할 수 있다. 모든 학교폭력 사안에 대하여 민사적인 해결이 가능하며, 민사소송에 의한 손해배상의 범위는 재산상 손해, 재산 이외의 손해, 명예회복처분 등이 있다. 다만, 정신적 손해에 대한 배상에 해당하는 위자료의 경우, 학교폭력과 정신적 손해 사이의 인과관계가 인정되어야 한다. 위자료의 액수는 일반적으로 법원의 자유재량에 따라 결정된다. 민사적 해결을 위해서는 민사소송을 하는 방법과 민사조정을 이용하는 방법이 있는데, 이 두

표 8-2 **민사소송과 민사조정의 차이**

구분	내용
민사소송	• 피해학생 측이 가해학생 측에 대하여 손해배상을 청구하는 소장을 제출하면서 시작된다. • 민사소송에서는 형사소송과 달리 국선변호인제도가 없으므로, 자신의 비용으로 변호인을 선임하거나, 변호인을 선임할 경제적 여력이 없는 경우에는 개인이 소송의 당사자가 되어 소송을 진행하여야 한다. • 변호사 선임 없이 소송을 진행하는 경우, 무료법률상담소 또는 법률구조공단으로부터 소송서류의 작성 및 소송절차의 진행에 대한 도움을 받을 수 있다.
민사조정	• 민사소송에 비해 신속하게 진행되고, 비용도 1/5로 비교적 저렴하다. • 각 지방법원 종합민원실에 민사조정신청서 양식이 비치되어 있다. 조정신청서를 작성할 수 없는 경우에는 법원 직원에게 구두로 신청할 수 있다. • 조정 결과 당사자 사이에 합의가 성립하여 합의된 사항을 조서에 기재하게 되면, 확정판결과 동일한 효력을 갖는다.

출처: 교육부 · 이화여자대학교 학교폭력예방연구소(2023), p. 89.

제도의 차이점은 〈표 8-2〉와 같다.

피해학생은 가해자 이외에 교사와 국가 · 지방자치단체 · 학교법인에게도 민사책임을 물을 수 있다. 교사의 경우에는 자신의 지도 · 감독하에 있는 학생의 가해행위로 인하여 발생한 손해를 배상할 책임을 진다. 이 경우 가해행위가 발생한 사안이 '학교에서의 교육활동 및 이와 밀접한 생활관계인 경우'(교육활동과 밀접불가분의 관계가 있는지 여부)이고 교사가 '학교폭력이 발생할 것을 알았거나 알 수 있는 경우'(예견가능성)에 한하여 책임을 부담한다. 이러한 두 가지 요건을 모두 충족하였다고 하더라도 교사가 상황에 적합한 예방조치를 하는 등 결과를 방지하기 위한 노력을 충분히 한 경우라면 법적인 책임을 지지 않는다.

또한 국공립학교에서 발생한 학교폭력 사건의 경우에, 교사 이외에도 학교를 설치 · 운영하는 국가 또는 지방자치단체가 피해학생에 대해 배상책임을 부담한다. 학교폭력 사건의 발생에 대하여 교사에게 경과실만 있는 경우에는 교사 개인은 손해배상책임을 부담하지 않고, 지방자치단체가 배상책임을 부담하지만, 교사에게 고의 또는 중과실이 있는 경우에는 교사 개인도 지방자치단체와 함께 불법행위로 인한 손해배상책임을 진다. 여기서 교사의 중과실이란 교사에게 통상 요구되는 정도의 상당한 주의를 하지 않더라도 약간의 주의만 기울였다면 손쉽게 위법, 유해한 결과를 예견할 수 있는 경우임에도 이를 간과하는 경우로서, 고의에 가까울 정도로 현저한 주의를 하지 않은 상태를 말한다.[4] 만일 사립학교에서 학교폭력 사건이 발생한 경우라면, 교사 이외에 학교를 설치 · 운영하는 학교법인도 피해학생에 대한 배상책임을 진다.

따돌림 등의 학교폭력은 다양한 연령에서 일어날 수 있는데, 가해학생의 연령에 따른 형사절차는 다음 〈표 8-3〉과 같다(「소년법」 제2조, 제4조 제1항, 「형법」 제9조 및 「소년심판규칙」 제42조 제1항).

4) 교육부 · 이화여자대학교 학교폭력예방연구소(2023), pp. 89-90.

표 8-3 가해자의 연령에 따른 형사절차

가해자 연령	소년보호재판	형사재판
10세 미만	×	×
10세 이상~14세 미만	○	×
14세 이상	○(19세 미만)	○

출처: 찾기쉬운 생활법령정보 홈페이지

따라서 10세 미만의 가해학생은 형사책임을 지지 않으며, 10세 이상 14세 미만의 가해자는 소년보호재판을 받고 형사처벌이 아닌 보호처분 결정을 받게 된다. 그리고 학교폭력의 가해자가 14세 이상인 경우에는 「소년법」의 적용 대상이 되는 동시에 「형법」의 적용 대상이 되므로, 보호처분 또는 형사처벌을 받을 수 있다(「소년법」 제2조 및 「형법」 제9조 참조).

4. 따돌림 상담의 기본

1) 상담자의 기본자세

최근 우리 사회에서는 따돌림으로 인한 비참한 사건이 끊이지 않고 있어서, 따돌림으로 인해 고통을 당하는 학생을 보호하기 위해 「학교폭력예방법」을 제정하였다. 따라서 상담자들은 이 법률이 정하는 따돌림의 정의에 따라 대처해야 할 것이다. 또한 아동 발달과 아동 집단 복원 기능 측면에서, 법적 관점에서만 학생을 '감시'하거나 어른들이 그 싸움과 갈등에 개입하는 것은 아동 발달을 저해할 수 있다는 점에 유의해야 할 것이다. 학생 간의 다툼이 따돌림에 해당하는지는 한마디로 결론을 내리기가 어렵다. 게다가 원래 아동 집단은 여러 가지 문제를 일으키더라도 그 부정적인 관계를 서서히 회복해 나갈 수 있다. 거기에 어른이 바로 개입하면, 아이는 그러한 복구 기능을 스스로 학습하고 발달시킬 기회를 잃게 된다. 그 결과 사춘기 이후에 심한 문제를 일으키거나 폭행이나 상해와 같은 비행으로 이어질 수 있다.

그런 의미에서, 학생들의 싸움이나 그 집단에서의 문제는 부정적인 관계성을 적절히 복원해 나가기 위한 중요한 학습 과제이다. 그러나 따돌림 방지를 위한 여러 가지 제도로 인해 현대 학생은 그 기회를 잃었다고도 할 수 있다. 그래서 상담자들은 '범죄'와 '따돌림'과 '싸움(다툼)'을 어떻게 이해하고 어떻게 대처할 것인가에 대해 생각해야 할 것이다.

먼저, 범죄와 괴롭힘의 관계를 이해하는 데에는 다음 〈표 8-4〉가 도움이 될 것이다. 이러한 범죄와 괴롭힘의 관계를 보면, 학생들을 비롯한 상담자들도 지금까지 괴롭힘이라고 생각했던 행위가 범죄행위임을 알게 된다. 따라서 이러한 행동에 대해서는, 이를 범죄가 될 수 있는 행위로 파악하고 발견 시 신고하는 등의 대처가 필요하다.

다음으로, 범죄에는 해당하지 않지만 괴롭힘에 해당하는 행위가 있다. 범죄에 해당하지 않는 괴롭힘 중 가장 심한 것은 학급 전체 학생들이 특정 학생을 무시하는 행위이다. 이러한 괴롭힘을 당한 학생은 정신적 파탄을 초래할 수도

표 8-4 범죄로 여겨지는 괴롭힘 사례

괴롭히는 행위 유형	관련 법 규정
때리기, 치기, 차기 등의 폭력행위	「형법」 제260조(폭행죄)
폭행으로 상대방이 다쳤을 경우	「형법」 제257조(상해죄)
금품을 훔치는 행위	「형법」 제329조(절도죄)
협박하여 금품을 취하는 행위	「형법」 제350조(공갈죄)
상대방의 소지품을 부수거나 버리는 행위	「형법」 제366조(재물손괴죄)
상대방이 싫어하는 것을 강요하는 행위	「형법」 제324조(강요죄)
인터넷이나 SNS에서 상대방을 비방하는 행위	「정보통신망 이용촉진 및 정보보호 등에 관한 법률」 제44조의7 제1항 2호(인터넷 명예훼손죄)

있으므로 주의해야 한다. 또한 왕따임에도 불구하고 지나치기 쉬운 행위로서, '만지기'가 있다. 이 행위는 종종 가해학생이 반은 재미로, 반은 놀리기 위해서 하는데, 피해학생은 고통을 느끼면서도 웃거나 자기를 만지작거리는 학생과 행동을 같이하는 경우도 많다. 피해학생은 괴로움을 빨리 수습하기 위해 아무것도 아닌 것처럼 밝게 행동하는 것이다. 함부로 저항하는 태도를 보이거나 하면 그것이 더 심한 괴롭힘을 유발하는 원인이 된다고 생각하기 때문이다.

마지막으로, 어렵기는 하지만 따돌림과 싸움을 구분하자면, 싸움은 일회성인 경우가 많고 그 후에는 원래 사이로 돌아가거나 그 이상의 사이가 된다. 그러나 싸움이 오래 지속되거나 어느 한쪽이 일방적으로 당하는 경우는 괴롭힘으로 이어질 수 있으므로 주의가 필요하다.

2) 법과 상담의 조화

(1) 학교 전체의 대응

따돌림이 일어났을 때, 담임교사나 동아리 담당자는 자신의 힘만으로 어떻게든 대응하려고 하는 경향이 있는데, 이는 따돌림의 초기 대응 과정에서 빠지기 쉬운 오류이다. 종종 따돌림 사태를 더 심각하게 하거나 해결을 어렵게 할 수 있다. 그러므로 따돌림 사안의 경중과 관계 없이 우선 학교장에게 보고하고 학교 전체 차원에서 조직적으로 대응할 필요가 있다. 따돌림은 학생들 사이의 문제뿐만 아니라 학급이나 동아리 활동이라는 집단 시스템에서 일어나는 문제이기 때문이다. 괴롭히는 학생, 따돌림을 당하는 학생뿐만 아니라 따돌림을 방관하는 학생, 심지어 담임교사나 동아리 담당자를 포함해서 모두가 해결해야 할 문제이다.

학교 전체가 대응할 때도, 학교 안에서만 해결하려고 할 것이 아니라, 따돌림 해결과 향후 재발방지를 위해서 외부의 의견을 가능한 한 수렴하는 것이 바람직하다. 이러한 학교 시스템 전체의 대응과 외부 의견의 수렴이 학급이나 동아리 활동과 같은 하위 시스템과 그 안의 학생들 사이의 관계 회복으로 이어질 것이다. 즉, 따돌림 문제의 대응에 있어서는, 내부적으로 대응하는 것이 아니라 가능한 한 외부와의 '소통'을 하는 것이 중요하다고 할 수 있다.

(2) 가해자 적발보다 중요한 사실 파악

따돌림 상담의 경우, 피해학생, 주변 학생들, 보호자 등의 이야기를 개별적으로 듣는 등 실태 파악에 노력해야 한다. 이 따돌림 조사에서는 악당 찾기에 빠지기 쉽다는 점에 주의해야 한다. 누구의 이야기를 청취하든지 사실을 조사할 때는 사실관계를 중립적으로 정확하게 파악해야 한다. 사실에 관한 조사와 따돌림 여부에 대한 평가는 별개의 단계이다. 처음부터 따돌림의 장본인을 찾아내려고 하면 학생들은 입을 다물고 말 것이다. 이야기의 내용에 화가 나더라도 도중에 잔소리를 하거나 꾸짖지 말고 끝까지 진지하게 듣는 자세가 중요하다.

가해학생은 좀처럼 사실대로 말하지 않을 것이라고 여길지 모르지만, 학생들은 교사 등 어른에 대해 일단 신뢰감을 가지면 정직하게 이야기를 꺼내어 자기 안에 쌓여 있던 여러 감정, 기분, 생각을 드러내어 말해준다. 그 밖에 따돌림 조사에서는 학생상담교사의 협조를 얻는 등 적절한 조사팀을 구성하여 정확한 사실을 파악하고, 따돌림 조사에서 학생들에게 상처를 주지 않도록 배려해야 한다.

(3) 피해학생과 가해학생의 동시 배려

아무리 적절하게 조사하고 대응해도 따돌림이 계속되거나 또는 나중에 반복되어 일어날 수도 있다. 따돌림에 의한 자살이라는 돌이킬 수 없는 사태를 초래하고 있는 상황에서 보면, 가해학생에 대해 출석정지 조치를 하거나 경찰과 연계하여 대응하는 등의 법적인 접근을 하지 않을 수 없다. 그러나 이때 가해학생을 감시하거나 징계로 벌을 주는 식의 대응은 나중에 더욱 집요하고 적발이 어려운 문제를 발생시킬 수 있다.

또한 따돌림 등의 문제를 일으키는 학생은 대다수가 과거의 피해 경험이 있다. 그러한 관점에서 가해학생이 어떠한 스트레스에 노출되어 있지 않은지 본인이나 보호자의 이야기를 충분히 듣고, 특히 가정에서의 생활 상황에 주의할 필요가 있다. 그리고 출석정지 또는 경찰의 관여와 같은 강력한 법적 접근을 할 때는 그에 상응하는 최소한의 제재를 하는 것이 좋다.

상담적 접근의 기본은 한 사람 한 사람의 학생을 지지하는 것에 있다. 따돌림을 당한 학생만 지키고 괴롭힌 학생에 대한 배려는 소홀히 하는 식의 대응은 문제 해결로 이어지지 않고 더 심각한 따돌림을 불러올 수 있다. 따라서 상담자에게 요구되는 것은 따돌림을 당한 학생을 잘 지키는 동시에 괴롭힌 학생도 동시에 돌봄으로써, 학생과 집단의 시스템을 회복하는 것이다.

(4) 관계 기관과 연계

학교가 관계 기관과 연계할 때 유의해야 할 것은 가해학생을 관계 기관에 인계하고 끝내는 식의 대응은 좋지 않다는 것이다. 예를 들어, 심리상담소와의 연계에 실패하기 쉬운 학교를 보면, 가해학생의 지도를 상담소에 인계하고 끝내려고 하는 경향이 있다. 상담소와 연계하여 학교 내에서 가해학생을 지도할 때는 물론, 그 아이가 시설에 수용된 경우에도 교사는 그 이전보다 그 학생과의 관계를 긴밀히 해야 할 것이다. 즉, 학교의 포용력이 필요하다. 이러한 대응은 결과적으로 가해학생이 시설에 입소하거나 전학을 갔더라도, 그 학생의 재기에 좋은 영향을 미칠 것이며, 따돌림 문제로 왜곡된 집단과 학교의 회복으로도 이어질 것이다.

한편 따돌림뿐만 아니라 다양한 학생들과 그 가족에 대응해야 하는 현장의 교사도 심리적으로 괴로운 상태에 있다. 개별 교사에게도 도움이 필요한 것이다. 교육 현장을 보면, 이제는 개별 교사나 학교 자체만으로 따돌림 문제에 대응하기가 점점 어려워지고 있다. 그러므로 관계 기관과 연계하여 협력하면서 문제를 해결하려는 자세가 중요하다.

 정리

이 장에서는 따돌림에 대한 올바른 이해를 위해, 과거와 현재에서 따돌림의 양상 변화 현상과 현대형 따돌림의 특징 및 이에 대응하여 제정된 법률의 취지와 내용에 대해 살펴보았다. 또한 현행 「학교폭력예방법」상 학교폭력 유형 중의 하나인 따돌림의 정의, 유형 및 판단 시 유의점에 대해 설명했다. 마지막으로 따돌림 등 학교폭력이 발생한 경우의 처리절차와 그 과정에서 상담자의 역할 및 상담 시 기본자세에 대해 언급했다.

제9장

청소년 비행

1. 소년 비행의 이해

1) 「소년법」의 이념

소년 비행과 가장 밀접한 관련이 있는 현행법은 「소년법」이다. 「소년법」 제1조(목적)는 비행소년을 지원하기 위한 기본자세를 명시하고 있다. 즉, "이 법은 반사회성(反社會性)이 있는 소년의 환경 조정과 품행 교정(矯正)을 위한 보호처분 등의 필요한 조치를 하고, 형사처분에 관한 특별조치를 함으로써 소년이 건전하게 성장하도록 돕는 것을 목적으로 한다."라고 명시하고 있다.[1] 이에 대한

1) 일반적으로는 '소년'과 '청소년'을 엄격하게 구분하지 않고 사용하거나 소년보다 나이가 많은 연령대를 청소년이라고 부르는 것 같다. 그러나 현행법상 '소년'은 19세 미만인 사람을 말하며(「소년법」 제2조), 청소년은 9세 이상 24세 이하인 사람을 말하므로(「청소년기본법」 제3조 1호), 이들을 지칭하는 연령대가 중복되는 부분도 있고 다른 부분도 있다. 이 장에서의 주된 관심

자세한 설명은 나중에 하겠지만, 우선은 「소년법」의 이념이 ① 소년의 건전한 성장, ② 환경 조정과 품행 교정, ③ 소년의 형사처분에 관한 특별조치의 세 가지라는 점을 알 수 있다.

① 「소년법」 제1조에서 명시하듯이, 이 법의 이념은 우선 비행소년을 건전하게 성장하도록 하는 것이다. 비행소년을 처벌하라는 등의 내용은 이 법률에서 사용하고 있지 않다. 어디까지나 미래를 책임질 소년들의 재기를 도모하고, 성장·발달을 적극적으로 돕는 것이 필요하다고 이해해야 할 것이다. 이는 비단 상담자에 국한하지 않고 모든 어른에게 요구되는 자세일 것이다.

② '환경 조정'을 명시한 것은, 비행은 소년을 둘러싼 열악한 환경(가족관계 등 인간관계 포함)의 반영이라고 보고, 그 관계성 왜곡을 바로잡는 것이 소년 비행의 본질을 올바로 파악하여 도움을 주고 문제를 해결할 수 있기 때문이다. 이와 함께 우리나라 「소년법」 제1조에서는 '품행 교정'도 명시하고 있다. 그러나 이러한 표현은 비행의 원인을 소년에게 내재된 문제로 본다는 의미가 포함되어 자칫 소년 개인에게 책임을 추궁하고 처벌해야 한다는 논리로 빠지기 쉽다. 그러므로 이러한 표현을 법률에 명시하는 것이 적절한지에 대해서는 재검토가 필요하다.

③ 형사처분에 관한 '특별조치'란 소년의 형사재판은 성인의 경우와 같으면 안 되고, 소년의 갱생을 위한 조치가 되어야 할 필요가 있다는 것이다. 이런 면에서 본다면, 형사사건이 될 만한 소년 비행이 일어날 때마다 인터넷에서 소년의 실명이나 얼굴 사진이 공개되는 일이 일어나는 경우가 있

대상은 현행법상 소년과 청소년의 정의가 중복되는 연령대의 사람들인 초·중·고등학생들이고 상담에서는 청소년이라는 용어를 주로 사용하므로, 상황에 따라 소년과 청소년을 혼용하여 쓰기로 한다.

는데, 이는 「소년법」의 이념에 반한다고 할 수 있다.

이상과 같이 「소년법」의 이념을 법률의 처음에 제시한 것은 비행은 법과 관련된 문제행동이기 때문에, 자칫 그들에 대한 처벌 논란에 휘말릴 수 있기 때문이다. 상담자가 비행소년을 돕기 위해서는 먼저 비행이라는 문제행동을 소년들의 구조 신호로 파악하는 자세가 필요하다. 그리고 소년들이 어떤 도움을 요청하는지 이해해야 한다. 상담자의 기본은 '누구에게나 기본적으로 사람으로서 대우하고 그에게 다가가는 자세'로 내담자를 만나는 것이다. 따라서 어떠한 사건을 일으킨 비행소년을 대할 때는 왜 이런 사건을 일으켰는지, 어떻게 해야 그 소년이 다시 일어설 수 있을지에 관해 생각해야 한다.

2) 비행소년이란

'비행소년'과 '범죄소년'은 차이가 있다. 언론에서 자주 비행과 범죄가 보도되고 있음에도 불구하고 '비행소년'이나 '범죄소년'의 의미에 대해서는 정확하

표 9-1 **비행소년의 범위**

비행소년	범죄소년	죄를 범한 소년
	촉법소년	형벌 법령에 저촉되는 행위를 한 10세 이상 14세 미만인 소년
	우범소년	다음 각 목에 해당하는 사유가 있고 그의 성격이나 환경에 비추어 앞으로 형벌 법령에 저촉되는 행위를 할 우려가 있는 10세 이상인 소년 가. 집단적으로 몰려다니며 주위 사람들에게 불안감을 조성하는 성벽(性癖)이 있는 것 나. 정당한 이유 없이 가출하는 것 다. 술을 마시고 소란을 피우거나 유해환경에 접하는 성벽이 있는 것

출처: 「소년법」 제4조 제1항

게 이해하지 못하고 있는 경우가 많다. 먼저 비행소년이란 어떤 소년에 관해 간단히 설명해 두고자 한다. 비행소년에 대한 학문적인 정의는 아직 존재하지 않는 것으로 보이나, 우리나라 「소년법」 제4조 제1항으로부터 유추하면 비행소년이란 범죄소년, 촉법소년, 우범소년을 말한다. 여기서는 여자도 소년이라고 부른다.

이러한 구별은 비행소년을 상담하거나 돕는 데에 중요한 역할을 한다. 범죄소년을 14세 이상, 촉법소년을 10세 이상 14세 미만으로 구별하고 있는 것은 행위책임이 생기는 나이를 14세 이상으로 여기기 때문이다. 왜 그 나이를 14세 이상으로 하고 있는지에 관해서는 여러 학설이 있지만, 발달심리학의 관점에 의하면 인격이 통합되는 연령이 14세 이상이라고 한다. 즉, 인격이 통합된 하나의 인간의 행위에는 책임이 생긴다는 것이다. 따라서 14세 미만의 촉법소년이 일으킨 비행은 '범죄'가 아니라 '형벌을 규정한 법령에 저촉되는 행위'인 셈이다. 예를 들어, 2019년에 경기도 구리시에서 초등학교 5학년(11세) 여아가 같은 또래의 여아 피해자를 흉기로 찔러 살해한 사건이 있었지만, 그 여아에게는 살인죄는 물을 수 없다. 「형법」상 '범죄'(살인죄)에 해당하지 않기 때문이다.

한편 우범소년이란 쉽게 말해 아직 범죄나 촉법행위를 저지르지는 않았지만, 앞으로 그러한 우려가 있는 소년을 말한다. 우범소년을 비행소년에 포함한 이유는, 예를 들어 가출을 반복하며 범죄조직에 드나들고 있는 소년이나 퇴폐업소에서 일하고 있는 여자 청소년 등을 보호하기 위해서 「소년법」을 적용하기도 하기 때문이다. 이에 비해 불량소년이란 용어는 사전적 의미로는 행실이나 성품이 나쁜 소년을 의미하는데, 이는 「소년법」에는 없는 용어이다. 일반적으로는 자칫 범죄소년은 흉악한 소년이고, 비행소년은 가벼운 나쁜 짓을 한 불량소년이라고 생각하기 쉽지만, 이상에서 살펴본 것과 같이 비행소년 안에 범죄소년, 촉법소년, 우범소년이 포함된다는 것을 알 수 있다. 그러므로 상담자들은 비행소년, 범죄소년, 불량소년의 차이를 이해하고, 이들에 대해 가지고 있던 기존의 선입견에서 벗어나 각자에게 적절한 도움을 주어야 할 것이다.

2. 소년 비행과 보호처분

1) 소년 비행의 심리학적 의미

심리학적으로 보면, 청소년 비행이란 청소년이 반사회적 행위를 하거나 사회규범에 어긋나는 행위를 하는 것을 말한다. 이러한 행위에는 범죄에 해당하는 행위, 부모가 손을 쓸 수 없는 행위, 정당한 이유 없이 가출하는 행위, 불량교우와의 교제, 유해장소 출입, 도박, 성행위, 상습적 학업 태만, 기타 자기 또는 타인을 해롭게 하는 행위 등 청소년에게 금지되는 일련의 행위가 포함된다.[2)]

2) 범죄의 성립 요건

범죄가 법률상 성립하기 위해서는 구성요건해당성, 위법성, 책임성이라는 세 가지 요건을 모두 갖추어야 한다.

첫째, 범죄가 성립하려면 우선 구성요건에 해당해야 한다. 무엇이 범죄인가는「형법」을 포함하여 여러 가지 법률에 규정되어 있는데, 이 규정에 해당해야 한다는 의미이다. 예를 들어, 절도죄가 성립하기 위해서는「형법」제329조에서 규정하고 있듯이 타인의 재물을 '절취'하여야 한다. 만일 '강취'하면 강도죄는 될 수 있을지언정, 절도죄는 될 수 없다.

둘째, 범죄가 성립하려면 위법해야 한다. 즉, 범죄는 법률상 허용되지 않는 것이어야 한다. 첫째 요건인 구성요건에 해당하면 대부분 위법하다. 다만, 구성요건에 해당하는 행위라도 예외적으로 법률에서 허용하는 경우가 있다. 정

2) 한국교육심리학회(2000). 교육심리학용어사전.

당방위, 긴급피난, 정당행위, 피해자의 승낙이 이에 해당한다. 이러한 경우라면 구성요건에 해당하더라도 범죄가 성립하지 않는다.

셋째, 구성요건에 해당하고 위법한 행위라도 그 행위에 대해 행위자를 비난할 수 없다면, 범죄가 되지 않는다. 그러한 자는「형법」상 책임질 능력이 없기 때문이다. 이 세 번째 요건과 관련해서, 범죄로 인해 형벌을 받게 될 지위를 형사책임능력이라고 한다. 형사책임의 본질은 위법행위자에 대한 비난 가능성 또는 적법행위에 대한 기대 가능성에 있는데, 심신장애로 인하여 사물을 변별할 능력이 없거나 의사를 결정할 능력이 없는 자에게는 이러한 비난 가능성 또는 기대 가능성이 없으므로, 형사책임을 물을 수 없어 책임무능력자라고 하여 형을 면제한다(「형법」 제10조 제1항). 또한 14세 미만자도 그러한 능력이 없는 것으로 보아 역시 책임무능력자로 보아 그 형을 면제한다(「형법」 제9조). 그리고 심신장애로 인하여 사물의 변별능력이나 의사결정능력이 미약한 자는 한정책임능력자라고 하여 그 형을 감경할 수 있다(「형법」 제10조 제2항). 듣거나 말하는 데 모두 장애가 있는 사람(청각 및 언어장애자)의 행위에 대해서는 형을 감경한다(「형법」 제11조).

3) 형사처벌과 소년법

「형법」상 14세 미만자는 형사책임능력이 없으므로 벌하지 않는다(「형법」 제11조). 즉, 형을 면제한다. 그러나 이 규정은 형사처벌을 하지 않는다는 의미이므로, 보호처분까지 면제하는 것은 아니다. 이미 살펴본 바와 같이, 반사회성(反社會性)이 있는 소년의 환경 조정과 품행 교정을 위한 보호처분 등의 필요한 조치를 하고, 형사처분에 관한 특별조치를 함으로써 소년이 건전하게 성장하도록 돕기 위한 법률로서「소년법」이 있다(「소년법」 제1조). 이 법에 따르면 소년이란 19세 미만인 자를 말한다(「소년법」 제2조). 따라서 19세를 상한선으로 하여, 형사처벌과 보호처분이 둘 다 가능한 연령인지, 또는 보호처분만 가능

표 9-2 **연령대별 형사처벌 가능 여부**

연령대	가능 여부	
	형사처벌	보호처분
만 14세~만 19세 미만	○	○
만 10세~만 14세 미만	×	○
만 10세 미만	×	×

한지, 아니면 보호처분마저도 할 수 없는지에 따라 소년범의 나이를 다음 〈표 9-2〉와 같이 분류할 수 있다.

이 중 최근 사회적으로 이슈인 촉법소년에 대해 좀 더 살펴보자. 촉법소년은 형벌 법령에 저촉되는 행위를 한 만 10세 이상 14세 미만의 형사미성년자를 말한다. 이들은 －형사처벌을 받지 않고－ 그 대신「소년법」상 보호처분을 받는다. 촉법소년은「소년법」에 따라 －형사재판이 아니라－ 소년보호재판을 받게 되며, 이를 통해 '보호처분'에 처해진다. 보호처분은 판사가 심리 결과 결정으로써 다음 각 호의 어느 하나에 해당하는 처분을 하는 것이다(「소년법」 제32조 제1항).

① 보호자 또는 보호자를 대신하여 소년을 보호할 수 있는 자에게 감호 위탁,
② 수강명령(12세 이상 소년에게만 가능),
③ 사회봉사명령(14세 이상 소년에게만 가능),
④ 보호관찰관의 단기(短期) 보호관찰,[3]
⑤ 보호관찰관의 장기(長期) 보호관찰,

3)「소년법」 제32조의2(보호관찰처분에 따른 부가처분 등) ① 제32조제1항제4호 또는 제5호의 처분을 할 때에 3개월 이내의 기간을 정하여「보호소년 등의 처우에 관한 법률」에 따른 대안교육 또는 소년의 상담·선도·교화와 관련된 단체나 시설에서의 상담·교육을 받을 것을 동시에 명할 수 있다.

⑥ 「아동복지법」에 따른 아동복지시설이나 그 밖의 소년보호시설에 감호 위탁,
⑦ 병원, 요양소 또는 「보호소년 등의 처우에 관한 법률」에 따른 의료재활소년원에 위탁,
⑧ 1개월 이내의 소년원 송치,
⑨ 단기 소년원 송치,
⑩ 장기 소년원 송치(12세 이상 소년에게만 가능).

이러한 보호처분은 그 소년의 장래 신상에 어떠한 영향도 미치지 아니한다(「소년법」 제32조 제6항). 쉽게 말하면 전과자는 되지 않는다는 뜻이다. 또한 만일 판사가 심리 결과 보호처분을 할 수 없거나 할 필요가 없다고 인정하면 불처분 결정을 한다(「소년법」 제29조).

3. 소년 비행 사례

1) 청소년 도박

(1) 개관

도박은 사회적 문제로 부상하고 있는 대표적인 청소년 비행 중 하나이다. 도박이란 당사자가 서로 재물 또는 재산상의 이익을 걸고 우연한 승부에 의하여 그 재물 등의 득실을 결정하는 것을 말한다. 도박으로 인하여 본인, 가족 및 대인관계의 갈등과 재정적 · 사회적 · 법적 문제가 발생하고 있음에도 불구하고, 자신의 의지로 도박행위를 조절하지 못하고 도박을 지속적으로 하는 것을 도박중독이라고 한다. 도박중독 문제는 중년층의 남자에게서 주로 나타나지만, 연령, 성별, 직업, 계층에 상관없이 도박에 대한 기대가 높아서 반복적으로

도박을 하게 되면 뇌신경 회로에 변화가 생겨 도박중독이 될 수 있다.[4)]

이에 따라 청소년 도박 문제도 증가하고 있다. 2022년 청소년 도박 문제 실태조사에 따르면, 중·고등학교 재학생 중 청소년 도박 문제 위험집단(위험군+문제군)은 전체 조사자 중 4.8%로 100명 중 5명에 속하며, 특히 남학생이 여학생보다 위험집단에 속하는 비율이 높게 나타났다. 일반적으로 청소년들이 돈내기 게임에 사용한 총 금액 평균은 27,142원(2020년 25,811원)인데 비해, 문제군에 속하는 청소년들이 사용한 금액 평균은 279,624원(2020년 74,525원)이었다. 또한 학교 밖 청소년의 도박 문제 위험집단(12.6%)이 재학 중 청소년의 도박 문제 위험집단(4.8%)의 2.5배에 달했다.[5)] 다음에서는 청소년 도박 관련 법률들의 내용을 살펴보자.

(2) 도박 관련 법률

우리나라에서 도박은 불법이다. 그러나 성인의 경우에는 경마(「한국마사회법」)나 카지노(「관광진흥법」)와 같이 법률로서 허용한 합법화된 영역도 있다. 그

「형법」

제246조(도박, 상습도박) ① 도박을 한 사람은 1천만원 이하의 벌금에 처한다. 다만, 일시오락 정도에 불과한 경우에는 예외로 한다.

② 상습으로 제1항의 죄를 범한 사람은 3년 이하의 징역 또는 2천만원 이하의 벌금에 처한다.

제247조(도박장소 등 개설) 영리의 목적으로 도박을 하는 장소나 공간을 개설한 사람은 5년 이하의 징역 또는 3천만원 이하의 벌금에 처한다.

---

4) 한국도박문제예방치유원 홈페이지(https://www.kcgp.or.kr/pp/gambleIntrcn/2/gambleIntrcn.do).

5) 한국도박문제관리센터(2022). 2022년 청소년 도박문제 실태조사, p. 27, 49.

러나 청소년이 하는 도박행위는 모두 불법으로 여겨지고 있다. 도박을 금지하는 가장 일반적인 법률 규정은 「형법」 제246조와 제247조이다.

여기서 '도박'이란 앞서 설명한 바와 같이, 재물 또는 재산상의 이익을 걸고 '우연한' 승부에 의하여 그 재물 등의 득실을 결정하는 것이다. 이러한 도박은 「민법」상 계약이자 합동행위이다. 그러므로 여러 명이 도박을 하면, 당사자들 모두에게 도박죄가 성립한다.

그런데 사기도박의 경우에는 사정이 다르다. 사기도박에는 우연성이 없으므로, 사기도박자에게만 사기죄가 성립하며 그 상대방에게는 범죄가 성립하지 않는다. 즉, 도박당사자의 일방이 사기의 수단으로 승패의 수를 지배하는 경우 도박에서의 우연성이 없으므로 ―도박죄는 성립하지 않고― 기망행위(사기)를 한 자에게만 사기죄가 성립한다.

다만, 도박행위가 '일시오락'의 정도에 불과한 경우에는 도박죄가 아니다(「형법」 제246조 제1항 단서). 여기서 일시오락의 정도는 도박의 시간과 장소, 도박에 건 재물의 가액, 도박에 가담한 자들의 사회적 지위와 재산 정도 및 도박으로 인한 이득의 사용처 등 여러 가지 사정을 참작하여 판단한다. 만약 돈을 건 경우라도 단순히 승패 결정의 흥미를 돋우기 위한 방법인 경우에는 일시오락에 해당한다.

또한 상습적으로 도박을 하는 경우에는 처벌이 가중된다. 여기서 상습이란 도박행위를 반복하는 행위자의 속성을 말한다. 이 경우 도박의 전과나 도박 횟수 등이 중요한 판단 자료가 되지만, 도박 전과가 없어도 도박의 성질과 방법, 도박에 건 금액의 규모, 도박에 가담하게 된 경위 등의 제반 사정을 종합하여 상습성을 결정한다. 이에 따라 한 번 도박을 한 경우에도 상습도박죄가 성립할 수 있다.

한편 도박과 관련하여, 「청소년 보호법」에서는 청소년에게 "도박과 사행심을 조장하는 등 청소년의 건전한 생활을 현저히 해칠 우려가 있는" 매체물을 "유해매체물"로 결정하고(「청소년 보호법」 제9조 제1항 4호), 이러한 유해매체물에 대해서는 청소년유해표시의무(「청소년 보호법」 제13조), 포장의무(「청소년 보호법」 제14조), 판매금지(「청소년 보호법」 제16조), 광고선전 제한(「청소년 보호법」 제19조) 등 각종 규제를 한다. 여성가족부장관 또는 시장·군수·구청장은 이를 준수하지 않은 자에게 시정명령을 할 수 있다(「청소년 보호법」 제45조). 이와 함께 형사처벌도 할 수 있으며(「청소년 보호법」 제59조 1호-4호). 나아가 영리 목적으로 청소년에게 청소년유해매체물을 판매·대여·배포·유통 등을 시킨 자도 처벌을 받는다(「청소년 보호법」 제58조 1호, 2호 및 6호).

「사행행위 등 규제 및 처벌 특례법」에서는 사행행위 영업소에 청소년(만19세 미만자)을 입장시키거나 인터넷 등 정보통신망을 이용하는 사행행위영업에 청소년이 참가하는 것을 금지한다(「사행행위 등 규제 및 처벌 특례법」 제12조 4호). 여기서 "사행행위"란 여러 사람으로부터 재물이나 재산상의 이익을 모아 우연적 방법으로 득실을 결정하여 재산상의 이익이나 손실을 주는 행위를 말하고(「사행행위 등 규제 및 처벌 특례법」 제2조 제1항 제1호), 사행행위영업은 주로 국가에 의해 승인받은 유형인 복권발행업,[6] 현상업,[7] 기타 사행행위업을[8] 포함한다(「사행행위 등 규제 및 처벌 특례법」 제2조 제1항 제2호).

이 밖에 「복권 및 복권기금법」에서는 청소년에게 복권 판매하는 것을 금지하고(「복권 및 복권기금법」 제5조 제3항), 「국민체육진흥법」에서는 청소년에게 체육진흥투표권을 판매하거나 환급금을 내주는 것을 금지한다(「국민체육진흥법」

6) 특정한 표찰(컴퓨터프로그램 등 정보처리능력을 가진 장치에 의한 전자적 형태를 포함한다)을 이용하여 여러 사람으로부터 재물 등을 모아 추첨 등의 방법으로 당첨자에게 재산상의 이익을 주고 다른 참가자에게 손실을 주는 행위를 하는 영업.

7) 특정한 설문 또는 예측에 대하여 그 답을 제시하거나 예측이 적중하면 이익을 준다는 조건으로 응모자로부터 재물 등을 모아 그 정답자나 적중자의 전부 또는 일부에게 재산상의 이익을 주고 다른 참가자에게 손실을 주는 행위를 하는 영업.

8) 영리를 목적으로 회전판돌리기, 추첨, 경품(景品) 등 사행심을 유발할 우려가 있는 기구 또는 방법 등을 이용하는 영업.

제30조 제1항). 「한국마사회법」에서는 미성년자에게 마권 발매하는 것을 금지하고(「한국마사회법」 제49조 제1항), 「관광진흥법」에서도 청소년에 대한 카지노 출입을 금지한다(「관광진흥법」 제28조 제1항 제8호).

이상의 법률들은 도박 및 사행행위를 한 청소년을 벌하려는 목적이라기보다는, 이들에게 유해환경을 조성하는 자들을 규제 · 처벌함으로써 청소년들이 도박 및 사행행위에 접근하는 것을 막으려는 내용을 담고 있다고 평가할 수 있다.

2) 학교폭력

(1) 개관

심각한 사회문제로 대두하고 있는 학교폭력문제에 효과적으로 대처하기 위하여 정기적인 학교폭력예방 교육 실시, 학교폭력 신고 의무화, 학교폭력의 예방 및 대책을 위한 전담기구의 설치와 이를 위한 국가의 재정적 지원을 위한 제도적 틀을 마련하기 위해 2004년 「학교폭력예방 및 대책에 관한 법률」(이하 「학교폭력예방법」)을 제정하여 시행해 오고 있다. 다음에서는 이 법률의 주요 내용을 살펴본다.[9)]

(2) 학교폭력의 의미와 범위

"학교폭력"이란 학교 내외에서 학생을 대상으로 발생한 상해, 폭행, 감금, 협박, 약취 · 유인, 명예훼손 · 모욕, 공갈, 강요 · 강제적인 심부름 및 성폭력, 따돌림, 사이버 따돌림, 정보통신망을 이용한 음란 · 폭력 정보 등에 의하여 신체 · 정신 또는 재산상의 피해를 수반하는 행위를 말한다(「학교폭력예방법」 제2조 1호). 그러므로 학교 내에서 일어나는 폭력뿐만 아니라, 학교 외의 장소와 하교

9) 앞에서 살펴본 제8장 '따돌림'도 학교폭력의 유형 중 하나이므로, 제8장과 일부 중복되는 내용이 있다.

이후 발생한 폭력도 「학교폭력예방법」상 학교폭력에 해당한다. 학교폭력의 유형에 관해 자세한 것은 제8장 〈표 8-1〉 학교폭력의 유형을 참고하기 바란다.

「학교폭력예방법」에서는 사실상 시간과 장소를 불문하고, 학생을 상대로 하여 발생한 범죄를 대부분 학교폭력으로 보고 있다. 예전부터 학교생활에서 문제되었던 신체적, 금전적 피해뿐 아니라, 최근 정보통신기술 발달의 부작용으로 나타나는 인터넷 등 전기통신을 이용한 정신적 피해를 유발하는 행위도 학교폭력에 해당한다. 이러한 전기통신을 이용한 폭력은 비대면의 방식으로도 언제나 가능하다는 점에서 피해학생에게 심각한 정신적 피해를 가져온다는 특징이 있다.

(3) 대처 방법 및 신고 의무

학교폭력은 피해학생에게 신체적·정신적으로 피해를 주기 때문에, 학교폭력 현장을 보거나 그 사실을 알게 된 자에게 학교(학교장 또는 교사) 등 관계 기관에 이를 즉시 신고할 의무를 규정하고 있다(「학교폭력예방법」 제20조 제1항). 누구든지 학교폭력을 신고한 사람에게 그 신고행위를 이유로 불이익을 주어서는 안 된다(「학교폭력예방법」 제20조 제5항).

학교폭력 사건이 발생하면, 교육감은 학교폭력예방과 사후조치 등을 위하

표 9-3 **사안 조사 시 학교폭력 유형별 중점 파악 요소**

학교폭력 유형	중점 파악 요소
신체적 폭력	• 상해의 심각성, 감금·신체적 구속 여부, 성폭력 여부
경제적 폭력	• 피해의 심각성(액수, 빈도, 지속성), 반환 여부, 손괴 여부, 협박/강요의 정도
정서적 폭력	• 지속성 여부, 협박/강요의 정도, 성희롱 여부
언어적 폭력	• 욕설/비속어, 허위성, 성희롱 여부
사이버 폭력	• 명의도용, 폭력성/음란성, 유포의 정도, 사이버성폭력 여부

출처: 교육부·이화여자대학교 학교폭력예방연구소(2023), p. 35.

표 9-4 **학교폭력 가해학생 조치별 적용 세부 기준**

구분				기본 판단 요소					부가적 판단요소	
				학교 폭력의 심각성	학교 폭력의 지속성	학교 폭력의 고의성	가해 학생의 반성 정도	화해 정도	해당 조치로 인한 가해학생의 선도가능성	피해학생이 장애학생인지 여부
판정 점수			4점	매우 높음	매우 높음	매우 높음	없음	없음	해당 점수에 따른 조치에도 불구하고 가해학생의 선도가능성 및 피해학생의 보호를 고려하여 「학교폭력예방법 시행령」 제14조제5항에 따라 학교폭력대책심의위원회 출석위원 과반수의 찬성으로 가해학생에 대한 조치를 가중 또는 경감할 수 있음	피해학생이 장애학생인 경우 가해학생에 대한 조치를 가중할 수 있음
			3점	높음	높음	높음	낮음	낮음		
			2점	보통	보통	보통	보통	보통		
			1점	낮음	낮음	낮음	높음	높음		
			0점	없음	없음	없음	매우 높음	매우 높음		
가해학생에 대한 조치	교내 선도	1호	피해학생에 대한 서면사과	1~3점						
		2호	피해학생 및 신고·고발 학생에 대한 접촉, 협박 및 보복행위의 금지	피해학생 및 신고·고발 학생의 보호에 필요하다고 심의위원회가 의결할 경우						
		3호	학교에서의 봉사	4~6점						
	외부 기관 연계 선도	4호	사회봉사	7~9점						
		5호	학내외 전문가에 의한 특별 교육이수 또는 심리치료	가해학생 선도·교육에 필요하다고 심의위원회가 의결할 경우						
	교육환경변화 (교내)	6호	출석정지	10~12점						
		7호	학급교체	13~15점						
	교육환경변화 (교외)	8호	전학	16~20점						
		9호	퇴학처분	16~20점						

출처: 교육부, 학교폭력 가해학생 조치별 적용 세부기준 고시 [별표]

여 학교폭력 피해학생 상담 및 가해학생 조사, 필요한 경우 가해학생 학부모 조사 등 조사·상담을 수행할 수 있다(「학교폭력예방법」 제11조의2 제1항). 사안 조사에서는 학교폭력 유형에 따라 〈표 9-3〉에서 서술한 사항을 중점적으로 파악한다. 다만, 피해학생 및 그 보호자가 학교폭력대책심의위원회의[10] 개최를 원하지 않는 경미한 학교폭력의 경우, 학교의 장은 학교폭력 사건을 자체적으로 해결할 수 있다(「학교폭력예방법」 제13조의2 제1항).

학교폭력에 대한 징계 처분을 내릴 때는 가해자와 피해자뿐 아니라 그들의 부모, 같은 반 친구들의 증언과 진술을 고려하며 최종적으로 학교폭력대책심의위원회에서 결정한다(「학교폭력예방법」 제12조 제2항 3호). 이 심의위원회는 10명 이상 50명 이내의 위원으로 구성하되, 전체위원의 3분의 1 이상을 해당 교육지원청 관할 구역 내 학교(고등학교를 포함한다)에 소속된 학생의 학부모로 위촉하여야 한다(「학교폭력예방법」 제13조 제1항). 심의위원회는 가해학생이 행사한 학교폭력의 심각성, 지속성, 고의성의 정도와 가해학생의 반성 정도, 해당 조치로 인한 가해학생의 선도 가능성, 가해학생 및 보호자와 피해학생 및 보호자 간의 화해의 정도, 피해학생이 장애학생인지의 여부 등을 고려하여 다음의 〈표 9-4〉에 따라 징계조치 중 가해학생별로 선도가능성이 높은 조치를 할 것을 교육장에게 요청하여야 한다(학교폭력 가해학생 조치별 적용 세부기준 고시 제2조). 이때 심의위원회가 교육장에게 가해학생에 대한 조치를 요청할 때 그 이유가 피해학생이나 신고·고발 학생에 대한 협박 또는 보복 행위일 경우에는 각 조치를 동시에 부과하거나 조치 내용을 가중할 수 있다(「학교폭력예방법」 제17조 제2항).

10) 학교폭력의 예방 및 대책에 관련된 사항을 심의하기 위하여 「지방교육자치에 관한 법률」 제34조 및 「제주특별자치도 설치 및 국제자유도시 조성을 위한 특별법」 제80조에 의해 교육지원청(교육지원청이 없는 경우 해당 시·도 조례로 정하는 기관으로 한다.)에 설치한 위원회를 말한다.

(4) 가해학생에 대한 조치

학교폭력대책심의위원회는 피해학생의 보호와 가해학생의 선도·교육을 위하여 가해학생에 대하여 다음 〈표 9-5〉의 어느 하나에 해당하는 조치(수 개의 조치를 동시에 부과하는 경우를 포함한다)를 할 것을 교육장에게 요청하여야 한다. 다만, 퇴학처분은 의무교육과정에 있는 가해학생에 대하여는 적용하지

표 9-5 **징계의 유형과 내용**

구분	징계	내용
1호	피해학생에 대한 서면사과	-가해학생이 피해학생에게 서면으로 그동안의 폭력행위에 대하여 사과하는 조치 -글의 내용과 형식에는 제한이 없으며, 설령 사과의 내용이 피해자의 마음에 들지 않더라도 재작성을 요구할 수 없음 -자주 내려지는 조치
2호	피해학생 및 신고·고발 학생에 대한 접촉, 협박 및 보복행위의 금지	-가해학생과 피해학생을 격리하여 폭력의 재발을 방지하기 위한 조치 -피해학생의 두려움을 해소하기 위해 결정할 수 있음
3호	학교에서의 봉사	-쓰레기 정리, 화단 청소, 폭력예방 캠페인 활동과 같이 교내 봉사를 통해 자신의 행동을 반성할 기회를 주기 위한 조치
4호	사회봉사	-공공기관, 복지관과 같은 공공시설에서의 봉사활동을 통해 반성의 시간을 주기 위한 조치
5호	학내외 전문가에 의한 특별 교육 이수 또는 심리치료	-가해학생의 정서 혹은 가치관이 부도덕하다고 판단될 때 내려질 수 있는 조치 -가해학생이 봉사활동 등을 통하여 스스로의 행동을 반성하는 것이 어려워 보이는 경우에 전문가의 도움을 받아 폭력에 대한 인식을 개선하고 스스로의 행동을 반성하게 하는 조치 -개선의 가능성을 염두에 둔 마지막 조치

6호	출석정지	–가해학생을 수업에 출석하지 못하게 함으로써 일시적으로 피해학생과 격리시켜 피해학생을 보호하고, 가해학생에게는 반성의 기회를 주기 위한 조치 –출석정지 기간은 출석일수에 산입하지 않음(학교생활기록부에 미인정결석으로 처리) –학교장은 출석정지 기간 동안 가해학생에게 적절한 지도가 이루어질 수 있도록 필요한 교육 방법을 마련해야 함
7호	학급교체	–가해학생과 피해학생을 완전히 격리하는 조치 –단순히 접근금지를 넘어 학급 자체를 구분하여 격리하는 처분
8호	전학	–학급교체로도 목적을 달성할 수 없거나, 같은 학교에 다닌다는 사실만으로도 두려움을 느낄 만한 수준의 학교폭력이 발생한 경우 내려지는 조치 –전학 간 이후에는 전학 전의 피해학생 소속 학교로 다시 전학올 수 없도록 하여야 함
9호	퇴학처분	–피해학생을 보호하고 가해학생을 선도·교육할 수 없다고 인정될 때 취하는 조치 –의무교육과정에 있는 가해학생에게는 적용하지 않음

출처: 교육부 · 이화여자대학교 학교폭력예방연구소(2023), pp. 72-74 재작성.

아니한다(「학교폭력예방법」 제17조 제1항). 학교폭력에 대한 징계는 1호부터 9호까지의 처분이 존재하며, 1호에서 3호까지는 1회에 한하여 생활기록부에 기재되지 않고, 이후의 처분은 결정 즉시 생활기록부에 기록될 뿐 아니라, 9호의 처분은 평생 기록으로 남게 된다.

이처럼 「학교폭력예방법」은 가해학생에게 1~9호의 처분을 정하고 있으나 입증 자료와 진술에 따라서 처분의 정도는 바뀔 수 있다. 이러한 명령에 이의가 있는 경우, 행정심판(「학교폭력예방법」 제17조의2 제2항)이나 행정소송을 통해 다툴 수 있다.

(5) 피해학생의 보호

학교폭력대책심의위원회는 피해학생의 보호를 위하여 다음 〈표 9-6〉에 있는 각 호의 어느 하나에 해당하는 조치(수 개의 조치를 동시에 부과하는 것도 가

표 9-6 **피해학생 보호조치**

구분	보호조치	내용
제1호	학내외 전문가에 의한 심리상담 및 조언	– 학교폭력으로 받은 정신적·심리적 충격으로부터 회복할 수 있도록 학교 내외의 심리상담 전문가로부터 심리상담 및 조언을 받도록 하는 조치 – 학교 내 상담교사가 없을 시 지역 내 피해학생 전담지원기관, Wee센터, 정신건강복지센터, 청소년상담복지센터, 전문상담기관 등 외부 기관 활용 가능
제2호	일시보호	– 가해학생으로부터 지속적인 폭력이나 보복을 당할 우려가 있는 경우, 일시적으로 보호시설이나 집 또는 학교 상담실 등에서 보호를 하는 조치
제3호	치료 및 치료를 위한 요양	– 학교폭력으로 인하여 생긴 신체적·정신적 상처의 치유를 위하여 의료기관 등에서 치료를 받도록 하는 조치
제4호	학급교체	– 지속적인 학교폭력 상황 및 정신적 상처에서 벗어나도록 하기 위해 피해학생을 동일 학교 내의 다른 학급으로 소속을 옮겨 주는 조치 – 피해학생 입장에서는 새로운 학급에 적응해야 하는 부담이 있으므로, 조치 결정에 있어 피해학생 및 보호자의 의견을 적극 반영할 필요 있음
제5호	〈삭제〉	– 기존의 전학권고 조치는 삭제됨 – 학교의 장은 학생의 교육환경을 바꾸어 줄 필요가 있다고 인정하는 경우, 다른 학교로 전학을 추천할 수 있다는 내용이었음
제6호	그 밖에 피해학생의 보호를 위하여 필요한 조치	– 학교폭력 피해 유형 및 연령 등을 감안하여 필요시 해바라기센터 위탁병원 등 의료기관 연계, 대한법률구조공단과 같은 법률구조기관, 학교폭력 관련 기관 등에 필요한 협조와 지원 요청 가능

출처: 교육부 · 이화여자대학교 학교폭력예방연구소(2023), pp. 67-69.

능)를 할 것을 교육장에게 요청할 수 있다(「학교폭력예방법」 제16조 제1항).

학교의 장은 학교폭력 사건을 인지한 경우 피해학생의 반대의사 등 특별한 사정이 없으면 지체 없이 가해자(교사를 포함한다)와 피해학생을 분리하여야 하며, 피해학생이 긴급보호를 요청하는 경우에는 〈표 9-6〉의 제1호, 제2호 및 제6호의 조치를 할 수 있다. 이 경우 학교의 장은 심의위원회에 즉시 보고하여야 한다. 만일 가해자가 학생이 아닌 학교폭력 사안의 경우에는 학교장 자체해결 대상 사안이 아니며, 학교장은 피해학생의 보호를 위해 심의위원회 개최를 요청해야 한다. 다만, 피해학생과 그 보호자가 피해학생 보호조치를 원하지 않을 경우, 학교장은 심의위원회를 요청하지 않을 수 있다. 이때는 피해학생과 그 보호자의 심의위원회 미개최 동의를 받아 교육(지원)청에 보고한다.

마지막으로, 학교폭력의 예방 및 대책과 관련된 업무를 수행하거나 수행하였던 사람은 그 직무로 인하여 알게 된 비밀 또는 가해학생·피해학생 및 신고자·고발자와 관련된 자료를 누설하여서는 안 된다(비밀누설금지의무, 「학교폭력예방법」 제21조).

4. 비행소년 상담의 기본

1) 비행소년의 특징

상담자는 일반적으로 내담자를 대할 때, 그가 어떤 고민을 안고 도움을 청하는 경우가 많다고 생각한다. 그런데 비행소년은 그런 대상자와는 조금 다르기 때문에, 상담자는 당황할 수 있다. 비행소년의 정의에서 설명했듯이 비행소년이란 범죄나 촉법행위를 하여 법의 심판을 받아야 할 처지에 있는 소년들이다. 비행소년들 입장에서는 경찰이나 가정법원이 아무리 자신들의 건전한 육성을 목적으로 관여한다고 하더라도, 처벌받는 것에 대한 두려움과 경각심, 적의 등으로 스스로 마음을 굳게 닫고 있다. 그만큼 이들과의 관계를 구축하기란 어려워진다.

그리고 비행이라는 행위 자체는 소년들에게 고통을 끼치는 것이 아니라 오히려 쾌감이나 이득을 주는 것이다. 예를 들어, 마약이나 각성제는 쾌감의 자극을 주고, 폭주 행위는 스릴과 주변 사람들의 주목을 받는다. 절도는 재물의 이득이나 재미를 목적으로 하는 경우가 많다. 따라서 자발적으로 소년들이 비행이라는 문제행동을 개선하려고 하거나 스스로 도움을 요청하려고 하는 일은 거의 없다. 물론 그들도 답답함과 어려움을 깊이 감추고 있지만, 처음부터 그것을 자각하고 도움을 청하려 하지는 않는다.

이러한 특징으로 인해 비행소년에 대한 접근에서 어려운 점은 상호 관계를 형성하기가 힘들다는 것이다. 게다가 비행소년은 그들 안에 있는 증오, 원망, 격렬한 공격성과 같은 극도로 부정적인 감정으로 자기 자신을 파멸시키지 않기 위해 비행이라는 문제행동으로 부정적인 감정을 발산하려고 할 수 있다. 그러한 행동화에 대처하기 위해서는 '행동'을 '언어'로 대체해 가는 접근법이 유효한 경우가 많지만, 대부분의 비행소년은 말이나 글에 의한 표현 능력이 부족해서, 결국 비행이라고 하는 행동을 반복해 버리기 쉽다.

2) 비행소년 대응법

이러한 비행소년에게 상담자는 어떻게 접근하는 것이 좋을까? 다음의 세 가지로 정리할 수 있다. 첫째, 비행의 악질성, 문제성에 대해 옳고 그름의 평가를 일단 보류한다. 비행은 나쁜 행위이지만 상담자가 그 행위의 악질성이나 문제성을 처음부터 지적하면, 비행소년은 마음을 닫아 버려서 그들과의 관계를 형성할 수 없게 된다. 그래서 우선은 비행행위의 선악 평가를 일단 보류하는 것이다. 비행을 한 것을 불문에 부치는 것이 아니라, 저지른 죄를 소년이 마주하게 될 때까지 보류하겠다는 것이다.

둘째, 비행의 의미를 구조 신호로 받아들이고, 비행을 일으킨 이유를 비행소년이 누군가를 향해 "도와줘" "괴로워"라고 구조 신호를 보낸 것으로 받아들이는 것이다. 비행소년이 부정하거나 반항적인 태도를 보이더라도 고압적으로 억제하거나 처벌 운운하며 질책하는 식의 대응은 효과가 없다. 소년을 그대로 수용하면서 그들이 상담자에게 무엇을 전달하려고 하는지 이해하는 것이다. 그러면 서서히 소년과의 상호 관계가 형성된다.

셋째, 비행소년의 이야기를 '제대로 경청'한다. 비행소년들의 이야기에 진지하게 귀를 기울이면 그들은 한결같이 봇물 터지듯 자신이 생각하거나 억눌려 있던 감정을 쏟아낸다. 경찰이나 검찰에서 진술하지 못한 이야기를 털어 놓기도 한다. 무엇보다 그들 나름대로 가진 편향된 시각이나 억지, 불합리한 변명도 많이 한다. 하지만 그것을 부정하거나 수정하거나 긍정할 것이 아니라, 어쨌든 끝까지 '철저히 경청'해 주는 것이다. 비행소년은 자신의 이야기를 제대로 들어 준 어른을 만났던 경험이 부족하고, 더구나 문제(사건)를 일으킨 후에는 호통과 고함과 비난을 받아 왔을 것이기 때문이다. '경청'이란 상담의 기본이며, 공감적 의사소통 방법이다. 여기서 경청을 굳이 '제대로 경청' 또는 '철저히 경청'이라고 표현한 이유는 비행이 나쁜 행위이기 때문에 우리는 그것을 즉각 부정하거나 잘못을 바로잡으려고 하는 경향이 있는데, 그러한 대응은 비행소년의 입을 닫아 버리게 한다. 그러면 그들은 내뱉지 못한 감정을 더욱 왜곡시켜서 이를 공격 행동으로 변질시킬 수 있기 때문이다.

3) 소년범죄와 범죄피해자

비행소년의 갱생을 위한 지원과 범죄피해자와의 관계를 이해하는 것은, 상담 등의 지원이 비행이나 범죄에 관련될 때 중요한 일이다. 범죄피해자의 심정(고통, 상처)을 이해하는 것은 소년 보호의 이념과 모순되지 않을 뿐만 아니라 비행소년의 갱생과 피해자를 돌보는 데에도 동시에 기여한다. 마찬가지로 피해자 지원에서도 비행소년을 이해하고 갱생시키는 것은 피해자를 경시하는 것이 아니라 오히려 가해행위에 의해 인간의 존엄성이 손상된 피해자의 회복과 가해자의 진정한 속죄를 끌어낸다는 점에서 비행 임상의 본질과 연결된다.

"비행소년에게 엄벌을 내려라. 그것이 피해자에게 도움이 된다."라고 말하는 요즘 세상의 풍조에 상담자가 흔들리면 비행소년에 대한 적절한 지원이 어려워진다. 소년의 보호처분에 대해서는 가정법원에서 법관이 죄의 경중이나 피해자 감정 등을 고려하여 결정할 것이다. 따라서 상담자는 「소년법」 제1조의 이념에 따라 소년을 회복시키기 위해 최선을 다하는 것이 상담을 통해 해야 할 기본 임무이다.

또한 비행소년을 돕는 것은 그 소년이 성인 범죄자가 되지 않도록 한다는 점에서 큰 의미가 있다. 성인 중대 사건의 범죄자는 소년 시절에 다양한 문제행동이나 사건을 일으켰던 경우가 있다. 정신질환과 관계가 깊은 사례도 있지만, 소년 시절에 제대로 된 도움과 보살핌을 받고 다시 일어섰다면 성인이 된 후에 중대 사건을 저지르지 않았을 수도 있다. 즉, 소년이 비행을 저질렀을 때 충분한 도움을 주고 갱생시키는 것이 미래에 새로운 범죄피해자를 낳게 하지 않는 길이 될 것이다.

4) 비행소년과 뉘우침

상담자의 비행소년에 대한 관여는 피해자에 대한 속죄로 이어진다는 중요한 의미가 있다. 비행소년 중에는 법으로 아무리 엄한 처벌을 내려도 스스로 책임을 자각하고 죗값을 치르려고 하지 않고 재범을 거듭해 새로운 피해자를 낳게 하는 경우가 있다. 그것은 자신이 저지른 죄의 진정한 의미를 이해하지 못하여 반성하지 않기 때문이다. 문제성이 많은 비행소년일수록 죄의 무게를 아무리 지적하고 비난해도 죄를 갚기 위한 반성 따위를 하지 않는다.

범죄의 진정한 의미는 소년이 죄를 짓기까지 그의 생애를 더듬으면서 나타난다. 소년의 인생 이야기를 더듬는다는 것은 소년의 가족관계, 친구 관계를 통해 살아온 경험이 어떻게 그의 삶에 접목되어 왔는지를 소년과 상담자의 상호 관계 속에서 풀어 나가는 과정이다. 이러한 과정을 통해 소년이 자신의 사고방식이나 타인과의 관계를 맺는 방법이 어떻게 만들어졌는지 깨닫게 된다. 그러한 삶의 결과로써 범죄에 이르렀음을 아는 것이, 죄의 의미를 이해하고 자기의 삶에 책임을 지는 태도로 이어진다. 비로소 소년은 자신이 저지른 죄를 뉘우치고 피해자에게 속죄하려고 할 것이다.

어느 비행소년은 범죄의 원인이 자신이 나쁘기 때문이 아니라 피해자 때문이라고 계속 주장했지만, 그의 변명이나 불합리한 이야기를 상담자가 주의 깊게 경청하는 과정에서 소년의 변명이 서서히 뜸해지고 마지막에 자신에게도 잘못이 있었음을 스스로 말하기 시작했다. 상담자가 "네가 나쁘다." "네 잘못이다" "반성해라"라고 책임을 추궁하는 대신, 소년의 삶의 방식을 있는 그대로 수용하다 보면 소년에게서 뉘우침의 모습이 서서히 나타날 것이다.

법으로 처벌을 강화하는 것이 범죄의 심각성을 인지하게 하고 범죄자나 비행소년의 갱생으로 이어질 것이라고 믿는 사람들도 있다. 그러나 범죄나 비행성이 뿌리 깊은 사람에게는 처벌을 매개로 한 접근법이 역효과를 낼 수 있다는 점에 유의해야 한다. 사람은 개인적인 자유를 침해당했다고 느낄 때, 문제행동에 마음이 끌리고 그러한 행동을 하는 빈도가 잦아진다. 법적 구속, 처벌, 사회적 비난 등을 통해 강제로 문제행동을 억제하려고 하면 할수록, 오히려 그러한 문제행동을 불러올 수 있다는 점에 유의해야 할 것이다.

 정리

이 장에서는 우선 「소년법」의 이념을 중심으로 청소년 비행 문제를 이해하고, 법률에서 규정한 비행소년의 정의와 범위를 살펴보았다. 또한 비행소년이 저지르는 비행 중 대표적인 사례인 청소년 도박과 학교폭력에 관해 관련 법률의 내용을 중심으로 좀 더 자세히 설명했다. 마지막으로 비행청소년 상담에서 대응법과 유의해야 할 점, 특히 상담자는 비행소년과 피해자 양쪽 모두를 이해함으로써 조화롭고 균형 있는 상담을 할 수 있다는 점을 언급했다.

과로와 정신건강

1. 과로와 정신건강의 이해

최근 급격하게 변하고 있는 우리나라 사회문제 중 하나로서, 직장에서의 정신건강 문제가 있다. 정신건강은 노동자 개인의 심리적 문제일 뿐만 아니라, 그 노동자가 종사하고 있는 직무나 직장의 분위기와도 밀접한 관련이 있다. 근로자의 정신질환은 근로자 개인의 건강에 치명적인 위험요소로 작용한다. 이는 사업주에게도 결근율과 이직률 증가, 직무 만족도 감소, 업무수행도와 생산성 감소, 직장에 대한 충성도 감소와 노사 관계 악화, 사고율 증가, 산업재해보험 청구와 책임요율 증가, 소비자 불만족 증가, 조기 퇴직과 질병 퇴직의 증가 등과 같은 악영향을 미친다. 나아가 의료비 증가와 사회적 자원 손실 등으로 이어져 국가적 차원에서도 큰 손실이다.[1)]

1) 장현자(2019). '근로자의 정신질환에 대한 업무상 재해 인정기준: 법원 판례 분석을 중심으로'. 사회보장법연구, 8(2), p. 4.

근로자는 사용자의 지휘·감독을 받으며 근로를 제공하는데, 여기에는 육체노동뿐만 아니라 정신노동도 포함된다(「근로기준법」 제2조 제1항 제3호). 그럼에도 불구하고 그동안 우리 사회는 산업안전 및 산업재해와 관련하여 육체적 보호에 주로 비중을 두어 왔다. 그러나 근로자의 정신건강 저하는 노동생산성에 영향을 미칠 수 있고 나아가 주의력 및 집중력의 저하를 유발함으로써 산업재해로 이어질 수도 있다.

근로자가 많이 경험하는 정신질환인 주요우울장애는 자살과 가장 흔히 관련된 장애이며, 우울증을 앓는 사람들은 일반인보다 자살 위험이 25배나 높다. 따라서 직장에서 근로자의 우울증 발생에 영향을 미치는 요인을 미리 파악하고 적절한 대안을 제공하는 것은 중요한 의미가 있다. 또한 우울장애를 앓는 근로자가 자살 시도까지 하게 되는 요인을 미리 조절하고 치료를 제공하는 것 역시 중요하다.[2)]

'정신'이란 육체나 물질에 대립하는 영혼이나 마음으로서 사물을 느끼고 생각하여 판단하는 능력 또는 그런 작용, 마음의 자세나 태도이고, '정신건강'이란 이러한 정신이 아무 탈 없는 상태이다.[3)] 그리고 정신질병(질환)이란 "인간의 의식, 사고, 기억, 판단, 의지결정, 감정, 욕구 등과 같은 고차적인 정신 기능의 기능부전과 고통을 수반하는 임상적인 증후군"으로 정의한다. 대표적인 정신질병으로는 우울에피소드, 불안장애, 적응장애, 외상후스트레스장애와 급성 스트레스반응, 자해행위와 자살, 수면장애 등이 있다(〈표 10-1〉 참조).[4)]

〈표 10-1〉에서 보는 바와 같이, 일반적으로 높은 직무요구도, 낮은 사회적 지지, 노력-보상 불균형, 직무불안정성, 위협 및 폭력, 불공정성 등이 주요우울장애와 관련된다. 우울증이 있는 근로자는 대개 사회적 행동에 이상을 보인다.

2) 대한의사협회 의료정책연구소(2022). 국민정신건강 관리 모형 개발: 직장인을 중심으로, p. 20.
3) 헌법재판소 2015. 10. 21. 선고 2014헌바266 결정.
4) 근로복지공단(2021). 정신질병 업무관련성 조사 지침, pp. 1-7.

표 10-1 **업무상 재해로 인한 대표적인 정신질병**

병명	주요 내용
우울에피소드 (주요우울장애)	• (정의) 의욕 저하와 우울감을 주요 증상으로 하여 다양한 인지 및 정신 증상을 일으켜 동기(motivation) · 인지기능 · 정신운동활동 · 일상 기능의 저하를 가져오는 정신질병 – 주요우울장애는 평생 유병률이 5%이고, 감정 · 생각 · 신체 상태 그리고 행동 등에 변화를 일으키는 질병으로 일시적인 우울감과는 다름 • (특징) 주요우울장애가 있는 근로자는 매우 부정적인 감정을 갖고 있으며 민감하고 방어적인 경우가 있음 – 특히, 집중력이 감소하고 피로감이 증가하며 사고율, 결근율 등이 증가하여 업무 효율에 영향을 주고, 경우에 따라서는 정신병적 양상(관계사고 · 망상)이 나타날 수 있음 – 우울증이 있는 근로자는 대부분 사회적 행동에 손상을 보여, 대화에 덜 참여하고, 다른 사람과 협력하는 마음이 적어져 대인관계에 영향을 미치며, 우울증으로 인한 자살에 이르기도 함 – 진단을 위한 필수 증상은 최소 2주 이상 지속되는 우울 기분 또는 거의 모든 활동에 있어서 흥미나 즐거움의 상실이며, 이와 함께 식욕, 체중, 수면, 정신운동활동이 변화하고, 전반적인 에너지의 감소, 무가치감 또는 죄책감, 생각하고 집중하고 결정하기가 어려움. 반복되는 죽음에 관한 생각 또는 자살사고, 자살계획 및 시도 등의 부가적인 증상이 동반됨 • (업무관련 위험요인) 높은 직무요구도, 낮은 사회적 지지, 노력–보상 불균형, 직무불안정성, 위협 및 폭력, 불공정성 등이 관련성이 있는 것으로 알려져 있음 – 한편 장시간 근로, 해고의 경험 등도 관련성이 있는 것으로 알려져 있고, 외국에서는 실제 업무상 질병 보상에 있어서 인정되는 위험요인임
불안장애	• (정의) 다양한 형태의 비정상적, 병적인 불안과 공포로 인하여 일상생활에 장애를 일으키는 정신질병을 통칭하는 것으로 생물학적 요인, 사회심리적 요인, 개인의 감수성이 상호 작용하여 발생하는 질병을 말함 – 불안장애에 해당하는 질병으로는 공황장애, 범불안장애, 각종 공포증(고소공포증, 광장공포증, 사회공포증 등) 등이 있음

불안장애	• (특징) 대표적인 질병의 특성은 다음과 같음 – 공황장애는 호흡곤란, 현훈감, 휘청거리는 느낌, 발한, 질식감, 오심 흉통 등의 신체 증상과 죽을 것 같은 혹은 미칠 것 같은 느낌의 인지적 증상의 공황발작을 특징으로 하고, 이러한 증상과 함께 이에 대한 염려, 걱정, 행동 변화 등이 동반되므로 단순한 공황발작과는 구분하여야 함 – 범불안장애는 과도한 불안과 걱정이 장기간 지속되며, 불안과 연관된 다양한 신체 증상(불면, 근긴장도 증가 등)을 나타내어 사회적, 직업적 기능에 있어 장애를 일으키며 이러한 걱정을 개인이 조절하기 어려움 – 각종 공포증은 특정 조건에서 불안이 과도하게 상승하여 행동에 대한 통제가 되지 않는 것이 특징으로 해당 특정 조건에 따라 별도의 진단명*을 사용함 • 다른 사람들 앞에서 말하거나 행동하는 것을 매우 힘들어 하는 경우를 사회공포증이라고 하며, 사람이 많은 장소를 힘들어 하는 것을 광장공포증, 높은 곳에서 심하게 불안을 느끼는 경우를 고소공포증이라고 함 • 불안의 정도가 과도하거나 발달상 적정한 시기를 넘어서 지속된다는 점에서 발달과정 중에 경험하는 정상적인 공포나 불안과는 다르며, 오랜 기간 지속된다는 점에서 스트레스에 의해 유발되는 일시적인 공포나 불안과도 다름 • (업무관련 위험요인) 일부 직업군을 대상으로 한 연구에서 높은 직무요구도 또는 직무 변경이나 책임의 변화와 관련이 있을 가능성이 제기되고 있음 – 공황장애의 경우 급성의 스트레스 사건을 경험하는 경우 증상이 악화될 수 있다는 연구가 있음
적응장애	• (정의) 동반하는 주요 증상의 양상에 따라 불안장애 또는 우울에피소드 등으로 진단이 가능한 경과적 진단명 • (특징) 확인 가능한 스트레스 요인이 시작된 후 3개월 이내에 나타나고, 스트레스 요인(또는 그 결과)이 해소되면 6개월 이상 지속되지 않는 특징이 있음 – 인식 가능한 스트레스 요인에 대한 반응으로 감정적 또는 행동적 증상이 존재하는 것이 적응장애의 필수적인 특성임. 스트레스 요인은 단일의 사건일 수 있고, 다양한 스트레스 요인이 있을 수도 있으며 반복적, 지속적일 수도 있음 • (업무관련 위험요인) 업무와 관련하여 발생한 다양한 스트레스성 사건으로서 급격한 직무 변경과 책임의 변화 등이 포함됨

외상후 스트레스장애 및 급성 스트레스반응	• (정의) 자연재해, 사고 등의 심각한 사건을 경험한 후 그 사건에 공포감을 느끼고 사건 후에도 계속적인 재경험을 통해 고통을 느끼는 질병 • (특징) 거의 모든 사람에게 외상으로 작용할 만큼 충격적인 외상성 사건에 의해서 나타나는 질병으로 – 자신이나 타인의 실제적이거나 위협적인 죽음이나 심각한 상해, 또는 신체적 안녕에 위협을 주는 사건을 경험하거나 목격한 후 재경험과 회피반응 등의 증상 발생 – 외상후스트레스장애의 핵심적 증상은 외상성 사건과 관련이 있는 침습 증상, 관련이 있는 자극에 대한 지속적인 회피, 인지와 감정의 부정적 변화, 각성과 반응성의 뚜렷한 변화 등임 • (업무관련 위험요인) 업무와 관련하여 발생한 심리적인 외상성 사건 – 외상성 사건의 심각도, 생명위협 정도, 개인적 부상 유무, 대인관계적 폭력, 가해 여부, 잔혹행위의 목격 등에 영향을 받음 – 외상성 사건 경험 후의 부정적 평가, 부적절한 대처 기술, 급성 스트레스 장애의 발전 등이 동반되는 경우 또는 반복적으로 부정적 감정을 느끼게 하는 경우 발생 위험이 커짐 – 외상성 사건 이후 부정적인 생활사건이 동반되거나, 경제적 손실 등이 동반되는 경우도 그 위험이 커짐
자해행위, 자살	• (특징) 「산업재해보상보험법」에 따르면 자해행위와 이로 인한 결과인 자살 자체는 원칙적으로 업무상 질병으로 보기 어려우나 예외적으로 인정 – 자해행위 또는 자살 전의 "정상적인 인식능력 등이 뚜렷하게 저하된 상태" 또는 "정신적 이상 상태"에 대한 확인이 필요 • (업무관련 위험요인) 사건 발생 이전의 정신적 이상 상태를 기준으로 위험요인을 판단함.
수면장애	• (정의) 수면의 연속성과 질, 입면에 문제가 있는 장애로서, 불면증이 대표적인 질병임 • (특징) 야간 및 교대 근무로 발생하는 수면장애는 우울증, 불안장애, 수면무호흡증 등 다른 질환으로 인한 2차성 수면 증상을 배제한 후 진단이 가능하며 – 근무 중 과도한 졸림과 수면을 해야 하는 시간대의 불면증을 특징으로 함

출처: 근로복지공단(2021). 정신질병 업무관련성 조사 지침, pp. 2–7.

그리하여 대화에 덜 참여하고, 다른 사람과 협력하는 마음이 줄어든다. 이는 대인관계에 영향을 준다. 그리고 최소 2주 이상 우울 기분이 지속되며 거의 모든 활동에 대한 흥미나 즐거움을 상실한다. 이와 더불어, 전반적인 에너지의 감소, 무가치감 또는 죄책감, 생각 · 집중 · 결정의 어려움을 경험한다. 그로 인해 식욕, 체중, 수면, 정신운동활동에 변화가 발생한다. 이와 함께 죽음에 대해 반복적으로 생각하게 되며 자살사고, 자살계획 및 시도 등의 증상을 부가적으로 경험하게 된다. 그 결과, 우울증으로 인해 자살에 이르기도 한다.[5)]

2. 법률의 내용과 법적 대응

1) 과로에 관한 법제도 이해

과로(과중한 노동)와 그에 따른 정신건강 문제는 크게 다음과 같이 둘로 나눌 수 있다. 첫째는 과로나 건강 피해의 '예방'을 목적으로 하는 「근로기준법」 등에 의한 법규제이고, 둘째는 불행하게도 질병 등 건강 피해가 발생했을 때 사후적으로 '보상'을 하는 「산업재해보상보험법」(이하 「산재보험법」) 등에 의한 제도이다.

첫째, '예방'(과로를 억제하여 노동자의 건강을 확보하는 것)을 목적으로 하는 법규제는 「근로기준법」에서 관련 규정을 찾아볼 수 있다. 이는 근로시간을 규제하여 근로자가 과중한 노동을 하지 않도록 하는 것이다.

둘째, '보상'에 대해서는 과중한 노동으로 인해 병이 나거나 재해를 입은 경우의 사후적인 법적 보호 · 구제로서 그 질병이나 재해가 '산업재해'에 해당한

5) 김태현, 손석진(2023). 근로자 정신건강 보호를 위한 제언. 강원법학, 71, p. 362.

다고 판단되면 「산재보험법」을 적용하여 법적 보상을 받는다. 산업재해로 인한 질병·부상의 요양을 위하여 휴업하고 있는 기간에는 회사에서 해고되지 않도록 보호하고 있다(「근로기준법」 제23조 제2항). 이 「산재보험법」에 따른 보상은 국가(고용노동부장관)가 관장한다(「산재보험법」 제2조). 또한 회사가 안전배려의무를 위반했다는 이유로 직접 회사의 책임을 물을 수도 있다.

과로에 의한 질병 등이 사적인 질환이나 사건이 원인이 되어 '산업재해'에 해당하지 않는 경우는 회사의 취업규칙상 병가휴직(또는 상병휴직) 제도에 의해 처리하는 것이 일반적이다. 병가휴직 기간은 짧게는 1개월, 길게는 3년 등 회사의 취업규칙에 따라 다양하지만, 많은 취업규칙은 이 기간이 만료되어도 병이 치유되지 않고 직무에 복귀할 수 없을 때는 퇴직(또는 해고)한다고 규정하고 있다. 다만, 실제로 이 기간이 경과해도 병이 완치되지 않고 종전의 직무에 완전히 복귀하기 어려운 경우, 회사는 기간 만료로 인하여 그 근로자를 퇴직시킬 수 있을까? 예를 들면, 노동자가 복직하면서 회사에 대해서 병세에 따른 일정한 배려(예를 들면, 부담이 적은 단시간 근무 등)를 받아서 복직할 수도 있다. 이러한 문제들은 그 회사의 취업규칙 조항이나 법원의 해당 사건 해석 등에 의하여 판단한다.

상담자는 이러한 법률문제에 대해 그 내용을 정확하게 이해한 후, 이러한 법률 지식을 배경으로 각각의 상황에 맞는 조언을 적절히 찾아 나가야 할 것이다. 따라서 이상의 내용들에 대해 좀 더 자세히 살펴보도록 한다.

2) 「근로기준법」에 따른 근로시간 규제

(1) 근로시간의 의의와 범위

근로시간이란 근로자가 사용자의 지휘·감독 아래에 종속되어 있는 시간 즉, 근로자의 노동력을 사용자의 처분 아래에 둔 실제 구속시간을 의미한다. 사용자의 지휘·감독은 명시적인 것뿐만 아니라 묵시적인 것도 포함된다. 근로시간에 해당하는지에 관한 판단은 사용자의 지시 여부, 업무수행(참여) 의무 정도, 수행이나 참여를 거부한 경우의 불이익 여부, 시간 장소 제한의 정도 등 구체적 사실관계를 따져서 사례별로 고려한다. 판례도 근로시간을 일률적으로 판단하지 않고 개별 사안에 대해 여러 사정을 종합하여 판단하고 있다.[6)]

일반적으로 보면, 근로자가 사용자의 지휘 감독에서 벗어나 자유로운 이용이 보장된 휴게시간은 근로시간에서 제외하지만, 자유로운 이용이 어렵고 사용자의 지휘·감독 아래에 있는 대기시간은 근로시간에 해당하는 것으로 본다. 사업장이 소재하는 지역에서 출장지가 소재하는 지역까지의 이동시간은 근로시간에 포함하는 것이 원칙이다. 사용자가 의무적으로 실시하도록 되어 있는 각종 교육을 실시하는 경우 그 시간은 근로시간으로 인정할 수 있다. 그러나 근로자 개인적 차원의 법정의무이행에 따른 교육 또는 이수가 권고되는 수준의 교육을 받는 시간은 근로시간으로 보기 어렵다. 사용자의 지휘·감독 아래에서 효과적인 업무수행 등을 위한 논의 목적의 워크숍·세미나 시간은 근로시간으로 인정이 가능하나, 단순히 직원 간 단합 차원에서 이루어지는 워크숍 등은 근로시간으로 보기 어렵다. 업무수행과 관련이 있는 제삼자를 소정 근로시간 외에 접대하는 경우, 이에 대한 사용자의 지시 또는 최소한의 승인이 있는 때에 한하여 근로시간으로 인정할 수 있다. 그러나 회식은 근로자의 기본적인 노무 제공과는 관련 없이 사업장 내 구성원의 사기 진작, 조직의 결속 및 친목 등을 강화하기 위한 차원임을 고려할 때, 근로시간으로 보기 어렵다.[7)]

현행 「근로기준법」상 근로시간 규정은 1주에 '기본 40시간 + 연장 12시간'(최대 52시간)을 기본으로 하되, 평균적으로 주 52시간을 초과하지 않는 범위 내에서 근로시간의 운영 형태나 계산 방법을 변경하는 유연근로시간제와 주 52시간의 예외가 허용되는 특별연장근로 인가, 추가 연장근로(30인 미만 사업

6) 대법원 2017. 12. 5. 선고 2014다74254 판결.

7) 고용노동부(2021). 「근로기준법」상 근로시간 규정의 주요내용, pp. 3-4.

장), 특례제도 등으로 근로시간을 정하고 있다.

(2) 법정근로시간 등

성인 근로자의 법정근로시간은 1일 8시간, 1주 40시간이다(「근로기준법」 제50조). 그러나 유해 · 위험작업에 종사하는 근로자는 1일 6시간, 1주 34시간으로 제한된다(「산업안전보건법」 제139조 제1항). 한편 15세 이상 18세 미만인 연소근로자의 근로시간은 1일 7시간, 1주 35시간이다(「근로기준법」 제69조).

법정근로시간 이외의 연장근로도 가능하지만, 그 시간은 제한된다. 즉, 사용자와 근로자 간에 합의하면 1주 12시간을 한도로 연장근로를 할 수 있다(「근로기준법」 제53조 제1항 및 제2항). 그러나 연소근로자는 1일 1시간, 1주 5시간이 한도이며, 단시간근로자는 소정근로시간을[8] 초과하여 1주 12시간 한도로 연장근로를 할 수 있다(「기간제 및 단시간근로자 보호 등에 관한 법률」 제6조).

또한 연장 · 야간 · 휴일근로도 가능하지만, 이 경우에는 가산수당을 지급하여야 한다. 법정근로시간을 초과하여 근로(연장근로)한 시간에 대해서는 통상임금의 50% 이상을 가산하여 지급하고,[9] 야간근로(오후 10시부터 다음 날 오전 6시 사이의 근로)에 대해서도 통상임금의 50% 이상을 가산하여 지급한다. 휴일근로의 경우 8시간 이내는 통상임금의 50%, 8시간 초과는 통상임금의 100% 이상을 가산하여 지급한다.[10] 만일 연장 또는 휴일근로가 야간근로에 해당하면 사유별 할증률을 합산하여 가산수당을 지급한다.

한편 「근로기준법」은 임산부와 연소자의 연장 · 야간 · 휴일근로에 대해서는

8) 소정근로시간이란 법정근로시간의 범위에서 근로자와 사용자 사이에 정한 근로시간을 말한다(「근로기준법」 제2조 제1항 제8호).

9) 단시간근로자의 경우에는 법정근로시간을 초과하지 않더라도 소정근로시간을 초과하여 근로한 시간에 대해서는 통상임금의 50% 이상을 가산하여 지급한다(「기간제 및 단시간근로자 보호 등에 관한 법률」 제6조 제3항).

10) 가산수당이 적용되는 휴일근로에는 법정휴일뿐만 아니라 약정휴일도 포함한다.

일정한 제한을 두어 이를 더욱 두텁게 보호하고 있다. 이에 따라 사용자는 18세 이상의 여성을 오후 10시부터 오전 6시까지의 시간 및 휴일에 근로시키려면 그 근로자의 동의를 받아야 한다(「근로기준법」 제70조 제1항). 또한 원칙적으로 임산부와 18세 미만자를 오후 10시부터 오전 6시까지의 시간 및 휴일에는 근로시키지 못한다(「근로기준법」 제70조 제2항).

표 10-2 법정근로시간 및 연장 · 야간 · 휴일근로 제한

<table>
<tr><th colspan="2">구분</th><th>법정근로시간</th><th>연장근로</th><th>야간 · 휴일근로</th><th>비고</th></tr>
<tr><td rowspan="2">성인
(18세
이상)</td><td>남성</td><td>1일 8시간,
1주 40시간
(§50)</td><td>당사자 간 합의
1주 12시간
(§53)</td><td>별도 규정 없음</td><td></td></tr>
<tr><td>여성</td><td>위와 동일</td><td>위와 동일</td><td>근로자 동의
(§70①)</td><td></td></tr>
<tr><td colspan="2">연소자
(18세 미만)</td><td>1일 7시간,
1주 35시간
(§69)</td><td>1일 1시간,
1주 5시간
(§69)</td><td>원칙: 금지
예외: 근로자 동의+
고용노동부 인가
(§70②)</td><td>탄력적 근로시간제 ·
선택적 근로시간제 ·
추가연장 적용 제외
(§51③, §52①,
§53③)</td></tr>
<tr><td rowspan="2">임산부</td><td>임신중</td><td>1일 8시간,
1주 40시간
(§50)</td><td>절대 금지
(§74⑤)</td><td>원칙: 금지
예외: 근로자의 명시적 청구+고용노동부 인가 (§70②)</td><td>탄력적 근로시간제
적용 제외 (§51③)</td></tr>
<tr><td>산후
1년
미만</td><td>위와 동일</td><td>당사자 간 합의
1일 2시간,
1주 6시간,
1년 150시간
(§71)</td><td>원칙: 금지
예외: 근로자 동의+
고용노동부 인가
(§70②)</td><td></td></tr>
</table>

출처: 고용노동부(2021). 근로기준법상 근로시간 규정의 주요내용, p. 7.

(3) 유연근로시간제

유연근로시간제란 근로시간의 결정 및 배치 등을 탄력적으로 운영할 수 있도록 하는 제도를 말한다. 업무량의 많고 적음에 따라 근로시간을 적절하게 배분하거나 근로자의 선택에 맡김으로써 근로시간을 유연하고 효율적으로 운영하는 것이 가능하다는 장점이 있다. 여기에는 탄력적 근로시간제(「근로기준법」 제51조, 제51조의2), 선택적 근로시간제(「근로기준법」 제52조), 근로시간 산정이 어려운 경우 별도로 정한 시간을 근로시간으로 인정하는 사업장 밖 간주근로시간제(「근로기준법」 제58조 제1항, 제2항)와 재량근로시간제(「근로기준법」 제58조 제3항)가 있다. 이들에 대한 자세한 내용은 다음의 〈표 10-3〉을 참조하기 바란다.

표 10-3 **유연근로시간제도 유형**

유형	내용	적합 업무
탄력적 근로시간제	일이 많은 주(일)의 근로시간을 늘리는 대신 다른 주(일)의 근로시간을 줄여 평균적으로 법정근로시간(주 40시간) 내로 근로시간을 맞추는 근무제도	계절적 영향을 받거나 시기별(성수기·비수기) 업무량 편차가 많은 업종 등
선택적 근로시간제	일정 기간(1개월 또는 3개월 이내)의 단위로 정해진 총 근로시간 범위 내에서 업무의 시작 및 종료 시각, 1일의 근로시간을 근로자가 자율적으로 결정할 수 있도록 하되, 평균적으로 법정근로시간(1주 40시간) 내로 맞추는 제도	근로시간(근로일)에 따라 업무량의 편차가 발생하여 업무 조율이 가능한 소프트웨어 개발, 사무관리(금융거래, 행정처리 등), 연구, 디자인, 설계 등
사업장 밖 간주근로시간제	출장 등 사유로 근로시간의 전부 또는 일부를 사업장 밖에서 근로하여 근로시간을 산정하기 어려운 경우에 소정근로시간, 업무수행에 통상 필요한 시간, 근로자대표와 서면합의한 시간을 근로한 것으로 인정하는 제도	근로시간 대부분을 사업장 밖에서 근로하는 영업직, A/S 업무, 출장업무 등

재량 근로시간제	업무의 성질에 비추어 업무수행 방법을 근로자의 재량에 위임할 필요가 있는 업무로서 시행령 및 고시로 규정된 업무에 대해서는 사용자가 근로자대표와 서면합의로 정한 근로시간을 근로한 것으로 인정하는 제도	「근로기준법 시행령」 제31조 및 관련 고시에서 정하는 업무에 한함 1. 신상품 · 신기술 연구개발, 인문사회과학 · 자연과학 연구 2. 정보처리시스템 설계 또는 분석 3. 신문, 방송 또는 출판사업의 기사 취재, 편성 또는 편집 4. 의복 · 실내장식 · 공업제품 · 광고 등의 디자인 또는 고안 5. 방송 프로그램 · 영화 등 제작 사업에서의 프로듀서나 감독 6. 회계 · 법률사건 · 납세 · 법무 · 노무관리 · 특허 · 감정평가 · 금융투자분석 · 투자 자산운용 등의 사무에 있어 타인의 위임 · 위촉을 받아 상담 · 조언 · 감정 또는 대행을 하는 업무

출처: 고용노동부(2021). 근로기준법상 근로시간 규정의 주요내용, p. 9.

이러한 유연근로시간제도를 도입하고자 하는 때에는 제도별로 취업규칙 변경 또는 근로자대표와의 서면합의 등의 요건을 확인하여 적법한 절차에 따라 도입해야 하며, 취업규칙 등에 세부 운영 규정을 마련하여 노사 간 다툼의 여지를 최소화하는 것이 바람직하다. 2주 이내 탄력적 근로시간제는 취업규칙의 작성 · 변경이 필요한데, 취업규칙 변경 시에는 근로자 과반수의[11] 의견을 들어야 하며, 불이익한 변경에는 근로자 과반수의 동의가 필요하다. 이렇게 취업규칙으로 정하여 제도를 도입하는 경우 변경된 취업규칙을 고용노동부장관(지방고용노동관서장)에게 신고하여야 한다. 그리고 3개월 이내 또는 3~6개월

11) 근로자 과반수로 조직된 노동조합이 있는 경우에는 그 노동조합, 그러한 노동조합이 없는 경우에는 근로자의 과반수의 동의를 말한다.

탄력적 근로시간제는 근로자대표[12)]와의 서면합의가 필요하다.

한편 선택적 근로시간제는 취업규칙의 근거 및 근로자대표와의 서면합의가 모두 필요하다. 사업장 밖 간주근로시간제 중 노사가 정한 시간을 근로한 것으로 인정하는 제도와 재량근로시간제는 근로자대표와 서면합의가 필요하다. 합의는 반드시 서면으로 작성하여 노사 당사자가 서명 또는 날인해야 한다. 그러므로 기재 사항, 합의 내용 등은 각 제도에 따라 다르며, 사용자와 근로자대표 사이에 서면합의가 유효하게 성립하면 유연근로시간제도 시행 과정에서 개별 근로자의 동의가 반드시 필요한 것은 아니다. 근로자대표와의 서면합의 서류는 합의한 날부터 3년간 보존한다.

(4) 주52시간제의 예외

「근로기준법」은 1주 최대 52시간제(기본 40시간 + 연장 12시간)를 원칙으로 하

표 10-4 **주52시간제의 예외 사유**

구분	내용
1호	재난 또는 이에 준하는 사고가 발생하여 이를 수습하거나 재난 등의 발생이 예상되어 이를 예방하기 위해 긴급한 조치가 필요한 경우
2호	사람의 생명을 보호하거나 안전을 확보하기 위해 긴급한 조치가 필요한 경우
3호	갑작스런 시설·장비의 장애·고장 등 돌발적인 상황이 발생하여 이를 수습하기 위해 긴급한 조치가 필요한 경우
4호	통상적인 경우에 비해 업무량이 대폭적으로 증가한 경우로서 이를 단기간 내에 처리하지 않으면 사업에 중대한 지장을 초래하거나 손해가 발생하는 경우
5호	소재·부품 및 장비의 연구개발 등 연구개발을 하는 경우로서 고용노동부장관이 국가경쟁력 강화 및 국민경제 발전을 위해 필요하다고 인정하는 경우

출처: 「근로기준법 시행규칙」 제9조 제1항.

12) 근로자 과반수로 조직된 노동조합이 있는 경우에는 그 노동조합, 그러한 노동조합이 없는 경우에는 근로자의 과반수를 대표하는 자를 말한다.

고 있지만, 〈표 10-4〉의 다섯 가지 사유 중 어느 하나에 해당하면 근로자 동의와 고용노동부장관의 인가를 받아 주 12시간을 초과하여 연장근로가 가능하다(「근로기준법」 제53조 제4항).

3) 산업재해보상

(1) 「산재보험법」에 의한 산업재해 보상

앞과 같은 과로나 건강 피해의 '예방'을 목적으로 하는 법제도가 있음에도 불구하고, 불행히도 과로로 인해 근로자가 아프거나 최악의 경우 사망하는 사례가 끊이지 않고 있다. 이러한 피해에 대해 사후적으로 보호·구제를 해주는 법제도로서 「산재보험법」상 산재보상제도가 있다. 산업재해보상보험(이하 산재보험)이란 근로자의 업무상 재해를 신속하고 공정하게 보상하며, 재해근로자의 재활 및 사회 복귀를 촉진하기 위한 보험시설을 설치·운영하고, 재해 예방과 그 밖에 근로자의 복지 증진을 위한 사업을 시행하기 위한 사회보험을 말한다. 1960년대에 공업화가 진전되면서 산업재해 발생이 급격히 증가하여 영세한 사업주의 재산만으로는 업무상 재해를 당한 근로자에게 「근로기준법」에 따른 재해보상을 할 수 없는 경우가 많아졌다. 이에 따라 「근로기준법」에 따른 재해보상을 받을 권리는 있으나 사업주 등의 무자력(無資力)으로 인해 재해보상을 받지 못하는 근로자를 보호하기 위해 1964년에 「산재보험법」이 제정되어, 국가가 사업주로부터 일정한 보험료를 징수하여 그 보험료로 마련된 재원으로 업무상 재해를 당한 근로자에게 사업주를 대신하여 「근로기준법」에 따른 재해보상 대신에 산업재해보상 보험급여를 지급하는 산재보험 제도가 시행되었다. 이 산재보험은 무과실 책임과[13] 정액·정률보상이[14] 원칙이다.[15] 즉, 근

13) 예를 들어, 직장에서 일하던 근로자가 자신의 부주의로 넘어져서 심하게 다쳤다면 이는 근로자에게 과실이 있는 것이지만, 근로자가 근로 중 당한 부상이므로 업무와 재해 간의 인과관계

로자는 본인의 과실에 상관없이 산업재해보상 보험급여(이하 보험급여)을 지급받으며, 상해보험 등 민간보험에 비해 보상수준이 높다. 그러나 정액·정률보상에 따르다 보니 피해근로자의 실제 손해액보다 산재보험의 장해급여 보상액이 적은 경우가 생길 수 있다. 또한 산재보험은 장해·유족 연금제도 및 재요양 등 다양한 재활서비스를 지원한다.[16] 이는 사용자 등의 고의 또는 과실이 있는 경우에만 지급받을 수 있는 민사상 손해배상과 비교해 볼 때, 근로자를 위한 제도라고 할 수 있다.

보험급여는 여덟 가지가 있는데 구체적인 내용은 〈표 10-5〉와 같다(「산재보험법」 제36조 제1항).

표 10-5 **요양급여의 종류**

구분	내용
요양급여	- 근로자가 업무상의 사유로 부상을 당하거나 질병에 걸린 경우에 그 근로자에게 지급(「산재보험법」 제40조 제1항) - 산재보험 의료기관에서 요양하게 하나, 부득이한 경우에는 요양을 갈음하여 요양비를 지급 가능(「산재보험법」 제40조 제2항) - 업무상 부상 또는 질병이 3일 이내의 요양으로 치유될 수 있으면 요양급여를 지급하지 않음(「산재보험법」 제40조 제3항).

가 성립한다. 이 경우 근로자의 과실 여부와는 관계없이 무과실책임주의가 적용되어 근로복지공단은 근로자에게 재해에 따른 보상금을 지급해야 한다.

14) 산재보험은 공공보험으로써의 성격이 있으므로 피해근로자의 나이, 과실을 따지지 않으며 재해 발생에 따른 손해 전체를 보상하는 것이 아니라 평균임금을 기초로 정액·정률보상 방식으로 지급된다. 예를 들어, 14급 장해급여는 55일치 평균임금을, 12급 장해급여는 156일치 평균임금을 지급하는 방식이다.

15) 그러므로 업무상 재해를 당한 근로자가 「산재보험법」에 따라 보험급여를 받았거나 받을 수 있으면 보험가입자는 동일한 사유에 대해 「근로기준법」에 따른 재해보상 책임이 면제된다(「산재보험법」 제80조 제1항).

16) 근로복지공단(2023). 2023년 산재·고용보험 가입 및 부과업무 실무편람, p. 2.

휴업급여	–업무상 사유로 부상을 당하거나 질병에 걸린 근로자에게 요양으로 취업하지 못한 기간에 대하여 지급하고, 1일당 지급액은 평균임금의 70%에 상당하는 금액(「산재보험법」 제52조 본문). –취업하지 못한 기간이 3일 이내이면 지급하지 않음(「산재보험법」 제52조 단서)
장해급여	–근로자가 업무상의 사유로 부상을 당하거나 질병에 걸려 치유된 후 신체 등에 장해가 있는 경우에 그 근로자에게 지급(「산재보험법」 제57조 제1항) –장해급여는 수급권자의 선택에 따라 장해보상연금 또는 장해보상일시금으로 지급(「산재보험법」 제57조 제3항 본문) –장해등급 제1급부터 제3급까지의 근로자에게는 장해보상연금을 지급하고, 장해급여 청구 사유 발생 당시 대한민국 국민이 아닌 사람으로서 외국에서 거주하고 있는 근로자에게는 장해보상일시금을 지급(「산재보험법」 제57조 제3항 단서 및 「산재보험법 시행령」 제53조 제5항)
간병급여	–요양급여를 받은 사람 중 치유 후 의학적으로 상시 또는 수시로 간병이 필요하여 실제로 간병을 받는 사람에게 지급(「산재보험법」 제61조)
유족급여	–근로자가 업무상 사유로 사망한 경우에 유족에게 지급(「산재보험법」 제62조 제1항) –유족보상연금이나 유족보상일시금으로 하되, 유족보상일시금은 근로자가 사망할 당시 유족보상연금을 받을 수 있는 자격이 있는 사람이 없는 경우에 지급(「산재보험법」 제62조 제2항)
상병(傷病) 보상연금	–요양급여를 받는 근로자가 요양을 시작한 지 2년이 지난 날 이후에 다음 각 호의 요건 모두에 해당하는 상태가 계속되면 휴업급여 대신 상병보상연금을 그 근로자에게 지급(「산재보험법」 제66조 제1항 및 제65조 제1항) ① 그 부상이나 질병이 치유되지 않은 상태일 것 ② 그 부상이나 질병에 따른 중증요양상태 등급이 1급에서 3급까지일 것 ③ 요양으로 인하여 취업하지 못하였을 것
장례비	–근로자가 업무상 사유로 사망한 경우에 지급하되, 평균임금의 120일분에 상당하는 금액을 그 장례를 지낸 유족에게 지급(「산재보험법」 제71조 제1항 본문) –장례를 지낼 유족이 없거나 그 밖에 부득이한 사유로 유족이 아닌 사람이 장례를 지낸 경우에는 평균임금의 120일분에 상당하는 금액의 범위에서 실제 드는 비용을 그 장례를 지낸 사람에게 지급(「산재보험법」 제71조 제1항 단서).

직업재활 급여	직업재활급여의 종류는 다음과 같음(「산재보험법」 제72조 제1항) – 장해급여 또는 진폐보상연금을 받은 사람이나 장해급여를 받을 것이 명백한 사람으로서 「산재보험법 시행령」 제68조 제1항에서 정하는 사람 중 취업을 위하여 직업훈련이 필요한 사람에 대하여 실시하는 직업훈련에 드는 비용 및 직업훈련수당 – 업무상 재해가 발생할 당시의 사업에 복귀한 장해급여자에 대하여 사업주가 고용을 유지하거나 직장적응훈련 또는 재활운동을 실시하는 경우(직장적응훈련의 경우에는 직장 복귀 전에 실시한 경우도 포함)에 각각 지급하는 직장복귀지원금, 직장적응훈련비 및 재활운동비

이러한 보험급여는 수급권자의 청구에 따라 지급한다(「산재보험법」 제36조 제2항). 수급권자란 요양급여, 휴업급여, 장해급여, 간병급여, 유족급여, 상병보상연금, 장례비, 직업재활급여 등을 받을 수 있는 자를 말한다. 그러므로 요양급여를 받으려는 사람은 소속 사업장, 재해 발생 경위, 그 재해에 대한 의학적 소견, 그 밖에 고용노동부령으로 정하는 사항을 적은 서류를 첨부하여 근로복지공단에 요양급여의 신청을 해야 한다(「산재보험법」 제41조 제1항).

보험급여를 받을 사람이 사고로 보험급여의 청구 등의 절차를 행하기 곤란하면 사업주는 이를 도와야 하며, 보험급여를 받을 사람이 보험급여를 받는 데에 필요한 증명을 요구하면 그 증명을 해야 한다. 만일 사업주의 행방불명, 그 밖의 부득이한 사유로 앞의 증명이 불가능하면 그 증명을 생략할 수 있다(「산재보험법」 제116조).

(2) 산업재해의 인정

보험급여를 받으려면, 산업재해라고 인정받아야 한다. 그러나 이를 증명하기에는 전문적인 의학적 지식이 필요한 경우가 많아서, 법은 사고로 인한 업무상 재해로 인정하는 세 가지 기준을 두고 있다.

첫째, 업무상 사고로 인해 재해가 발생해야 한다. 근로자가 다음의 어느 하나에 해당하는 업무상 사고로 부상 또는 장해가 발생하거나 사망하면 업무상 재해로 본다(「산재보험법」 제37조 제1항).

① 근로자가 근로계약에 따른 업무나 그에 따르는 행위를 하던 중 발생한 사고,
② 사업주가 제공한 시설물 등을 이용하던 중 그 시설물 등의 결함이나 관리 소홀로 발생한 사고,
③ 사업주가 주관하거나 사업주의 지시에 따라 참여한 행사나 행사 준비 중에 발생한 사고,
④ 휴게시간 중 사업주의 지배관리하에 있다고 볼 수 있는 행위로 발생한 사고,
⑤ 그 밖에 업무와 관련하여 발생한 사고.

둘째, 업무와 사고로 인한 재해 사이에 상당인과관계(相當因果關係)가 있어야 한다(「산재보험법」 제37조 제1항 단서). 상당인과관계란 일반적인 경험과 지식에 비추어 그러한 사고가 있으면 그러한 재해가 발생할 것이라고 인정되는 범위에서 인과관계를 인정해야 한다는 것을 말한다. 이러한 인과관계의 존재에 대한 증명책임은 보험급여를 받으려는 자(근로자 또는 유족)가 부담한다.[17] 인과관계가 존재하는지를 판단할 때는, 업무와 재해 사이의 상당인과관계를 보통 평균인이 아니라 해당 근로자의 건강과 신체조건을 기준으로 해서 판단해야 한다.[18] 그리고 인과관계는 반드시 의학적, 과학적으로 명백하게 입증되어야 하는 것은 아니고, 근로자의 취업 당시의 건강 상태, 발병 경위, 질병의 내용, 치료의 경과 등 제반 사정을 고려할 때 업무와 재해 사이에 상당인과관

17) 대법원 2005. 11. 10. 선고 2005두8009 판결.
18) 대법원 2008. 1. 31. 선고 2006두8204 판결.

계가 있다고 추단될 때에도 인정된다.[19)]

셋째, 근로자의 고의·자해행위 또는 범죄행위로 인한 재해가 아니어야 한다. 근로자의 고의·자해행위나 범죄행위 또는 그것이 원인이 되어 발생한 재해(부상·장해 또는 사망)는 업무상 재해로 보지 않는다. 그러나 정신건강과 관련하여, 그 부상·장해 또는 사망이 정상적인 인식능력 등이 뚜렷하게 낮아진 상태에서 한 행위로 발생한 경우로서 다음 어느 하나에 해당하는 사유가 있으면 업무상 재해로 본다(「산재보험법」 제37조 제2항 및 「산재보험법 시행령」 제36조).

① 업무상의 사유로 발생한 정신질환으로 치료를 받았거나 받고 있는 사람이 정신적 이상 상태에서 자해행위를 한 경우,
② 업무상 재해로 요양 중인 사람이 그 업무상 재해로 인한 정신적 이상 상태에서 자해행위를 한 경우,
③ 그 밖에 업무상의 사유로 인한 정신적 이상 상태에서 자해행위를 하였다는 상당인과관계가 인정되는 경우.

대법원 판례를 예로 들면, 외국 생활과 과중한 업무에 따른 만성적이고 반복적인 스트레스로 인하여 일시적인 정신착란 상태에서 창문을 통하여 아래로 뛰어내려 사망한 것은 업무와 상당인과관계가 있는 재해로 인정한다.[20)] 또한 우울증이 그 발생에 있어서 업무에 따른 스트레스와 상당한 인과관계가 있다고 의학적으로 판명된 질병이고 사망자가 업무와 관련된 일 이외에 달리 신변에 심리적 부담을 줄 만한 사정이 없었다면, 사망자의 공무와 그가 앓고 있던 우울증 사이의 인과관계는 일단 추단된다.[21)] 이 판례에서는 특히 자살은 심한

19) 대법원 2007. 4. 12. 선고 2006두4912 판결.
20) 대법원 2001. 3. 23. 2000두10281 판결.
21) 대법원 1999. 6. 8. 선고 99두3331 판결.

우울증에서 회복될 때 가장 빈번히 일어난다는 것이 정신의학상 인정되고 있음을 알 수 있으므로 그와 같은 사정과 사망자가 자살 당시에 보인 증세 및 발병으로부터의 기간 등으로 미루어 볼 때, 공무로 인하여 발생한 그의 우울증은 이미 앞의 정신의학에서 말하는 심한 우울증의 상태까지 진행되어 있었다고 보고 있다.

3. 과로와 정신건강 상담의 기본

산업 정신건강 영역에서 상담자가 할 수 있는 활동으로서, 상담, 컨설팅 및 교육·연수의 세 가지를 들 수 있다. 이 중에서도 컨설팅은 가장 핵심적인 접근이라고 할 수 있다.

1) 상담

(1) 산업영역에서 상담의 특징

산업영역에서 기존부터 가장 많이 활용하고 있는 상담 형태는 내담자 개인을 대상으로 한 상담이다. 고민에 빠진 직원들이 안심하고 고민에 관해 이야기할 수 있도록 많은 회사에서는 상담하기 좋은 방을 설치하고 상담자를 배치한다. 이들 상담자에게는 상담 내용에 대한 비밀유지의무가 부과된다. 이러한 구조는 근로자가 자발적으로 상담받는 행동을 촉진하도록 돕는 역할을 한다. 그러나 산업 정신건강 영역에서는 개인의 고민이라고는 하지만 대부분 직무와 관련된 직장 내 대인관계가 깊이 관여되어 있어서, 내담자의 하소연만 듣는 것은 현실적인 문제 해결이 되지 않는다. 따라서 관리자 측의 의견도 들어야 하는데, 이때 내담자(직원)와의 면담 내용도 관리자에게 전달해야 한다. 이러한 상황에는 '근로자의 동의'라는 절차가 필요하다. 실제 상담 활동에서 이 '근로자의 동의'는 단순히 '동의만 받으면 된다.'라는 것 이상으로, 내담자와 관리직 등 관계자와의 쌍방의 문제 해결을 위해 서로 협력하는 관계를 구축한다는 매우 중요한 의미가 있다. 그러나 기본적으로 일반적인 상담에서는 비밀유지 의무와 중립성을 중요시하기 때문에, 이러한 협력적인 관계 구축이라는 관점이 부족하다는 것을 부정할 수 없다. 그러나 이미 살펴본 바 있지만, 비밀유지 의무의 원칙은 긴급 상황의 경우에가 예외로 될 수 있다.

(2) 예방상담의 실시 · 활성화

일반적인 상담은 내담자에게 어떤 문제가 생긴 후에 그 문제를 해결하기 위해 이루어진다. 반면에, 아직 특별한 문제가 없지만 업무상 심리적 스트레스가 강하게 발생할 것으로 예상하는 경우, 미리 예방을 위한 상담을 받는 방법이 있다. 가령 외국의 어느 은행에서는 이른바 진상 고객을 전문적으로 상대해야 하는 직원에게 정기적으로 상담을 받도록 하는 시스템을 도입하고 있다. 이러한 목적은 그 직원이 자신의 업무에 적합한지를 판단하는 것이 아니라, 어렵고 까다로운 업무에 대한 동기부여를 유지하려는 데 있다.

또 다른 예를 살펴보면, 제조업 분야에서 큰 사고가 발생했을 때 회사 측 현장 책임자와 안전 관리 담당자들은 피해를 입은 근로자와 관계 기관에 대응하는 데에 온 신경을 집중해야 하므로 엄청난 스트레스를 받는다. 이런 경우 2차 피해를 방지하기 위해 상담자를 현장에 파견하는 시스템을 도입하고 있는 회사도 있다. 또한 어느 통신 장비 제조업체는 신입사원 교육의 일환으로 신입직원들 전원을 상담자들과 면담하도록 하여, 장래에 어떤 문제가 생겼을 때 조기에 상담을 받을 수 있도록 하고 있다. 국내에서도 예방이라는 차원에서 이러한 유형의 상담을 활성화할 필요가 있을 것이다.

2) 컨설팅

산업영역에서의 컨설팅이라고 하면, 일반적으로 경영 컨설팅이 먼저 떠오를 것이다. 예를 들어, 어떤 기업이 경영에 어려움을 겪거나 새로운 사업을 전개하려고 할 때, 그러한 과제를 해결하기 위해 기업 경영에 관한 외부 전문가(경영 컨설턴트)로부터 경영 진단을 받거나 경영 개혁을 위한 구체적인 조언을 받는 것이다. 그러나 여기서 말하는 컨설팅은 정신건강과 관련된 문제를 다루는 것이다.

일반적으로 컨설팅(consultation)이란 2명의 전문가, 즉 한쪽을 컨설턴트(consultant)라고 부르고 다른 쪽을 의뢰인(consultee)이라고 부르는 양 당사자 사이의 상호 작용의 한 과정이다. 그리고 컨설턴트가 의뢰인이 안고 있는 정신건강과 관련된 특정한 문제를 의뢰인의 업무 안에서 더욱 효과적으로 해결할 수 있도록 돕는 관계를 말한다. 이상의 정의를 산업 정신건강 영역에 대입하면, 컨설턴트는 심리상담사, 의뢰인은 관리직, 그리고 내담자는 어떤 문제를 안고 있는 직원이라고 할 수 있다. 여기서 주목해야 할 것은 의뢰인인 관리직을 전문가에 위치시키고 있다는 점이다.

정신건강에 관해서 말하자면, 비록 상담자가 전문가이기는 하지만, 반면에 의뢰인의 역할을 하는 관리직은 해당 직무에 정통하고 직원의 관리라는 점에서는 상담자에게는 없는 전문성을 가진 사람이다. 그리고 이 양자 간의 상호작용, 즉 대화의 과정이 컨설팅이라는 상담 활동의 특징이 된다. 이 점이 컨설턴트로부터 일방적인 조언을 받는 일반적인 컨설팅과 다른 점이다. 그러므로 상담자가 직원의 일로 상담하러 온 관리직의 입장을 존중하고 평소 관리직과 직원의 관계성에 주목하면서 대화를 진행하다 보면, 관리직에게 새로운 아이디어가 생겨날 가능성이 높아질 것이다.

그러나 실제 문제, 내담자의 상태를 직접 확인하지 않은 채 의뢰인인 관리직 중심의 컨설팅을 하는 것만으로는 한계가 있다. 관리직과 직원 사이에 서로의 인식이 어긋나는 것은 당연하고, 한쪽 의견만을 들어서는 사태를 객관적으로 파악하기 어렵다. 또한 내담자가 우울증을 보이는 경우 의사에게 연결할 필요가 있고, 필요하면 인사담당자 사이의 조정도 필요하다. 이처럼 과로를 포함한 정신건강 문제에 대한 대응에 있어서는 직장 안팎의 관계자들로 구성된 '대인(對人) 시스템' 자체를 염두에 둔 컨설팅 활동이 요구된다.

그리고 이러한 대인 시스템 내에서는 당연하게도, 이해관계와 맞물려 서로 간에 심리적인 차이가 생길 수밖에 없다. 흔히 볼 수 있듯이 정신건강 문제를 안고 있는 직원들은 자기 상사나 인사담당자가 어떻게 자신을 평가하는지 매우 궁금해 하고 있으며, 반면 상사나 인사담당자는 매우 조심스럽고 껄끄러운 느낌이 드는 경우가 적지 않다. 이럴 때 단순히 "서로 잘 대화해 보세요."라는 상식적인 지시를 하는 것만으로는 효과를 기대할 수 없다. 이런 경우에는 예를 들면, 본인(내담자)과 관계자가 참여하는 합동 면접을 설정하여 서로의 대화를 촉진하도록 하는 등의 해결책을 모색할 필요가 있다. 따라서 여기에서의 상담자는 상담과 컨설팅 양쪽의 기능을 합친 내담자 개인과 직장 내외의 관계자 사이의 조정 혹은 그 교두보 역할을 적극적으로 취하는 역할을 맡은 자라고 할 수 있을 것이다.

3) 교육 및 연수 활동

교육 및 연수 활동은 정신건강 예방 측면에서 매우 중요하다. 구체적인 프로그램으로는 후술하는 계층별 및 내용별 프로그램을 조합해 나가면 효과적이다. 교육 · 연수를 위한 만남은 직원들이 상담자의 얼굴을 익히는 좋은 기회가 되어, 나중에 정신건강과 관련된 고민이 있는 직원들이 부담 없이 상담할 수 있는 계기가 되기도 한다.

먼저 계층별 교육 · 연수에 대해 알아보면, 어느 조직에서도 일정한 시기에 업무수행에 필요한 지식이나 기술의 습득을 위해서 각각의 계층(신입사원, 일반 사원, 관리직 등)에 따른 연수가 이루어지고 있으므로, 그러한 프로그램 안에 정신건강과 관련된 내용을 연수에 포함하는 방법이 있다.

다음으로 내용별 교육·연수로서 기본적인 것으로는 '직장 스트레스와 그 해소법' '우울증 등 정신건강의 기초 지식' '효과적인 대인 커뮤니케이션' 등이 있다. 이러한 내용들은 어느 계층에나 적용할 수 있다. 예를 들어, '요즘 팀원들이 이상하다고 느낄 때'와 같은 관리직으로서의 정신건강에 관한 것이다. 여기에 안전배려의무 등의 법령에 관한 지식도 포함하여, 관리직의 정신건강에 관한 의식을 함양하는 것이다.

정리

이 장에서는 현대 직장인의 문제 중의 하나인 과로(과중한 근로)와 그에서 비롯되는 정신건강에 대해 살펴보았다. 과로라고 하면 통상 과중한 육체노동만을 생각하기 쉬운데, 현대에 와서는 과중한 정신근로가 근로자 개인과 직장, 나아가 국가 차원의 문제를 발생시키는 메카니즘을 설명했다. 그리고 이를 예방하기 위한 법적 장치 및 정신건강상 문제가 발생한 경우의 재해보상제도에 대해 대략적인 설명을 했다. 과로와 정신건강 상담이 통상적인 상담과 비교하여 다른 점에 대해서도 언급했다.

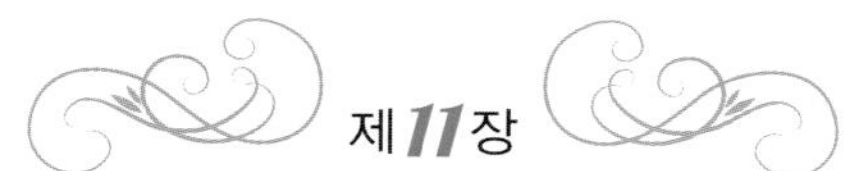

제 11 장

직장 내 괴롭힘

1. 직장 내 괴롭힘의 이해

최근 과로와 함께 직장에서 또 하나의 심각한 문제로 떠오르고 있는 것이 괴롭힘이다. 이러한 괴롭힘 중 대표적인 것이 직무상 지위·권한을 배경으로 하는 힘에 의한 괴롭힘(이른바 갑질)이다. 이와 같은 직장 내 괴롭힘 문제는 단순히 개인 차원의 문제를 넘어 인권과 관련된 중대한 문제로 파악해야 한다는 인식이 우리 사회에서도 확산하고 있다. 어떠한 괴롭힘이든 피해자가 된 근로자는 자신의 인격에 손상을 입음으로써 현저한 심리적 고통과 직무상 불이익을 받고 정신건강상 심각한 문제에 이르는 경우도 적지 않으므로 시급하고 적절한 지원이 필요하다.

그러나 괴롭힘 행위 중 명백한 폭력행위 등을 제외하면, 가해자로 지목된 측의 대부분은 자신의 언동이 괴롭힘에 해당한다는 생각도 하지 않는 경우가 많다. 또한 평소 직장에서의 대인관계 성향이나 직장 분위기 등의 영향으로 인해 괴롭힘 사안을 놓고 당사자 간에 원만한 합의를 하기가 어려울 때도 있다. 그래서 우선 요구되는 것이 법적인 규제와 대응이다. 법적으로는 괴롭힘 그 자체를 근로자의 인격적 이익을 침해하고, 적절한 직장환경에서 일할 수 있는 이익을 침해하는 불법행위로 파악한다. 여기서 인격적 이익이란 사람의 생명, 신체, 자유, 명예, 성명, 정조, 신용 등을 말하는데, 이는 타인의 침해로부터 보호받아야 할 소중한 권리로서 이들을 불법으로 침해하는 것은 「민법」에서 정한 불법행위가 되어 손해배상 등을 청구할 수 있다.

한편 나중에 더 자세히 설명하겠지만, 힘에 의한 괴롭힘 사안에서 당사자 간에는 객관적으로 일어난 사실관계를 인지하는 데에 차이가 있다. 따라서 상담자는 괴롭힘 문제에 대응할 때 이러한 차이에 대한 이해도 필요하다. 이 장에서는 직장 내에서 주로 상사와 부하직원 사이에 일어나는 힘에 의한 괴롭힘에 관한 법률의 지식과 대응 방안을 설명한다.

2. 법률의 내용과 법적 대응

1) 관련 법제도

(1) 배경

직장 내 괴롭힘 문제가 사회적 이슈로 떠오르자, 2018년 정부는 '직장 내 괴롭힘 근절'을 정책과제로 선정하고 그 근절 대책을 수립했다. 그리고 후속 입법 조치로 2019년 「근로기준법」 개정을 통해 최초로 '직장 내 괴롭힘' 개념을 법률에 규정하여 이러한 행위를 금지하고 있다. 개정된 「근로기준법」은 직장 내 괴롭힘 없는 업무 환경에서 안전하게 근무하고, 만일 피해를 입은 경우에는 조치를 통한 조속한 회복을 목표로, 직장 내 괴롭힘의 법적 정의를 마련하고 이를 금지하는 한편, 취업규칙에 직장 내 괴롭힘 예방·대응 조치를 규정하고 그에 따르도록 하고 있다. 2021년에는 직장 내 괴롭힘과 관련하여 사용자의 의무를

강화하여 제도의 실효성을 높이는 방향으로 또 한 차례 법 개정이 이루어졌다.

(2) 「근로기준법」

「근로기준법」상 직장 내 괴롭힘의 금지에 관한 조항으로는 다음의 5개 조항이 있다. 이들 중 「근로기준법」 제76조의2는 직장 내 괴롭힘의 정의와 그러한 행위를 법률로써 금지함을 명시하고 있다. 직장 내 괴롭힘의 판단기준과 사례에 관해서는 후술한다. 한편 「근로기준법」 제76조의3은 직장 내 괴롭힘이 발생했을 때 사용자(회사)가 조치해야 할 의무를 규정하고 있는데, 이와 관련하여 몇 가지 유의할 점이 있다.

「근로기준법」

제76조의2(직장 내 괴롭힘의 금지) 사용자 또는 근로자는 직장에서의 지위 또는 관계 등의 우위를 이용하여 업무상 적정범위를 넘어 다른 근로자에게 신체적·정신적 고통을 주거나 근무환경을 악화시키는 행위(이하 "직장 내 괴롭힘"이라 한다)를 하여서는 아니 된다.

제76조의3(직장 내 괴롭힘 발생 시 조치) ① 누구든지 직장 내 괴롭힘 발생 사실을 알게 된 경우 그 사실을 사용자에게 신고할 수 있다.

② 사용자는 제1항에 따른 신고를 접수하거나 직장 내 괴롭힘 발생 사실을 인지한 경우에는 지체 없이 당사자 등을 대상으로 그 사실 확인을 위하여 객관적으로 조사를 실시하여야 한다.

③ 사용자는 제2항에 따른 조사 기간 동안 직장 내 괴롭힘과 관련하여 피해를 입은 근로자 또는 피해를 입었다고 주장하는 근로자(이하 "피해근로자등"이라 한다)를 보호하기 위하여 필요한 경우 해당 피해근로자등에 대하여 근무장소의 변경, 유급휴가 명령 등 적절한 조치를 하여야 한다. 이 경우 사용자는 피해근로자등의 의사에 반하는 조치를 하여서는 아니 된다.

④ 사용자는 제2항에 따른 조사 결과 직장 내 괴롭힘 발생 사실이 확인된 때에는 피해근로자가 요청하면 근무장소의 변경, 배치전환, 유급휴가 명령 등 적절한 조치를 하여

야 한다.

⑤ 사용자는 제2항에 따른 조사 결과 직장 내 괴롭힘 발생 사실이 확인된 때에는 지체 없이 행위자에 대하여 징계, 근무장소의 변경 등 필요한 조치를 하여야 한다. 이 경우 사용자는 징계 등의 조치를 하기 전에 그 조치에 대하여 피해근로자의 의견을 들어야 한다.

⑥ 사용자는 직장 내 괴롭힘 발생 사실을 신고한 근로자 및 피해근로자등에게 해고나 그 밖의 불리한 처우를 하여서는 아니 된다.

⑦ 제2항에 따라 직장 내 괴롭힘 발생 사실을 조사한 사람, 조사 내용을 보고받은 사람 및 그 밖에 조사 과정에 참여한 사람은 해당 조사 과정에서 알게 된 비밀을 피해근로자등의 의사에 반하여 다른 사람에게 누설하여서는 아니 된다. 다만, 조사와 관련된 내용을 사용자에게 보고하거나 관계 기관의 요청에 따라 필요한 정보를 제공하는 경우는 제외한다.

제93조(취업규칙의 작성 · 신고) 상시 10명 이상의 근로자를 사용하는 사용자는 다음 각 호의 사항에 관한 취업규칙을 작성하여 고용노동부장관에게 신고하여야 한다. 이를 변경하는 경우에도 또한 같다.

〈중략〉

11. 직장 내 괴롭힘의 예방 및 발생 시 조치 등에 관한 사항

제109조(벌칙) ① 제36조, 제43조, 제44조, 제44조의2, 제46조, 제56조, 제65조, 제72조 또는 제76의3제6항을 위반한 자는 3년 이하의 징역 또는 3천만원 이하의 벌금에 처한다.

제116조(과태료) ① 사용자(사용자의 「민법」 제767조에 따른 친족 중 대통령령으로 정하는 사람이 해당 사업 또는 사업장의 근로자인 경우를 포함한다)가 제76조의2를 위반하여 직장 내 괴롭힘을 한 경우에는 1천만원 이하의 과태료를 부과한다.

② 다음 각 호의 어느 하나에 해당하는 자에게는 500만원 이하의 과태료를 부과한다.

2. 제14조, 제39조, 제41조, 제42조, 제48조, 제66조, 제74조제7항, 제76조의3 제2항 · 제4항 · 제5항 · 제7항, 제91조, 제93조, 제98조제2항 및 제99조를 위반한 자

③ 제1항 및 제2항에 따른 과태료는 대통령령으로 정하는 바에 따라 고용노동부장관이 부과 · 징수한다.

첫째, 누구든지 직장 내 괴롭힘 발생 사실을 신고할 수 있으며, 사용자는 괴롭힘 신고를 접수하거나 그 발생 사실을 인지했을 때 지체 없이 당사자 등을 대상으로 그 사실 확인을 위하여 객관적으로 조사를 하여야 한다(「근로기준법」 제76조의3 제1항 및 제2항). 이 경우 조사 중으로 아직 피해 사실이 확인되지 않았거나 조사 결과 괴롭힘이 아닌 것으로서 확인된 행위일지라도, 피해자와 신고자를 보호하여 2차 피해가 발생하지 않도록 해야 한다.

둘째, 사용자는 신고를 접수하거나 괴롭힘 발생 사실을 인지한 경우, 그 사실 확인을 위하여 객관적으로 조사를 하여야 한다(「근로기준법」 제76조의3 제2항). 여기서 객관적인 조사란 조사의 절차와 내용에서 객관성·공정성과 합리성이 있어야 함을 의미한다. 이처럼 객관성·공정성과 합리성을 담보하기 위해서는 취업규칙 등 사내 규정을 통해 조사 관련 절차나 의무 등을 규정하여 사전에 공지해 두는 것이 바람직하다.

셋째, 사용자는 조사 결과 직장 내 괴롭힘 발생 사실이 확인된 때에는 피해근로자가 요청하면 근무장소의 변경, 배치전환, 유급휴가 명령 등 적절한 조치를 하여야 한다(「근로기준법」 제76조의3 제4항). 만일 사업장 여건상 피해근로자가 원하는 장소 분리가 불가능한 경우라도, 가급적 피해근로자의 요청을 반영하여 피해근로자의 상태 및 요청 취지, 당해 사업장의 사정을 충분히 고려하여 적절한 조치를 하여야 한다.[1)]

넷째, 사용자는 조사 결과 직장 내 괴롭힘 발생 사실이 확인된 때에는 지체 없이 행위자에 대하여 징계, 근무장소의 변경 등 필요한 조치를 하여야 한다(「근로기준법」 제76조의3 제5항). 여기서 '지체 없이'란 취업규칙이나 단체협약 등 사내 규정에서 구체적으로 정한 바가 없으면, 관련 사내 규정, 사회적 통념, 조사·조치에 있어 필요한 절차 이행을 위해 소요되는 최소한의 기한 등을 종합하여 개

1) 고용노동부(2023). 직장 내 괴롭힘 예방·대응 매뉴얼, pp. 17-19.

별적으로 판단한다. 참고로, '즉시'는 '어떤 일이 행하여지는 바로 그때'라는 뜻으로 시간적 즉시성이 좀 더 강한 것인데 비해, '지체 없이'는 시간적 즉시성이 강하게 요구되지만 정당하거나 합리적인 이유에 따른 지체는 허용되는 것으로 해석되며, 사정이 허락하는 범위에서 가장 신속하게 해야 한다는 뜻이다.[2)]

다섯째, 사용자가 어떠한 조치를 하는 경우 피해근로자의 의사에 반하는 조치를 하여서는 안 되고(「근로기준법」 제76조의3 제3항 단서), '피해근로자가 요청하면' 근무장소의 변경, 배치전환, 유급휴가 명령 등 적절한 조치를 하여야 한다(「근로기준법」 제76조의3 제4항). 따라서 피해근로자가 반대하는 보호조치는 위법이다. 특히 보호조치를 빙자하여 피해근로자를 배제하는 조치(강제적 근무장소 변경이나 전보), 직무 미부여, 그 밖에 본인의 의사에 반하는 인사 조치는 제76조의3 제6항의 불리한 처우에 해당한다.[3)]

(3) 「산업안전보건법」

「산업안전보건법」 제4조에서는 정부에게 직장 내 괴롭힘 예방을 위한 조치기준 마련, 지도 및 지원을 할 책무를 부과하는 규정을 두고 있다. 또한 고객 등 제삼자의 폭언으로부터 근로자를 보호하기 위한 사업주의 건강장해 예방과 발생 시 조치 의무를 규정하고 있다(「산업안전보건법」 제41조). 이 규정에 따라 근로자가 아닌 사용자의 친족에 의해 발생한 괴롭힘도 보호받을 수 있다. 이 경우 우선 사업주는 업무와 관련하여 고객 등 제삼자의 폭언 등으로 근로자에게 건강장해가 발생하거나 발생할 현저한 우려가 있는 경우에는 업무의 일시적 중단 또는 전환 등 대통령령으로 정하는 필요한 조치를 하여야 한다(「산업안전보건법」 제41조 제2항). 여기서 '대통령령으로 정하는 필요한 조치'란 ① 업무의 일시적 중단 또는 전환, ② 휴게시간의 연장, ③ 폭언 등으로 인한

2) 법제처(2021). 법령 입안 심사 기준, p. 779.

3) 청주지방법원 2022. 4. 13. 선고 2021노438(대법원 확정).

건강장해 관련 치료 및 상담 지원 및 ④ 관할 수사기관 또는 법원에 증거물·증거서류를 제출하는 등 폭언 등으로 인한 고소, 고발 또는 손해배상 청구 등을 하는 데 필요한 지원을 말한다(「산업안전보건법 시행령」 제41조).

만일 사업자가 이러한 의무를 이행하지 않으면 1천만 원 이하의 과태료를 부과한다(「산업안전보건법」 제175조 제4항). 또한 근로자가 사업주에게 이러한 요구를 한 것을 이유로 근로자에 대해 해고 또는 그 밖의 불리한 처우를 하면, 사업주를 1년 이하 징역 또는 1천만 원 이하의 벌금에 처한다(「산업안전보건법」 제170조 1호).

「산업안전보건법」

제4조(정부의 책무) ① 정부는 이 법의 목적을 달성하기 위하여 다음 각 호의 사항을 성실히 이행할 책무를 진다.

〈중략〉

3. 「근로기준법」 제76조의2에 따른 직장 내 괴롭힘 예방을 위한 조치기준 마련, 지도 및 지원

제41조(고객의 폭언등으로 인한 건강장해 예방조치 등) ① 사업주는 주로 고객을 직접 대면하거나 「정보통신망 이용촉진 및 정보보호 등에 관한 법률」 제2조제1항제1호에 따른 정보통신망을 통하여 상대하면서 상품을 판매하거나 서비스를 제공하는 업무에 종사하는 고객응대근로자에 대하여 고객의 폭언, 폭행, 그 밖에 적정 범위를 벗어난 신체적·정신적 고통을 유발하는 행위(이하 이 조에서 "폭언등"이라 한다)로 인한 건강장해를 예방하기 위하여 고용노동부령으로 정하는 바에 따라 필요한 조치를 하여야 한다.

② 사업주는 업무와 관련하여 고객 등 제3자의 폭언등으로 근로자에게 건강장해가 발생하거나 발생할 현저한 우려가 있는 경우에는 업무의 일시적 중단 또는 전환 등 대통령령으로 정하는 필요한 조치를 하여야 한다.

③ 근로자는 사업주에게 제2항에 따른 조치를 요구할 수 있고, 사업주는 근로자의 요구를 이유로 해고 또는 그 밖의 불리한 처우를 해서는 아니 된다.

제170조(벌칙) 다음 각 호의 어느 하나에 해당하는 자는 1년 이하의 징역 또는 1천만원 이하의 벌금에 처한다.

1. 제41조제3항(제166조의2에서 준용하는 경우를 포함한다)을 위반하여 해고나 그 밖의 불리한 처우를 한 자

제175조(과태료) 〈중략〉 ④ 다음 각 호의 어느 하나에 해당하는 자에게는 1천만원 이하의 과태료를 부과한다.

3. 제41조제2항(제166조의2에서 준용하는 경우를 포함한다), 제42조제1항 · 제5항 · 제6항, 제44조제1항 전단, 제45조제2항, 제46조제1항, 제67조제1항, 제70조제1항, 제70조제2항 후단, 제71조제3항 후단, 제71조제4항, 제72조제1항 · 제3항 · 제5항(건설공사도급인만 해당한다), 제77조제1항, 제78조, 제85조제1항, 제93조제1항 전단, 제95조, 제99조제2항 또는 제107조제1항 각 호 외의 부분 본문을 위반한 자

2) 직장 내 괴롭힘의 판단기준과 사례

직장 내 괴롭힘이란 사용자 또는 근로자가 직장에서의 지위 또는 관계 등의 우위를 이용하여 업무상 적정범위를 넘어 다른 근로자에게 신체적 · 정신적 고통을 주거나 근무환경을 악화시키는 행위를 말한다. 이 정의를 좀 더 상세히 살펴보면 다음과 같다.

첫째, 괴롭히는 행위자는 사용자 또는 근로자이어야 한다. 여기서 근로자란 원칙적으로는 피해자의 사용자와 근로관계를 맺고 있는 근로자를 말한다. 그러나 사용사업주 소속 근로자(행위자)가 파견근로자(피해자)를 괴롭히는 경우, 사용사업주 소속 근로자도 이에 해당한다. 판례는 「파견근로자 보호 등에 관한 법률」에 따라 파견사업주는 물론이고, 사용사업주에 대해서도 파견근로자에 대한 보호 의무를 인정하고 있으므로, 사용사업주도 사용자로서 「근로기준법」상 조치의무 등을 부담한다.[4] 그러나 고객 등 제삼자에 의한 괴롭힘은 직장 내 괴롭힘에는 해당하지 않으며, 이미 살펴본 바와 같이 「산업안전보건법」상

사업주의 보호조치 의무 대상이다.

둘째, 괴롭힘의 대상은 다른 근로자이다. 임금을 받고 사업장에서 근로를 제공하는 자는 정규직, 임시직, 계약직, 시간제 등 명칭, 고용 형태, 계약기간 등에 상관없이 모두 여기의 근로자에 해당한다. 기간제, 단시간, 파견근로자 등도 마찬가지이다. 이때 직접 근로관계에 있지 않은 하청근로자, 특수형태근로종사자 등은 「근로기준법」의 적용 대상으로 볼 수 없다. 그러나 「산업안전보건법」상 제삼자의 폭언에 의한 사업주의 건강장해 보호조치 의무는 고객응대 근로자뿐만 아니라 모든 근로자를 대상으로 하고 있으므로, 근로자는 사업주에게 예방조치를 요구할 수 있고, 사업주의 미조치 또는 불리한 처우에 대해 형사제재가 가능하다(「산업안전보건법」 제41조 제2항 및 제3항, 제170조 1호).

셋째, 괴롭힘이 외근·출장지 등 업무수행 과정 등의 장소, 회식이나 기업행사 등의 장소에서 발생한 경우, 사내메신저·SNS 등 온라인에서 발생한 때도 이를 직장 내 괴롭힘으로 인정한다. 그러나 익명성이 보장되는 게시판 등에 특정 인물에 관한 폭언을 하는 등의 행위는 행위자를 특정하기도 어렵고 '우위성'을 이용한 행위라고 보기 어려워, 「근로기준법」상 직장 내 괴롭힘에 해당한다고 보기는 곤란하다.[5)]

넷째, 가해자의 행위가 ① 직장에서의 지위 또는 관계 등의 우위를 이용하고 ② 업무상 적정범위를 넘으며 ③ 신체적·정신적 고통을 주거나 근무 환경을 악화시키는 행위이어야 한다.

구체적인 경우에 어떠한 행위가 직장 내 괴롭힘에 해당하는지를 판단하려면, 이 기준에 관해 좀 더 상세히 살펴볼 필요가 있다.

①에서는 '우위'를 이용했는지가 중요한데, 피해근로자가 저항 또는 거절하기 어려울 개연성이 높은 상태가 인정되고 행위자가 그러한 상태를 이용했다

4) 대법원 2013. 11. 28. 선고 2011다60247.

5) 고용노동부(2023). 직장 내 괴롭힘 예방·대응 매뉴얼, p. 40.

면 이에 해당한다. 그리고 지위의 우위란 기본적으로 지휘명령 관계에서 상위에 있는 경우를 말하나, 직접적인 지휘명령 관계에 놓여 있지 않더라도 회사 내 직위·직급 체계상 상위에 있음을 이용한다면 지위의 우위를 인정할 수 있다. 사실상 관리·감독적 관계에서 지위를 이용하거나 업무와 관련하여 영향력을 행사할 수 있는 경우도 마찬가지이다. 또한 관계의 우위란 상대방이 저항 또는 거절하기 어려울 개연성이 높은 상태로 인정되는 경우로서, 사실상 우위를 점하고 있다고 판단되는 모든 관계가 포함될 수 있다. 예를 들어, 노동조합 가입 여부, 감사부서나 인사부서 등 영향력 있는 부서에 근무하는지 여부, 정규직 여부 등으로 관계의 우위에 있는지를 판단할 수 있을 것이다.

②에서 문제된 행위가 '업무상 적정범위를 넘을 것'으로 인정되기 위해서는 그 행위가 사회 통념에 비추어 볼 때 업무상 필요성이 인정되지 않거나, 업무상 필요성은 인정되더라도 그 행위가 사회 통념에 비추어 볼 때 상당하지 않다고 인정되어야 한다. 따라서 업무상 지시, 주의·명령에 불만을 느끼는 경우라도 그 행위가 사회 통념상 업무상 필요성이 있다고 인정될 경우는 이를 직장 내 괴롭힘으로 인정하기는 어렵다. 다만, 지시, 주의·명령의 형태가 폭행이나 과도한 폭언을 수반하는 등 사회 통념상 상당성을 결여하였다면, 업무상 적정범위를 넘었다고 볼 수 있으므로 직장 내 괴롭힘에 해당할 수 있을 것이다. 이때 업무상 필요성 여부는 근로계약, 단체협약, 취업규칙 및 관계법령에서 정한 내용에 비추어 판단한다.

예를 들어, 폭행이나 협박하는 행위, 폭언·욕설·험담 등 언어적 행위, 반복적으로 개인적 심부름을 시키는 행위, 집단 따돌림, 업무수행 과정에서 의도적 무시·배제행위, 부당하게 업무를 과도하게 부여하는 행위, 업무에 필요한 주요 비품(컴퓨터, 전화 등)을 제공하지 않거나, 인터넷·사내 인트라넷 접속 차단 등 원활한 업무수행을 방해하는 행위, 근로계약 체결 시 명시했던 업무와 무관한 일을 근로자의 의사에 반하여 지시하는 행위가 상당한 기간 반복되고 그 지시에 정당한 이유가 인정되지 않는다면 업무상 적정범위를 넘어섰다고 할 수

있다.

③에서 '근무 환경 악화'란 그 행위로 인하여 피해자가 능력을 발휘하는 데 지장이 발생하는 것을 의미한다. 예를 들어, 면벽 근무를 지시하는 등 근무 공간을 통상적이지 않은 곳으로 지정한다면 이는 인사권의 행사 범위에는 해당하더라도, 사실상 근로자가 업무를 수행하는 데 적절한 환경 조성이 아닌 근무 환경의 악화라고 할 수 있다.[6)]

3) 직장 내 괴롭힘 분쟁 해결

직장 내 괴롭힘에 관한 분쟁을 해결하는 방법은 여러 가지가 있다. 직장 내에서 해결하는 방법, 고용노동부에 신고, 수사기관에 고소·고발, 국가인권위원회에 진정 그리고 민사소송을 통한 손해배상 청구가 있다. 이들에 대해 하나씩 살펴보기로 한다.

첫째, 직장 내 해결이다. 직장 내 괴롭힘 행위가 발생하는 경우 가장 우선해서 고려해야 할 점은 피해자가 원래의 근로환경에서 다시 근무할 수 있도록 하는 것이다. 이를 위해 피해자 보호에 최우선을 두면서 사안을 객관적으로 조사하여 그 결과에 따라 조치를 하는 것이 중요하다. 따라서 사용자는 직장의 독립적인 부서에서 조사를 담당하도록 하거나, 공정하게 일을 처리할 수 있는 외부 기관에 조사를 의뢰하는 등 신속하고 객관적이며 공정하게 조사가 진행되도록 해야 할 것이다.

둘째, 고용노동부에 신고하는 것이다. 피해자, 근로자, 그 밖에 직장 내 괴롭힘 사실을 알고 있는 제삼자 등이 고용노동부 민원마당(minwon.moel.go.kr)에 접속하는 등의 방법으로 사업주를 신고할 수 있다. 신고에 따른 불이익을 입을

6) 고용노동부(2023). 직장 내 괴롭힘 예방·대응 매뉴얼, p. 47.

우려가 있는 경우에는 익명으로 신고하는 것도 가능하다. 조사 과정에서 사실 관계 확인을 위한 신분 확인을 할 수는 있으나 사업장이나 대외적으로 신분이 노출되는 것은 아니다.

셋째, 수사기관에 고소·고발하는 것이다. 직장 내 괴롭힘 행위가 폭행, 상해, 모욕, 명예훼손, 협박, 강요, 성폭행이나 성추행 등의 범죄에도 해당하는 경우라면 경찰(「형법」 등 위반)에 고소·고발하여 형사절차를 진행할 수 있다.

넷째, 국가인권위원회에 진정하는 것이다. 피해자는 국가인권위원회에 진정을 할 수 있다. 국가인권위원회는 사안을 조사하여 그 결과에 따라 가해자에 대해 손해배상이나 인권 교육 수강 등을 권고하고, 소속기관의 장에게는 행위자에 대한 징계 및 재발 방지 대책을 수립하도록 권고할 수 있다. 국가인권위원회에 진정하려면 진정의 원인이 된 사실이 발생한 날부터 1년 이내에 하여야 한다(「국가인권위원회법」 제32조 제1항 4호).

다섯째, 민사소송을 하여 손해배상을 청구하는 것이다. 직장에서 괴롭힘 행위는 민사상 불법행위에 해당할 수 있기 때문이다. 직장 내 괴롭힘 행위가 민사상 손해배상 청구 요건에 해당되는 경우, 피해자는 행위자에게 직장 내 괴롭힘으로 인한 피해에 대해 손해배상과 사용자에 대해 직장 내 괴롭힘 발생에 관한 손해배상을 청구할 수 있다. 이에 대해서는 다음에서 더욱 구체적으로 설명한다.

4) 가해자의 책임

직장 내 괴롭힘이 법적으로는 노동자의 인격적 이익을 침해하고 일하기 좋은 직장환경에서 일할 수 있는 이익을 침해하는 불법행위가 될 수 있다(「민법」 제750조, 제751조 참조). 그렇다면 상사의 부하직원에 대한 질책이 직장 내 괴롭힘으로 인정되어 불법행위가 되는 경우와 그렇지 않은 경우의 구별 기준은 무엇일까? 업무상 지시와 관련된 언행에 대해서는 다음 두 가지가 판단의 기준

이 될 것이다. ① 업무상 필요성에 근거하여 이루어진 것인가? ② 업무상 필요성에 근거한 것이라고 할지라도 상대방의 인격(그 직업적 경력, 직장 내에서 위치, 인간으로서의 존엄 등)에 대한 배려가 부족하고 그것을 필요 이상으로 억압하지 않았는가? 이 두 가지 관점에서, 위법한 언행인지를 판단할 수 있을 것이다.

예를 들어, 상사의 부하직원에 대한 지도가 업무상 필요성에 근거하더라도 상대방의 인격을 부정하는 혐오와 위압적인 태도로 행해졌다면 이는 불법행위가 되어 가해자(상사)는 피해자(부하직원)에게 손해를 배상할 책임을 진다. 그러나 사실관계에 관한 법적 판단은 법원의 판단에 맡겨져 있으므로 합법과 불법 사이의 판단을 상담자가 항상 명확히 할 수 있는 것은 아니다. 따라서 상담자가 이러한 상담을 받았을 때는 변호사 등 법률전문가와 협력하는 것이 현명하다.

5) 회사의 책임

앞에서와 같이 근로자(가해자)의 언행이 불법행위에 해당하는 경우, 회사는 그 사용자로서의 책임(사용자책임)이 있기 때문에 피해자에게 손해배상책임을 질 수 있다(「민법」 제756조). 사용자책임이란 쉽게 말하면 회사의 책임을 말하는데, 이를 법률용어로는 사용자라고 불러서 사용자책임이라고 한다.

「민법」

제756조(사용자의 배상책임) ① 타인을 사용하여 어느 사무에 종사하게 한 자는 피용자가 그 사무집행에 관하여 제삼자에게 가한 손해를 배상할 책임이 있다. 그러나 사용자가 피용자의 선임 및 그 사무감독에 상당한 주의를 한 때 또는 상당한 주의를 하여도 손해가 있을 경우에는 그러하지 아니하다.

② 사용자에 갈음하여 그 사무를 감독하는 자도 전항의 책임이 있다.

사용자책임은 해당 행위가 '사무의 집행에 관하여' 이루어졌을 때 성립한다고 되어 있다(업무관련성). 이 업무관련성이 있는지에 대해서는 행위 장소·시간, 가해자의 언행 등 직무관련성, 가해자와 피해자의 관계 등을 고려하여 판단한다. 가해자가 상사로서의 지위를 이용하여 괴롭힌 것뿐만 아니라, 동료 등에 의한 괴롭힘에 대해서도 행위 장소, 시간·계기 등에 따라 업무관련성이 인정될 수 있다.

또한 회사는 그 종업원 등이 행한 괴롭힘에 대해 그것이 직장 내에서 행해진 경우는 물론이고, 직장 밖에서 행해진 것이라도 업무와 관련된 언행이나 직무상 지위나 권한을 배경으로 한 언행이었을 경우에는 그 손해를 배상할 책임을 진다. 다만, 사용자가 가해자인 근로자(상사)를 임명한 것이나 그 상사를 감독함에 있어서 충분히 주의를 다했다고 인정되는 경우에는 사용자책임(즉, 손해배상책임)을 면할 수 있다(「민법」 756조 제1항 단서). 그러나 통상 이러한 면책사유를 엄격하게 해석하고 있어 사용자가 면책되기란 쉽지 않을 것이다.

6) 「산업재해보상보험법」에 따른 보호·구제

직장에서의 괴롭힘에 의한 우울증 등의 정신장애가 산업재해로서 「산재보험법」에 근거한 급부의 대상이 되는 경우도 증가하고 있다. 「산재보험법」에서도 직장 내 괴롭힘으로 인한 업무상 정신적 스트레스가 원인이 되어 발생한 질병을 업무상 재해로 본다(「산재보험법」 제37조 제1항).

「산업재해보상보험법」

제37조(업무상의 재해의 인정 기준) ① 근로자가 다음 각 호의 어느 하나에 해당하는 사유로 부상·질병 또는 장해가 발생하거나 사망하면 업무상의 재해로 본다. 다만, 업무와 재해 사이에 상당인과관계가 없는 경우에는 그러하지 아니하다.

〈중략〉

2. 업무상 질병

〈중략〉

다. 「근로기준법」 제76조의2에 따른 직장 내 괴롭힘, 고객의 폭언 등으로 인한 업무상 정신적 스트레스가 원인이 되어 발생한 질병

「산업재해보상보험법 시행령」

제34조(업무상 질병의 인정기준)

〈중략〉

③ 제1항 및 제2항에 따른 업무상 질병(진폐증은 제외한다)에 대한 구체적인 인정 기준은 별표 3과 같다.

「산업재해보상보험법 시행령」 [별표3]

4. 신경정신계 질병

〈중략〉

바. 업무와 관련하여 정신적 충격을 유발할 수 있는 사건에 의해 발생한 외상후스트레스 장애

사. 업무와 관련하여 고객 등으로부터 폭력 또는 폭언 등 정신적 충격을 유발할 수 있는 사건 또는 이와 직접 관련된 스트레스로 인하여 발생한 적응장애 또는 우울병 에피소드

앞의 「산업재해보상보험법 시행령」 [별표3]에서 정신적 스트레스 수준이 높을 것으로 보이는 구체적인 사례는 다음의 〈표 11-1〉에서 보는 바와 같다.

또한 근로자의 자해행위나 자살은 원칙적으로 업무상 재해로 인정되지 않으나(「산재보험법」 제37조 제2항), 그러한 행위가 정상적인 인식능력 등이 뚜렷하게 저하된 상태에서 한 행위로 발생한 경우로서 대통령령으로 정하는 사유가 있으면 업무상의 재해로 본다. 여기서 “대통령령으로 정하는 사유”란 다음 중 어느 하나에 해당하는 경우를 말한다(「산업재해보상보험법 시행령」 제36조).

표 11-1 **스트레스 수준이 높은 것으로 판단되는 경우**

사례	구체적 예시
질병이나 부상을 당함	–장기간 입원을 요하거나 원직장 복귀가 곤란한 수준의 질병이나 부상이 발생한 경우
업무에 관련하여 중대한 인신사고 · 중대사고 경험	–타인에게 장기간 입원을 요하거나 원직장 복귀가 곤란한 수준의 부상을 입게 하고 사후 대응에도 관련된 경우 –타인의 질병과 부상이 중증이 아니더라도 사후 대응에서 많은 대가를 치르게 된 경우
회사의 경영에 영향을 주는 중대한 업무상 실수	–도산 또는 큰 폭의 실적 악화, 신용 하락 등에 영향을 줄 수 있는 실수를 하였고, 사후 대응에도 관여한 경우 –실수의 정도가 약하더라도 사후 대응에서 징계, 강등, 월급여를 넘는 배상책임을 추궁받는 등의 불이익을 받고 직장 내 인간관계가 현저히 악화된 경우
퇴직을 강요받음	–퇴직의 의사가 없음을 표명했음에도 불구하고 집요하게 퇴직을 요구받은 경우나 공포감을 주는 방법을 사용한 퇴직 권유를 당한 경우
심한 괴롭힘, 따돌림, 또는 폭행	–부하직원에 대한 상사의 언행이 업무지도의 범위를 벗어나 있으며, 인격이나 인간성 모독을 하는 것과 같은 언행이 포함되며, 또한 이것이 집요하게 이루어진 경우 –동료 등 여러 사람이 결탁하여 인격이나 인간성을 모독하는 언행을 집요하게 한 경우 –치료가 필요한 정도의 폭행을 당한 경우

출처: 근로복지공단(2021). 정신질병 업무관련성 조사지침, p. 11.

① 업무상의 사유로 발생한 정신질환으로 치료를 받았거나 받고 있는 사람이 정신적 이상 상태에서 자해행위를 한 경우,

② 업무상의 재해로 요양 중인 사람이 그 업무상의 재해로 인한 정신적 이상 상태에서 자해행위를 한 경우,

③ 그 밖에 업무상의 사유로 인한 정신적 이상 상태에서 자해행위를 하였다는 상당인과관계가 인정되는 경우.

여기서 인과관계는 이를 주장하는 측에서 증명해야 하지만, 반드시 의학적·자연과학적으로 명백히 증명되어야 하는 것이 아니며 규범적 관점에서 상당인과관계가 인정되는 경우에는 이를 증명한 것으로 본다. 예를 들어, 근로자가 극심한 업무상의 스트레스와 그로 인한 정신적인 고통으로 우울증세가 악화되어 정상적인 인식능력이나 행위선택능력, 정신적 억제력이 현저히 저하되어 합리적인 판단을 기대할 수 없을 정도의 상황에 처하여 자살에 이르게 된 것으로 추단할 수 있는 경우라면 망인의 업무와 사망 사이에 상당인과관계가 인정될 수 있다.[7)]

7) 직장 내 성희롱과의 관계

「근로기준법」상 직장 내 괴롭힘과 비교되는 것으로, 「남녀고용평등과 일·가정 양립 지원에 관한 법률」(이하 「남녀고용평등법」)상 직장 내 성희롱이 있다. 이는 사업주·상급자 또는 근로자가 직장 내의 지위를 이용하거나 업무와 관련하여 다른 근로자에게 성적 언동으로 성적 굴욕감 또는 혐오감을 느끼게 하거나, 성적 언동 또는 그 밖의 요구 등에 따르지 아니하였다는 이유로 근로조건 및 고용에서 불이익을 주는 것을 말한다(「남녀고용평등법」 제2조 2호). 여기서 '성적 언동'이란 남녀 간의 육체적 관계나 남성 또는 여성의 신체적 특징과 관련된 육체적·언어적·시각적 행위로서 사회공동체의 건전한 상식과 관행에 비추어 볼 때, 객관적으로 상대방과 같은 처지에 있는 일반적이고도 평균적인 사람으로 하여금 성적 굴욕감이나 혐오감을 느끼게 할 수 있는 행위를 의미한다.

직장 내 괴롭힘과 직장 내 성희롱의 관계를 살펴보면, 「남녀고용평등법」상

7) 대법원 2017. 5. 31. 선고 2016두58840 판결.

직장 내 성희롱은 문제된 성적 언동이 '포괄적인 업무관련성'이 있는 상태에서 발생하였어도 인정될 수 있고, 사업주의 직장 내 성희롱 행위 또는 사내 성희롱 사건에 대한 사업주 미조치에 대해 과태료 제재가 가해지는 점을 고려할 때, 성적 언동이 문제된 사안이라면 직장 내 괴롭힘과 직장 내 성희롱에 모두 해당할 수 있겠으나 사안의 중대성과 심각성으로 보아 「남녀고용평등법」이 우선 적용될 것이다.

한편 직장 내 성희롱에 해당하려면 성적인(sexual) 언동을 수반하여야 하므로, 여성 비하 행동, 고정관념적 성역할 강요 등 이른바 젠더(gender) 괴롭힘은 「남녀고용평등법」상 직장 내 성희롱에는 해당한다고 보기 어려우나, 「근로기준법」상 직장 내 괴롭힘에는 해당할 수 있을 것이다. 이러한 직장 내 성희롱과 직장 내 괴롭힘은 모두 근로자의 인격권 침해 측면에서 유사할 뿐만 아니라, 직장 내에서 문제행위가 발생했을 때 사업장 내에서 해결·처리하는 절차를 양 법률에서 유사하게 규정하고 있으므로, 사업장 형편에 따라 사건 발생 시 처리 절차를 통합적으로 운영하는 것도 가능할 것이다.[8)]

3. 직장 내 괴롭힘 상담의 기본

1) 정신건강 관리로서 괴롭힘 대응

상담의 측면에서는 직장 내 괴롭힘의 문제도 정신건강 관리의 하나로 파악하는 것이 더 효과적일 것이다. 그 피해자의 대부분이 괴롭힘이라는 중대한 심리적 스트레스에 노출되어 정신건강 상태가 좋지 않을 것이기 때문이다. 사실

8) 고용노동부(2023). 직장 내 괴롭힘 예방 · 대응 매뉴얼, p. 112.

앞에서도 언급했듯이 괴롭힘 자체를 산업재해 인정기준에서 강한 심리적 스트레스로 꼽고 있다. 그런데 현실적으로 정신건강 관리와 관련하여 상담자가 괴롭힘 사례에 직접 관련되는 경우는 그다지 많지 않다. 그 이유는 괴롭힘 문제는 어디까지나 회사의 법 준수 부문과 관련된 문제이며 정신건강 관리 부문과는 별개라는 인식이 회사 측과 상담자 측 모두에 있기 때문이라고 생각한다. 그 결과, 조기 대응이 늦어지는 경향이 있는 것이 현실이다.

특히 성희롱이 의심되는 경우 본인이 직접 회사의 관련 부서에 신고해야 하는데, 이는 성적인 사안에 관한 것이기 때문에 수치심이나 죄책감 등으로 인해 사실관계를 제대로 말하기가 매우 어렵다. 그래서 혼자서 고민을 안고 있다가 심신의 부조화와 함께 업무상으로도 지장을 받게 된다. 그럴 때 정신건강 관리 부서의 상담자는 이러한 심신의 불편을 상담할 수 있는 상대이다. 상담의 기본을 익힌 전문상담자라면, 본인(피해자)도 안심하고 사실관계를 이야기할 수 있을 것이다. 나아가 상담자가 회사의 관련 부서와 중개 역할을 해 나갈 수도 있다.

2) 괴롭힘의 과정 이해

(1) 강화되는 괴롭힘 관계

상담자는 먼저 직장에서 괴롭힘 문제가 발생했을 때 그것이 지속되는 프로세스에 대해 이해해 둘 필요가 있다. 다음의 〈표 11-2〉는 힘에 의한 괴롭힘 과정을 개략적으로 나타낸 것이다. 일에 열중하여 부하직원 지도에 열의가 있는 상사가 그 지도 과정에서 부하직원이 기대한 정도의 성과를 보여 주지 못하는 데에서 비롯하여, 강한 질책의 말이 나올 수 있고 비난하고 싶은 감정도 생길 것이다.

그러나 한 번 그러한 행위를 했다고 하여 그것이 즉시 괴롭힘 행위가 되는 것은 아니다. 문제는 그것이 반복되고 단계적으로 강화된다는 것이다. 그렇다면 괴롭힘은 왜 이렇게 강화되어 가는 것일까?

표 11-2 **강화되는 괴롭힘**

	1단계	2단계	3단계	4단계
상황	–실수에 대한 주의나 지적 –소통이 어긋남	–반복되는 주의나 질책 –부자연스러운 소통 –실수의 증가	–과격한 언동 –관계 악화 –피해자 고립 –직장 전체의 악영향	–피해자의 정신적 피해 발생 –신체적 질병 발생 –관계 회복 불가능 –직장에 대한 불신, 애사심 저하 –퇴직
행위자	–약간의 위화감, 불쾌감	–지속적인 위화감, 불쾌감	–위화감, 불쾌감이 분노와 혐오감으로 강화	–통제할 수 없는 지속적인 분노, 혐오감

출처: 岡田康子・稲尾和泉 (2011). パワーハラスメント, 日経文庫, 63頁.

(2) 의사소통 패턴의 문제

강화되는 괴롭힘 관계를 이해하기 위한 임상적 관점에서 또 한 가지 중요한 것은 당사자 개개인의 개인적 요인을 충분히 고려하면서도 당사자들 간의 상호 의사소통 패턴에 주목해야 한다는 것이다. 그때 '가짜 해결'과 '문제의 내재화'라고 불리는 두 가지가 도움을 준다. 가짜 해결(attempted solution)은 1960년대에 단기 가족치료(Brief Family Therapy)라는 심리치료 모델을 개발한 미국의 MRI라는 연구 그룹이 제창한 개념으로, "문제에 대한 잘못된 대처가 문제를 지속시킨다."는 것이다. 상담자도 이와 유사한 사태에 빠지기 쉽다는 것을 자각하는 것이 중요하다. 또한 문제의 내재화와 관련해서는, 우리 사회에서는 사람들 사이에서 일어나는 문제의 원인을 개인 안의 인격·성격 등으로 돌리는 사고방식(문제의 내재화)이 지배적이다. 그러나 이러한 사고방식이 오히려 해결을 어렵게 하고 있음을 그 이야기(narrative)에 주목하여 개발된 것이 1980년대에 마이클 화이트(Michael White)와 데이비드 엡스턴(David Epston) 이야기치료(narrative therapy)라는 심리치료 모델이다. 그 중심적인 접근법은 문제와

개인을 구별하는 '문제의 외재화'(externalization of problems)이다.

먼저 가짜 해결의 예를 들어 보면, 부하직원 B의 업무에 문제를 느낀 상사 A는 먼저 질책이라는 해결책을 취한다. 그러나 이후에도 B의 행동에 A가 기대했던 변화가 보이지 않을 뿐만 아니라, 자기 비하적인 반응을 한다. 그래서 A는 한층 더 질책하는 해결책을 취하지만, B의 반응은 그만큼 자기 비하적인 행동을 더욱 강화해 간다. 이처럼 당사자 간의 상호 의사소통 패턴 자체가 부정적인 형태로 강화되어 가면, 이제 당사자끼리 새로운 해결책을 찾기란 매우 어려워진다. 이같이 기대하는 결과(성과)를 얻을 수 없음에도 불구하고 동일한 해결책을 반복해 버리는 것을 '가짜 해결'이라고 하며, 강화되는 괴롭힘 관계(〈표 11-2〉 참조)뿐만 아니라 성희롱 관계에서도 마찬가지로 발견할 수 있다.

A의 질책으로 인해 결과적으로 B에게 중대한 사태가 발생하고 있는 것을 법적인 관점에서 문제시해야 하는 것은 당연하며, 부하직원 B의 극단적인 자기 비하적인 반응에도 주목할 필요가 있다. 여기서 상담자가 이러한 것들을 신중히 관찰하면서 잊지 말아야 할 것은 괴롭힘 관계가 종종 폐쇄적인 상호 관계로부터 발전하기 쉽다는 것이다. 만일 상사 A가 혹은 부하직원 B가 누군가 다른 사람과 상담할 수 있었다면, 이 상담이라는 행위 자체가 폐쇄적인 양자 관계 속에서 발생하는 가짜 해결 패턴에서 벗어나기 위한 새로운 해결책이 되었을 것이다. 여기에 제삼자로서 상담사의 상담 기능을 중심으로 한 임상적 접근의 의의가 있다. 더욱 상세한 점은 뒤에 설명한다.

다음으로 문제의 내재화와 관련하여 설명하면, 이러한 상황에서 거짓 해결을 더욱 강화하는 것이 '문제의 내재화'라고 불리는 것이다. 구체적으로는 당사자 쌍방이 (또는 주변 사람들도) 괴롭힘의 원인을 개인의 내적이고 인격적인 어떠한 결함으로 돌리고 문제를 해결하려고 한다는 것이다. 그러면 당사자들은 모두 자기방어적인 태도를 강화하고, 부정적인 감정에 지배되어 현실적인 해결의 길이 막히는 경향이 있다. 이것이 부정적인 형태로 표면화된 것이 힘에 의한 괴롭힘으로 나타난다.

앞의 사례에서 상사 A가 부하직원 B에게 한 행동에는 문제의 내재화를 통해서 상대를 비난하는 언행이 극단적으로 나타나고 있다. 그러면 주변 사람들은 그러한 언행을 A의 인격적인 문제로 돌리기 쉽다. 이러한 현상 자체를 완전히 제거하기는 매우 어려운 일이지만, 적어도 상담자만은 이 사실을 확실히 인지하고 있을 필요가 있다.

그런 의미에서 다시 한번 주목해야 할 것은 '근로자의 인격적 이익을 침해해서는 안 된다.'라는 법적 및 윤리적 기본 정신이다. 일반적으로는 이것을 단순히 표어 정도로 인식하기 쉽지만, 이는 잘못된 생각이다. 오히려 상사가 부하직원에게 업무에 관한 지도·지시를 할 때 부하직원의 인격적 이익을 존중하는 의사소통 기술을 익히는 것이야말로 부하직원의 성과를 보다 높이게 된다는 점을 평소 직장 내에서 이해시키는 활동을 하는 것이 괴롭힘을 예방하는 데에 중요할 것이다.

3) 괴롭힘 문제에 대한 상담적 접근

(1) 직장 내 상담 시스템의 정비와 활용

앞의 사례에서 그 가장 큰 요인은 상사 A가 혼자서 문제를 안고 있다는 점이다. 그러므로 우선 부하직원인 B를 대하는 데에 어려움을 겪고 있는 상사 A를 지원할 수 있는 직장 내 상담 시스템을 정비하는 것이 중요하다. 만약 이 직장에 A가 미리 상담을 할 수 있는 시스템이 있었다면, 힘에 의한 괴롭힘 관계가 강화되는 것을 방지함으로써 관계가 악화되는 것을 피할 수 있었을 것이다. 이를 막지 못하는 경우, 상당히 심각한 괴롭힘 사안이 발생하고 있음에도 불구하고 대응이 늦어져서 재판으로까지 넘어가게 되는 사례들이 있다.

(2) 상담자에게 필요한 상담 방법

여기서는 직장 내 상담 시스템을 통해 상담자가 상사 A와 부하직원 B를 각

각 면담하게 되었다고 가정하고, 이 경우의 기본적인 상담 방법에 대해 살펴보고자 한다. 여기서 중요한 전제는 상담자가 힘에 의한 괴롭힘 관계의 가능성에 대해서는 충분히 염두에 두면서도 그 사실관계에 관한 판단은 직장 내 관계 부서에 맡김으로써 이 부서와 정보를 공유할 필요가 있다는 것이다. 이때 상담자에게는 이해관계자 간을 연결하는 역할이 필요하다.

먼저 상사 A와의 상담을 생각해 보자. 상담자는 A와 상담이 끝날 때까지 'A에게 업무와 관련해서 신경이 쓰이는 부하직원이 있다.'라는 기본 전제하에서 A가 생각하는 B의 문제점(여기에는 A의 문제점도 내포되어 있다.)에 초점을 맞추어 이야기를 듣는다. 아마도 이때 A는 B가 기대치만큼 잘하지 못하는 원인을 B 개인의 성격 탓으로 돌리는(문제의 내재화) 발언을 많이 할 것이다. 여기서 상담자는 그런 A에 대해 부정적인 감정이 생기지 않도록 조심해야 한다. 즉, 상담자 자신도 이 문제의 원인을 A의 인격적인 요인으로 돌리는 경향이 있다는 것이다.

이렇게 되면 상담은 협동적인 관계에서 논쟁하는 관계가 되어, 문제 해결의 길을 좁힐 수 없다. 이 점에 유의하면서 상담의 방향을 가능한 한 구체적인 사건들, 즉 가짜 해결의 패턴을 파악하기 위해 노력하면서, 조금이라도 B의 행동 변화로 이어질 수 있는 다른 해결책을 모색해 나간다. 하지만 A는 아마도 지금까지 질책이라는 방법으로 부하직원을 지도하는 데에 성공해 왔기 때문에, 이것을 직접 바꾸게 하는 접근법은 오히려 저항을 낳을 수 있다. 그러므로 오히려 B 측에서 그나마 합리적이라고 받아들일 수 있는 변화된 질책 방법을 함께 탐색해 나가는 상담 프로세스가 효과적일 것이다.

다음으로 부하직원 B와의 상담을 생각해 보자. A로부터 계속해서 지적과 질책을 받아온 B는 상담 과정에서 아마도 자기 비하적인 발언을 많이 할 수 있다. 우선 그런 발언에 귀를 기울여야겠지만 동시에 심신의 상태, 특히 수면 상황에 관해서 확인해 보는 것이 중요하다. 이런 경우 아마도 어떤 형태로든 강한 불면증 혹은 과각성(過覺醒)이 나타날 수 있기 때문이다. 아울러 B의 업무수행 능력의 변화, 특히 집중력의 저하 등이 나타나는지도 확인해 볼 필요가 있다. 만일 그렇다면 우울증이 의심되기 때문에, 이때는 바로 의료기관에서 진료받도록 해야 한다. 의료기관과 연계하여 임시 휴양이 필요한지도 알아보는 것이 좋다. 이때 B는 이러한 조치 자체를 더욱 부정적으로 보고 "내가 쉬게 되면 직장에 더 폐를 끼친다. 눈치 보인다."라고 말할 수도 있다. 그러나 이 경우에는 가족들이나 지인들의 협조도 얻으면서, 휴양(쉼)의 필요성에 대해 설득할 필요가 있다.

나아가 B의 업무상 문제점에 대해서는, 그 배경에 지금까지 B 고유의 대인관계 패턴이 영향을 주고 있을지도 모른다. 이것은 심신 상태가 어느 정도 개선된 후에 개인 상담을 통해 접근하면 될 것이다. 아울러 인사 부서와의 연계를 통해 업무 배치전환이 가능한지도 알아볼 수 있을 것이다.

(3) 교육 · 연수

직장 내 괴롭힘 문제에 대해서는 많은 회사에서 이미 윤리 및 법령에 관한 연수를 하고 있다. 최근의 기업 활동에서 법령 준수(compliance) 움직임에 따라서 이러한 연수의 실시는 필수이다. 그러나 그 법적 근거인 '근로자의 인격적 이익을 침해하는 행위 금지' 및 '일하기 좋은 직장환경 유지'라는 취지를 단순히 주의 환기 수준에 그치지 말고 직장 내에서 더욱 긍정적인 형태로 뿌리내리기 위해서는 임직원 교육과 연수 내용을 좀 더 연구할 필요가 있다. 그 구체적인 방안에 관해서는 여러 가지 대안들이 제시되고 있으므로, 직장 내 문제에 대응해야 하는 상담자들도 이에 관한 연구가 필요할 것이다.

정리

이 장에서는 직장 내 괴롭힘이 불러오는 부정적인 파급효과와 이에 관한 법적 대응 방안을 살펴보았다. 오늘날 우리나라의 근로환경은 급속히 다양화되어 왔으며, 이는 특히 직장 내 모든 대인관계에 큰 변화를 불러왔다. 괴롭힘 문제는 그러한 변화의 부정적인 현상 중의 하나라고 할 수 있을 것이다. 그런 만큼 직장에서는 한층 더 일하는 사람들의 모든 인격적 이익을 보장하는 직장환경 개선을 위한 노력과 그 실효성을 높이는 데 도움이 되는 상담 임상의 협력이 요구되고 있다. 이에 따라 직장 내 괴롭힘 관련 상담 시 상담자가 취해야 할 기본자세와 유의점에 대해서 언급했다.

제12장

정보사회와 상담의 미래

1. 정보사회의 현상

1) 개관

우리가 사는 사회는 과거 '농업 사회'에서 '공업 사회'로 그리고 '정보사회'로 바뀌어 왔다. 농업 사회로부터 공업 사회로의 이행에는 증기 기관 등이 큰 역할을 했다. 반면 정보사회로의 전환에는 컴퓨터와 네트워크가 큰 역할을 하고 있다. 예를 들면, 농업은 옛날에도 있었고 지금도 있지만, 처음에는 주로 사람의 손으로 경작하던 것이(농업 사회), 트랙터 등의 기계를 이용하게 되고(공업 사회), 그리고 지금은 생명 공학 기술이나 기상 정보 등을 이용(정보사회)하게 되었다.

물건을 만들거나 일상생활을 영위한다는 점에서는 옛날이나 지금이나 마찬가지이지만, '정보'를 적극적으로 활용함으로써 사람들의 일하는 방법과 생활 방식이 크게 바뀌었다는 점에서는 차이가 있다. 컴퓨터는 대량의 정보를 매우 빠른 속도로 처리할 수 있으며, 네트워크는 많은 양의 정보를 다양한 장소로 빠르게 전송할 수 있다. 이런 방식으로 교환되는 많은 양의 정보를 바탕으로 우리는 더 많고 다양한 것을 생각하고 판단하고, 물건을 만들거나 일상생활을 영위하고 있다.

이러한 정보사회를 지원하는 것은 바로 정보통신 시설(인프라)이다. 사회의 곳곳에 있는 컴퓨터나 네트워크를 통상 정보통신 인프라라고 부른다. 정보통신 인프라는 최근 30년간 급속하게 발전해 오고 있다. 인터넷의 발전과 함께 전 세계의 컴퓨터가 네트워크로 연결되어 지구 반대편에 있는 사람과도 순식간에 정보를 주고받거나 소통할 수 있게 되었다. 또한 스마트폰 등의 모바일 단말이 확산하면서, 언제 어디서나 심지어 이동 중에도 통화를 하거나 네트워크에 접속할 수 있게 되었다. 또한 광대역(broadband)의 보급·확산에 따라, 예전에는 기대할 수 없었던 동영상이나 음악 등의 대용량 데이터도 초고속으로 전송하거나 내려받을 수 있게 되었다. 이처럼 하루하루 발달하는 정보통신 인프라를 활용하면서 우리는 살아가고 있다.

2) 정보사회의 의미와 특징

앞에서 설명한 일련의 현상들이 나타나는 사회를 정보사회라고 부른다. 즉, 정보사회는 인터넷 등의 통신 기술의 진보와 컴퓨터 이용의 보급, 정보 산업의 발달에 의한 정보의 대규모 생산·가공·처리·조작·소비에 의해, 종래의 산업사회(공업 사회)에서 통용되던 사회 규범과 가치관이 바뀐 사회를 말한다. 그래서 미래학자 앨빈 토플러(Alvin Toffler)는 농업 혁명(제1의 물결)과 산업 혁명(제2의 물결)에 이어 정보 혁명이라고 할 수 있는 '제3의 물결'이 밀려올 것을 예견했다. 또한 다니엘 벨(Daniel Bell)은 앞으로 다가올 사회는 정보가 가장 핵심적인 자원으로 등장하는 후기 산업 사회가 될 것이라고 예견하기도 했다.

지금의 우리 사회는 이미 이러한 정보사회에 들어와 있으며, 새로운 과학 기술의 발달로 정보의 생산과 유통의 속도가 점점 더 빨라지고 있다. 이러한 정보 산업의 발달을 통해 사회 구조는 고도의 지식 사회로 바뀌고 있고, 국가 간의 관계는 물론이고 개인 간의 경쟁에서도 정보의 소유·처리 여부가 승패를 좌우하는 가장 중요한 요소가 되었다.

현대의 정보 기술은 지난 수 세기 동안 산업 사회를 주도해 온 산업 기술(공업 기술)과는 근본적으로 차이가 있다. 산업 기술이 기계를 통해 '인간의 근육'(육체적 노동)을 확대한 것이라면, 정보 기술은 정보통신 등 과학 기술의 발달을 통해 '인간의 두뇌'(지적 노동)를 확장한 것이라고 표현할 수 있다.

정보사회의 특징 중의 하나는 탈대량화이다. 산업 사회에서는 정보가 대량 생산되고 대량 소비되었다. 산업 사회에서는 신문이나 잡지가 일반적인 정보 전달 수단이었다. 신문은 매일 수천만 부 이상이 대량으로 발행됐다. 그러나 정보사회에서는 통신망을 통해서 누구나 손쉽게 정보에 접근할 수 있으므로, 정보의 생산과 소비에서 탈대량화가 두드러진다. 그래서 토플러는 산업 사회의 원리가 대량 생산과 대량 소비였다면, 정보화 사회의 특징은 다품종 소량 주문 생산이라고 했다. 그는 생산, 소비, 생활 방식, 가치관 등 모든 면에서 탈대량화와 탈규격화가 이루어질 것으로 예측했다.

정보사회의 또 하나의 특징은 상호 소통성이다. 산업 사회에서는 정보가 일방적으로 전달되는 방식이었다. 산업 사회의 대표적인 대중 매체인 텔레비전이 그 예이다. 방송국에서 제작된 획일화된 정보가 텔레비전을 통해서 대중에게 일방적으로 전달되고, 대중은 그것을 수동적으로 받아들이는 방식이다. 그러나 정보사회에서는 쌍방향으로 정보를 소통할 수 있는 매체가 등장했다. 컴퓨터 통신이 그 대표적인 사례이다. 또한 일방적으로 제작·배포되는 콘텐츠라고 할지라도 이를 모든 이용자가 획일적으로 시청(수용)하는 것이 아니라 주도적으로 선택하여 이용하는 유튜브도 과거의 텔레비전에 비해 상호 소통성이 증가했다고 말할 수 있을 것이다. 정보사회의 소비자는 수동적인 수용자에서 능동적인 수용자로 전환하고 있다.

3) 정보사회의 문제

정보사회를 낙관적으로 바라보는 시각도 있고 비관적으로 바라보는 시각도 있지만, 정보사회는 이미 도래하였고 피할 수 없는 현실이다. 문제는 정보사회의 내용과 현실을 제대로 인식하여 문제점을 최소화하는 시스템을 구축하는 노력이 필요하다는 것이다. 또한 정신문화를 함양해서 인간의 정신이 과학문명의 발전을 따라잡지 못하는 문화 지체 현상이 일어나지 않게 해야 하는 것도 정보사회에서의 중요한 과제이다.

정보사회의 문제를 살펴보기에 앞서, 먼저 정보사회가 우리에게는 주는 이점을 보기로 하자. 정보사회는 풍부한 정보, 신속한 정보 전달, 효과적인 정보 응용 및 값싸고 편리한 정보 접근 등 과거 산업 사회에서는 누릴 수 없는 여러 가지 이점들을 가지고 있다. 또한 고도로 발달한 정보통신 기술을 통해 과거 산업 사회의 여러 문제점을 원활하게 해결할 것으로 전망한다. 정치적으로도 민주화의 진전이 가속화되어 정보화 사회에서는 참여적인 의사결정과 권력 분산을 더욱 가속화할 것으로 본다. 정보사회에서는 정보 지식이 널리 보급되어 정치 과정이 개방되기 때문에, 일반인들도 정책 결정에 직접 참여할 기회가 많아진다. 컴퓨터와 통신 기술 같은 정보 기술이 발달하여 일반 시민들이 손쉽게 정책 결정에 참여할 수 있기 때문이다.

이에 반해, 과학 기술이 발달하는 정보사회에서 여러 가지 문제가 나타날 것을 우려하기도 한다. 사회의 구조적 불평등이 존재하는 가운데 진행되는 정보화는 결국 기득권층의 이익에만 도움이 되어 비인간화와 사회적 불평등만 심화할 뿐이라는 것이다. 이러한 비관론에서는 우선 정치적으로 새로운 전체주의가 출현할 가능성을 우려한다. 새로운 정보통신 기술을 악용한다면, 고도로 치밀하게 국민을 통제하는 독재 권력이 탄생할 여지가 있다. 정보사회에서는 모든 정보가 중앙으로 집중된다. 국가 권력과 지배 계급은 중요한 정보를 독점하고 이것을 이윤극대화나 정치적·이념적 통제 목적으로 배타적으로 이용할 위험이 크다.

경제적인 측면에서는 불평등을 오히려 심화할 수 있다. 정보사회에서는 정보가 가장 중요한 생산력이자 재산이다. 그러므로 정보가 불균등하게 분배될 경우, 정보를 독점한 사람과 정보에서 소외된 사람 사이에는 커다란 경제적 빈부 격차가 발생한다. 특히 사적 이윤을 추구하는 자본주의적 생산 관계에서, 과학 기술은 단지 자본가들의 이익 추구를 위한 도구로 전락할 수 있다. 이 경우 생산 과정에서 노동 통제는 더욱 강화될 것이며, 노동의 분업화가 심해지면서 노동자들의 소외도 커질 가능성이 높다.

사회적으로는 정보망의 발달로 인한 사생활의 침해가 우려된다. 정보 기술을 독점한 지배 세력은 개인 신상에 관한 정보를 수집하고 관리하면서 개개인의 사생활 보호라는 기본권을 침해할 수 있다. 또한 개인주의가 팽배해질 우려도 있다. 정보사회는 산업 사회의 개인주의를 극도로 심화시킨다. 이러한 개인주의적 성향은 이기주의로 변할 가능성이 크고 결국 사회 갈등을 증폭시킬 것으로 보기도 한다.

문화적으로는 자율적이고 다양한 문화가 아니라 획일화된 문화가 지배할 것으로 예상된다. 또한 인간과 인간의 관계가 문자화되고 기호화된 정보를 통해서 형성되기 때문에 심각한 인간성 상실이 우려된다. 그리고 문화산업의 발달이 소비적이고 향락적인 환경을 조성할 가능성도 있다.

4) 정보사회에서의 상담

이상에서 정보사회의 특징적인 현상이나 전망을 살펴보았다. 개인주의의 팽배, 인간 소외, 정치적·경제적 불평등 우려, 정보의 빈익빈 부익부 현상, 정보 주권 문제, 사생활 침해 같은 문제는 이미 우리 사회에서 찾아볼 수 있다. 그러므로 상담자는 내담자와의 실제 상담 과정에서 이같은 정보사회의 특징이나 문제점을 염두에 둘 필요가 있다. 한편 상담 시 내담자의 정보를 취급할 수밖에 없는 상담자는 내담자의 개인정보의 취급에 관해 일정한 수준의 법 지식을 갖추고 있어야 할 것이다. 따라서 다음에서는 상담자가 알아두어야 할 개인정보 보호에 관하여 설명하고자 한다. 이와 함께 '정보사회에서 상담의 역할과 방법은 어떠해야 하는가?' '변화의 필요성이 있는가?' '변화한다면 어떻게 변화할까?' 등에 관한 질문, 즉 정보사회에서 미래의 상담에 대해서도 함께 생각해 보기로 한다.

2. 개인정보 보호

1) 개인정보의 의미

"개인정보"란 살아 있는 개인에 관한 정보로서 다음의 어느 하나에 해당하는 정보를 말한다(「개인정보 보호법」 제2조 제1호).

1. 성명, 주민등록번호 및 영상 등을 통하여 개인을 알아볼 수 있는 정보
2. 해당 정보만으로는 특정 개인을 알아볼 수 없더라도 다른 정보와 쉽게 결합하여 알아볼 수 있는 정보(이 경우 쉽게 결합할 수 있는지는 다른 정보의 입수 가능성 등 개인을 알아보는 데 필요한 시간, 비용, 기술 등을 합리적으로 고려해야 함)
3. 1. 또는 2.를 가명처리[1] 함으로써 원래의 상태로 복원하기 위한 추가 정보의 사용·결합 없이는 특정 개인을 알아볼 수 없는 정보(가명정보)

1) 가명처리란 개인정보의 일부를 삭제하거나 일부 또는 전부를 대체하는 등의 방법으로 추가 정보가 없이는 특정 개인을 알아볼 수 없도록 처리하는 것을 말한다(「개인정보 보호법」 제2조 제1호의2).

그러므로 다른 정보와 결합하여 쉽게 알아볼 수 있는 정보나 특정 개인을 다른 사람과 구별할 수 있는 정보는 개인정보에 해당한다. 예를 들어, 신분관계(성명, 주민등록번호, 주소, 본적, 가족관계, 본관 등), 내면의 비밀(사상, 신조, 종교, 가치관, 정치적 성향 등), 심신의 상태(건강 상태, 신장, 체중 등 신체적 특징, 병력, 장애정도 등), 사회경력(학력, 직업, 자격, 전과 여부 등), 경제 관계(소득 규모, 재산 보유 상황, 거래 내역, 신용정보, 채권 채무 관계 등), 생체 인식 정보(지문, 홍채, DNA 등) 및 위치정보 등이 이에 해당한다. 즉, 개인정보는 개인의 신체, 신념, 사회적 지위, 신분 등과 같이 인격주체성을 특징짓는 사항으로서 개인의 동일성을 식별할 수 있게 하는 일체의 정보를 의미하며, 반드시 개인의 내밀한 영역에 속하는 정보에 국한되지 않고 공적 생활에서 형성되었거나 이미 공개된 개인정보까지도 포함한다.[2] 그러나 죽은 사람, 단체, 기업에 관한 정보는 개인정보로서 보호되지 않는다.

정보사회에서 이러한 개인정보들은 전자상거래, 고객관리, 금융거래 등 다양한 영역에서 필수적인 요소로서 기능하고 있다. 또한 개인정보는 기업에서도 수익 창출을 위한 자산적 가치로 높게 평가되고 있다. 그런데 만약 누군가가 개인정보를 악의적인 목적으로 이용하거나 유출할 경우, 해당 개인의 안전과 재산에 큰 피해를 줄 수 있다. 스팸 문자, 보이스피싱, 메신저를 통한 금융사기 등이 모두 개인정보 유출과 관련된 범죄들이다.

2) 개인정보의 유형

개인정보분쟁조정위원회에서는 개인정보의 유형을 다음과 같이 분류하고 있다.

2) 대법원 2016. 3. 10. 선고 2012다105482 판결.

표 12-1 **개인정보의 유형**

구분	개인정보 항목
일반정보	이름, 주민등록번호, 운전면허번호, 주소, 전화번호, 생년월일, 출생지, 본적지, 성별, 국적
가족정보	가족구성원들의 이름, 출생지, 생년월일, 주민등록번호, 직업, 전화번호
교육 및 훈련정보	학교출석사항, 최종학력, 학교성적, 기술 자격증 및 전문 면허증, 이수한 훈련 프로그램, 동아리 활동, 상벌사항
병역정보	군번 및 계급, 제대유형, 주특기, 근무부대
부동산정보	소유주택, 토지, 자동차, 기타소유차량, 상점 및 건물 등
소득정보	현재 봉급액, 봉급경력, 보너스 및 수수료, 기타소득의 원천, 이자소득, 사업소득
기타 수익정보	보험(건강, 생명 등) 가입현황, 회사의 판공비, 투자프로그램, 퇴직프로그램, 휴가, 병가
신용정보	대부잔액 및 지불상황, 저당, 신용카드, 지불연기 및 미납의 수, 임금압류 통보에 대한 기록
고용정보	현재의 고용주, 회사주소, 상급자의 이름, 직무수행평가기록, 훈련기록, 출석기록, 상벌기록, 성격 테스트결과 직무태도
법적정보	전과기록, 자동차 교통 위반기록, 파산 및 담보기록, 구속기록, 이혼기록, 납세기록
의료정보	가족병력기록, 과거의 의료기록, 정신질환기록, 신체장애, 혈액형, IQ, 약물테스트 등 각종 신체테스트 정보
조직정보	노조가입, 종교단체가입, 정당가입, 클럽회원
통신정보	전자우편(E-mail), 전화통화내용, 로그파일(Log file), 쿠키(Cookies)
위치정보	GPS나 휴대폰에 의한 개인의 위치정보
신체정보	지문, 홍채, DNA, 신장, 가슴둘레 등
습관 및 취미정보	흡연, 음주량, 선호하는 스포츠 및 오락, 여가활동, 비디오 대여기록, 도박성향

출처: 개인정보분쟁조정위원회 홈페이지(https://www.kopico.go.kr/intro/personInfoIntro.do)

표 12-2 **정보주체(내담자)의 권리와 개인정보처리자(상담자)의 의무**

<table>
<tr><td colspan="2" rowspan="7">정보주체의 권리
(「개인정보 보호법」 제4조)</td><td>개인정보의 처리에 관한 정보를 제공받을 권리</td></tr>
<tr><td>개인정보의 처리에 관한 동의 여부, 동의 범위 등을 선택하고 결정할 권리</td></tr>
<tr><td>개인정보의 처리 여부를 확인하고 개인정보에 대해 열람(사본의 발급 포함)을 요구할 권리</td></tr>
<tr><td>개인정보의 처리 정지, 정정 · 삭제 등을 요구할 권리</td></tr>
<tr><td>개인정보의 처리로 인해 발생한 피해를 신속하고 공정한 절차에 따라 구제받을 권리</td></tr>
<tr><td>완전히 자동화된 개인정보 처리에 따른 결정을 거부하거나 그에 대한 설명 등을 요구할 권리</td></tr>
<tr><td style="display:none"></td></tr>
<tr><td rowspan="15">개인정보
처리자의
의무</td><td rowspan="6">수집</td><td>개인정보의 수집 · 이용(「개인정보 보호법」 제15조)</td></tr>
<tr><td>14세 미만 아동의 개인정보 동의 필요시 법정 대리인 동의(「개인정보 보호법」 제22조의2)</td></tr>
<tr><td>최소한의 개인정보 수집(「개인정보 보호법」 제16조)</td></tr>
<tr><td>민감정보의 처리 제한(「개인정보 보호법」 제23조)</td></tr>
<tr><td>고유식별정보의 처리 제한(「개인정보 보호법」 제24조)</td></tr>
<tr><td>주민등록번호 처리 제한(「개인정보 보호법」 제24조의2)</td></tr>
<tr><td rowspan="4">이용 및
제공</td><td>목적 외 이용 · 제공 제한(「개인정보 보호법」 제18조)</td></tr>
<tr><td>제3자에의 제공(「개인정보 보호법」 제17조)</td></tr>
<tr><td>개인정보 처리 업무 위탁(「개인정보 보호법」 제26조)</td></tr>
<tr><td>영업양도 등에 따른 개인정보의 이전 제한(「개인정보 보호법」 제27조)</td></tr>
<tr><td rowspan="3">관리(보관)</td><td>안전성 확보(「개인정보 보호법」 제29조)</td></tr>
<tr><td>보호책임자의 지정(「개인정보 보호법」 제31조)</td></tr>
<tr><td>유출 통지와 신고(「개인정보 보호법」 제34조)</td></tr>
<tr><td>파기</td><td>파기(「개인정보 보호법」 제21조)</td></tr>
</table>

출처: 찾기 쉬운 생활법령정보(https://www.easylaw.go.kr/CSP/CnpClsMain.laf?popMenu=ov&csmSeq=1257&ccfNo=1&cciNo=1&cnpClsNo=1)

처리되는 정보에 의하여 알아볼 수 있는 사람으로서 그 정보의 주체가 되는 사람을 "정보주체"라고 하고(「개인정보 보호법」 제2조 제3호), 업무를 목적으로 개인정보파일을 운용하기 위하여 스스로 또는 다른 사람을 통하여 개인정보를 처리하는 공공기관, 법인, 단체 및 개인 등을 "개인정보처리자"라고 한다(「개인정보 보호법」 제2조 제5호). 이를 상담에 대입하면, 상담을 위해 자신의 개인정보를 제공하는 내담자는 '정보주체'이고, 상담업무를 목적으로 내담자의 개인정보를 처리하는 상담자는 '개인정보처리자'로서 「개인정보 보호법」을 적용받는다.

「개인정보 보호법」에서는 정보주체에게 일정한 권리를 인정하고 있는 반면에, 개인정보처리자에게는 의무를 부여하고 있다. 따라서 상담을 업무로 하는 상담자는 「개인정보 보호법」상 내담자의 권리와 상담자가 해야 할 의무를 알아둘 필요가 있다. 〈표 12-2〉는 정보주체(내담자)의 권리와 개인정보처리자(상담자)의 의무를 요약한 것이다. 해당 조항을 찾아서 그 내용을 확인해 보기를 바란다.

이 중 특히 개인정보처리자(상담자)의 의무인 파기에 관해서 설명하면, 개인정보처리자는 보유기간의 경과, 개인정보의 처리 목적 달성 등 그 개인정보가 불필요하게 되었을 때는 지체 없이 그 개인정보를 파기해야 한다(「개인정보 보호법」 제21조 제1항). 개인정보처리자가 개인정보를 파기할 때는 복구 또는 재생되지 않도록 조치해야 한다(「개인정보 보호법」 제21조 제2항). 그러므로 개인정보처리자는 개인정보를 파기할 때, 그것이 전자적 파일 형태라면 복원이 불가능한 방법으로 영구 삭제해야 하고 전자적 파일 이외의 기록물, 인쇄물, 서면, 그 밖의 기록매체라면 파쇄 또는 소각해야 한다(「개인정보 보호법」 제21조 제4항 및 「개인정보 보호법 시행령」 제16조 제1항). 이를 위반하여 개인정보를 파기하지 않은 자는 3천만 원 이하의 과태료를 부과받는다(「개인정보 보호법」 제75조 제2항 제4호).

3) 개인정보의 처리

(1) 개인정보의 수집과 이용

"개인정보의 처리"란 개인정보의 수집, 생성, 연계, 연동, 기록, 저장, 보유, 가공, 편집, 검색, 출력, 정정(訂正), 복구, 이용, 제공, 공개, 파기 및 그 밖에 이와 비슷한 행위를 말한다(「개인정보 보호법」 제2조 제2호). 개인정보처리자는 다음의 어느 하나에 해당하는 경우는 개인정보를 수집할 수 있으며 그 수집 목적의 범위에서 이용할 수 있다(「개인정보 보호법」 제15조 제1항). 이를 위반하여 개인정보를 수집한 자는 5천만 원 이하의 과태료를 부과받는다(「개인정보 보호법」 제75조 제1항 제1호).

1. 정보주체의 동의를 받은 경우
2. 법률에 특별한 규정이 있거나 법령상 의무를 준수하기 위하여 불가피한 경우
3. 공공기관이 법령 등에서 정하는 소관 업무의 수행을 위하여 불가피한 경우
4. 정보주체와 체결한 계약을 이행하거나 계약을 체결하는 과정에서 정보주체의 요청에 따른 조치를 이행하기 위하여 필요한 경우
5. 명백히 정보주체 또는 제3자의 급박한 생명, 신체, 재산의 이익을 위하여 필요하다고 인정되는 경우
6. 개인정보처리자의 정당한 이익을 달성하기 위하여 필요한 경우로서 명백하게 정보주체의 권리보다 우선하는 경우. 이 경우 개인정보처리자의 정당한 이익과 상당한 관련이 있고 합리적인 범위를 초과하지 아니하는 경우에 한한다.
7. 공중위생 등 공공의 안전과 안녕을 위하여 긴급히 필요한 경우

개인정보처리자는 앞의 '정보주체의 동의를 받은 경우'에 따른 동의를 받을 때는 다음의 사항을 정보주체에게 알려야 한다. 다음의 어느 하나의 사항을 변경하는 때에도 이를 알리고 동의를 받아야 한다(「개인정보 보호법」 제15조 제2항).

이를 위반하여 정보주체에게 알려야 할 사항을 알리지 않은 자는 3천만 원 이하의 과태료를 부과받는다(「개인정보 보호법」 제75조 제2항 제1호).

1. 개인정보의 수집 · 이용 목적
2. 수집하려는 개인정보의 항목
3. 개인정보의 보유 및 이용 기간
4. 동의를 거부할 권리가 있다는 사실 및 동의 거부에 따른 불이익이 있는 경우에는 그 불이익의 내용

따라서 상담자는 상담을 시작하기 전에 내담자의 개인정보 처리에 관한 앞의 내용을 별도의 서면으로 작성하여 내담자의 서명을 받아 두거나, 아예 상담계약서에 개인정보 처리에 관한 사항을 포함하여 명시하는 것이 좋다. 한편 개인정보처리자는 당초 수집 목적과 합리적으로 관련된 범위에서 정보주체에게 불이익이 발생하는지 여부, 암호화 등 안전성 확보에 필요한 조치를 하였는지 등을 고려하여 정보주체의 동의 없이 개인정보를 이용할 수 있다(「개인정보 보호법」 제15조 제3항).

(2) 내담자의 동의를 얻는 방법

상담자(개인정보처리자)가 개인정보의 처리에 대하여 내담자(정보주체)의 동의를 받을 때는 각각의 동의 사항을 구분하여 정보주체가 이를 명확하게 인지할 수 있도록 알리고 각각 동의를 받아야 한다(「개인정보 보호법」 제22조 제1항). 만일 14세 미만인 아동의 개인정보를 수집하는 경우는 그 법정대리인(부모)의 동의도 받아야 한다. 이 경우 해당 아동으로부터 직접 법정대리인의 성명 · 연락처에 관한 정보를 수집할 수 있다(「개인정보 보호법」 제22조의2).

상담자는 개인정보의 처리에 대하여 다음의 어느 하나에 해당하는 방법으

로 정보주체인 내담자의 동의를 받아야 한다(「개인정보 보호법」 제22조 제7항 및 「개인정보 보호법 시행령」 제17조 제1항).

1. 동의 내용이 적힌 서면을 정보주체에게 직접 발급하거나 우편 또는 팩스 등의 방법으로 전달하고, 정보주체가 서명하거나 날인한 동의서를 받는 방법
2. 전화를 통하여 동의 내용을 정보주체에게 알리고 동의의 의사표시를 확인하는 방법
3. 전화를 통하여 동의 내용을 정보주체에게 알리고 정보주체에게 인터넷주소 등을 통하여 동의 사항을 확인하도록 한 후 다시 전화를 통하여 그 동의 사항에 대한 동의의 의사표시를 확인하는 방법
4. 인터넷 홈페이지 등에 동의 내용을 게재하고 정보주체가 동의 여부를 표시하도록 하는 방법
5. 동의 내용이 적힌 전자우편을 발송하여 정보주체로부터 동의의 의사표시가 적힌 전자우편을 받는 방법
6. 그 밖에 위의 방법에 준하는 방법으로 동의 내용을 알리고 동의의 의사표시를 확인하는 방법

4) 민감정보

"민감정보"란 개인정보 중 민감한 정보로서, 다음의 어느 하나에 해당하는 정

1. 사상 · 신념, 노동조합 · 정당의 가입 · 탈퇴, 정치적 견해, 건강, 성생활 등에 관한 정보
2. 유전자검사 등의 결과로 얻어진 유전정보
3. 범죄경력자료에 해당하는 정보
4. 개인의 신체적, 생리적, 행동적 특징에 관한 정보로서 특정 개인을 알아볼 목적으로 일정한 기술적 수단을 통해 생성한 정보
5. 인종이나 민족에 관한 정보

보를 말한다(「개인정보 보호법」 제23조 제1항 및 「개인정보 보호법 시행령」 제18조).

이러한 민감정보의 정의와 유형을 보면, 민감정보를 특정하지 않은 채 '~에 관한 정보'라고 정의하고 있어, 해당 사항과 관련이 있는 다양한 정보가 민감정보가 될 수 있다. 즉, 처리 목적이나 환경, 상황 등에 따라 민감정보가 되기도 하고 민감정보가 아닌 일반 개인정보가 될 수도 있어, 민감정보와 일반 개인정보의 구별이 모호하다는 문제가 있다.

아무튼 개인정보처리자는 원칙적으로 민감정보를 처리해서는 안 된다. 다만, 정보주체에게 다음의 사항을 알리고 다른 개인정보의 처리에 대한 동의와 별도의 동의를 얻은 경우라면 예외적으로 민감정보를 처리할 수 있다(「개인정보 보호법」 제23조 제1항, 제15조 제2항).

1. 개인정보의 수집·이용 목적
2. 수집하려는 개인정보의 항목
3. 개인정보의 보유 및 이용 기간
4. 동의를 거부할 권리가 있다는 사실 및 동의 거부에 따른 불이익이 있는 경우에는 그 불이익의 내용

즉, 우리 「개인정보 보호법」에서는 민감정보와 고유식별정보(이에 관해서는 후술함)를 일반 개인정보와 구분하여 정의하고, 사업자가 고유식별정보나 민감정보를 처리할 때에는 정보주체로부터 별도의 동의를 받아야 하는 등 처리요건을 강화하고 있다. 이를 위반하여 민감정보를 처리한 자는 5년 이하의 징역 또는 5천만 원 이하의 벌금에 처해진다(「개인정보 보호법」 제71조 제3호). 또한 개인정보처리자가 앞에 따라 민감정보를 처리하는 경우 그 민감정보가 분실·도난·유출·위조·변조 또는 훼손되지 않도록 안전성 확보에 필요한 조치를 해야 한다(「개인정보 보호법」 제23조 제2항). 이를 위반하여 안전성 확보에 필

요한 조치를 하지 않으면 과태료를 부과받는다(「개인정보 보호법」 제75조 제2항 제6호). 나아가 안전성 확보에 필요한 조치를 하지 않아 민감정보를 분실·도난·유출·위조·변조 또는 훼손당한 자는 2년 이하의 징역 또는 2천만 원 이하의 벌금에 처해진다(「개인정보 보호법」 제73조 제1항).

5) 고유식별정보

"고유식별정보"란 개인을 고유하게 구별하기 위하여 부여된 식별정보로서 주민등록번호, 여권번호, 운전면허번호, 외국인등록번호 등을 말한다(「개인정보 보호법」 제24조 제1항 및 「개인정보 보호법 시행령」 제19조). 원칙적으로 개인정보처리자는 고유식별정보를 처리할 수 없다. 그러나 정보주체에게 다음의 사항을 알리고 다른 개인정보의 처리에 대한 동의와 별도의 동의를 얻은 경우라면 예외적으로 고유식별정보를 처리할 수 있다(「개인정보 보호법」 제24조 제1항 및 제15조 제2항).

1. 개인정보의 수집·이용 목적
2. 수집하려는 개인정보의 항목
3. 개인정보의 보유 및 이용 기간
4. 동의를 거부할 권리가 있다는 사실 및 동의 거부에 따른 불이익이 있는 경우에는 그 불이익의 내용

특히 주민등록번호에 관해서는 그 처리에 있어서 더욱 유의해야 한다. 개인정보처리자는 다음의 어느 하나에 해당하는 경우를 제외하고는 주민등록번호를 처리할 수 없기 때문이다(「개인정보 보호법」 제24조의2 제1항). 이를 위반하여 주민등록번호를 처리하면 3천만 원 이하의 과태료가 부과된다(「개인정보 보호

> 1. 법률 · 대통령령 · 국회규칙 · 대법원규칙 · 헌법재판소규칙 · 중앙선거관리위원회규칙 및 감사원규칙에서 구체적으로 주민등록번호의 처리를 요구하거나 허용한 경우
> 2. 정보주체 또는 제3자의 급박한 생명, 신체, 재산의 이익을 위하여 명백히 필요하다고 인정되는 경우
> 3. 위의 경우에 준하여 주민등록번호 처리가 불가피한 경우로서 「개인정보 처리 방법에 관한 고시」로 정하는 경우

법」 제75조 제2항 4호의2).

또한 개인정보처리자가 앞의 어느 하나에 해당하여 주민등록번호를 처리하는 때에도 정보주체가 인터넷 홈페이지를 통하여 회원으로 가입하는 단계에서는 주민등록번호를 사용하지 않고도 회원으로 가입할 수 있는 방법을 제공해야 한다(「개인정보 보호법」 제24조의2 제3항). 그러므로 상담센터의 홈페이지를 통해 회원가입을 하는 과정에서 주민등록번호를 수집하는 단계가 있어서는 안 된다. 마지막으로 개인정보처리자가 고유식별정보를 처리하는 경우 그 고유식별정보가 분실 · 도난 · 유출 · 위조 · 변조 또는 훼손되지 않도록 안전성 확보 조치를 해야 한다(「개인정보 보호법」 제24조 제3항, 「개인정보 보호법 시행령」 제21조 제1항, 제30조제1항 및 제48조의2). 예를 들어, 고유식별정보에 대한 보안 프로그램의 설치 및 갱신이나 고유식별정보의 안전한 보관을 위한 보관시설의 마련 또는 잠금장치의 설치 등 물리적 조치 등이 이에 해당한다.

6) 가명정보

상담자는 논문 · 통계작성, 세미나 · 학회 발표 등을 위해 내담자의 개인정보에 관한 사항들을 이용하기도 한다. 이때 내담자의 개인정보를 구체적으로 밝히지는 않고 가명으로 처리하는 경우가 통상적이다. 이러한 행위도 개인정보

침해에 해당하는가? "가명정보"란 성명, 주민등록번호 및 영상 등을 통하여 개인을 알아볼 수 있는 정보 또는 해당 정보만으로는 특정 개인을 알아볼 수 없더라도 다른 정보와 쉽게 결합하여 알아볼 수 있는 정보(이 경우 쉽게 결합할 수 있는지는 다른 정보의 입수 가능성 등 개인을 알아보는 데 소요되는 시간, 비용, 기술 등을 합리적으로 고려하여야 함)를 가명처리함으로써, 원래의 상태로 복원하기 위한 추가 정보의 사용·결합 없이는 특정 개인을 알아볼 수 없는 정보를 말한다(「개인정보 보호법」 제2조 제1호). 여기서 가명처리란 개인정보를 일부 삭제하거나 일부 또는 전부를 대체하는 등의 방법으로 추가 정보가 없이는 특정 개인을 알아볼 수 없도록 처리하는 것을 말한다(「개인정보 보호법」 제2조 제1호의2).

개인정보처리자는 통계작성, 과학적 연구, 공익적 기록보존 등을 위하여 정보주체의 동의 없이 가명정보를 처리할 수 있다(「개인정보 보호법」 제28조의2 제1항). 개인정보처리자는 이에 따라 가명정보를 제삼자에게 제공하는 경우 특정 개인을 알아보기 위하여 사용될 수 있는 정보를 포함해서는 안 된다(「개인정보 보호법」 제28조의2 제2항). 만일 이를 위반하여 개인정보를 이용하거나 제삼자에게 제공한 자 및 그 사정을 알면서도 영리 또는 부정한 목적으로 개인정보를 제공받은 자는 5년 이하의 징역 또는 5천만 원 이하의 벌금에 처해진다(「개인정보 보호법」 제71조 제2호).

개인정보처리자는 가명정보를 처리하는 경우 원래의 상태로 복원하기 위한 추가 정보를 별도로 분리하여 보관·관리하는 등 해당 정보가 분실·도난·유출·위조·변조 또는 훼손되지 않도록 안전성 확보 조치나 가명정보와 추가정보를 분리 보관(추가정보가 불필요한 경우에는 추가정보를 파기해야 함)하는 등 안전성 확보에 필요한 기술적·관리적 및 물리적 조치를 해야 한다(「개인정보 보호법」 제28조의4 제1항 및 「개인정보 보호법 시행령」 제29조의5 제1항). 이를 위반하여 안전성 확보에 필요한 조치를 하지 않아 개인정보를 분실·도난·유출·위조·변조 또는 훼손당한 자는 2년 이하의 징역 또는 2천만 원 이하의 벌금에 처하며, 안전성 확보에 필요한 조치를 하지 않은 자에게는 3천만 원 이하의 과태료가 부과된다(「개인정보 보호법」 제73조 제1호 및 제75조 제2항 제6호).

7) CCTV 설치

상담자들이 근무하는 상담센터 등에는 상담기록을 남기는 등의 여러 가지 이유로 폐쇄회로 텔레비전(이하 CCTV, Closed-circuit Television)을 설치·운영하는 경우가 많다. 그러나 CCTV와 같은 영상정보처리기기를 설치·운영하는 경우 개인정보가 침해될 수 있으므로, 「개인정보 보호법」에서는 이에 관한 규정을 두고 있다. 여기서 영상정보처리기기란 일정한 공간에 지속적으로 설치되어 사람 또는 사물의 영상 등을 촬영하거나 이를 유·무선망을 통하여 전송하는 장치로서 CCTV도 이에 해당한다(「개인정보 보호법」 제2조 제7호 및 「개인정보 보호법 시행령」 제3조).

이러한 영상정보처리기기의 설치와 운영에는 제한이 있다. 즉, 누구든지 다음의 경우를 제외하고는 공개된 장소에 영상정보처리기기를 설치·운영해서는 안 된다(「개인정보 보호법」 제25조 제1항).

1. 법령에서 구체적으로 허용하고 있는 경우
2. 범죄의 예방 및 수사를 위하여 필요한 경우
3. 시설의 안전 및 관리, 화재 예방을 위하여 정당한 권한을 가진 자가 설치·운영하는 경우
4. 교통단속을 위하여 정당한 권한을 가진 자가 설치·운영하는 경우
5. 교통정보의 수집·분석 및 제공을 위하여 정당한 권한을 가진 자가 설치·운영하는 경우
6. 촬영된 영상정보를 저장하지 아니하는 경우로서 대통령령으로 정하는 경우

이를 위반하여 영상정보처리기기를 설치·운영한 자는 3천만 원 이하의 과태료를 부과받는다(「개인정보 보호법」 제75조 제2항 제7호). 따라서 범죄 예방, 시설 안전 및 화재 예방을 위하여 상담센터 내에 CCTV를 설치하는 것은 가능할 것이다. 그러나 상담센터가 상가 건물에 있는 경우에 상담자(예를 들면, 상담센터 소장)가 그 상가 건물의 엘리베이터에 CCTV를 설치할 수 있을까? 이미 살펴본 바와 같이, 공개된 장소에 영상정보처리기기를 설치·운영하는 것을 원칙적으로 금지하나, 범죄의 예방 및 수사 등의 다른 법익의 보호를 위하여 필요한 경우에는 예외적으로 설치·운영을 허용하고 있다(「개인정보 보호법」 제25조 제1항). 상가 공용 엘리베이터는 불특정 다수인이 이용하는 공개된 장소라고 볼 수 있고, 범죄나 화재 예방 등 「개인정보 보호법」에서 허용한 목적으로 CCTV를 설치·운영할 수 있을 것이다. 그러나 상담자 개인이 공용 엘리베이터의 CCTV를 설치·운영하는 것보다는 공용 공간을 관리할 권한이 있는 자(상가 관리사무소 등)가 설치하여 운영하는 것이 더욱 바람직할 것이다.[3)]

만일 CCTV를 설치하고자 하는 경우라면, 영상정보처리기기를 설치·운영하는 자는 정보주체가 쉽게 인식할 수 있도록 다음의 사항이 포함된 안내판을 설치해야 한다. 따라서 간단히 "CCTV 촬영 중"이라는 스티커나 안내표지를 붙여놓은 것만으로 부족하다. 건물 안에 여러 개의 영상정보처리기기를 설치할 때는 출입구 등 잘 보이는 곳에 해당 시설 또는 장소 전체가 영상정보처리기기 설

1. 설치 목적 및 장소
2. 촬영 범위 및 시간
3. 관리책임자의 연락처
4. 그 밖에 대통령령으로 정하는 사항

3) 한국인터넷진흥원(2019). 개인정보 보호법 상담사례집, p. 71.

[그림 12-1] CCTV 설치 표지판

치지역임을 표시하는 안내판을 설치할 수 있다(「개인정보 보호법」 제25조 제4항 및 「개인정보 보호법 시행령」 제24조 제1항).

CCTV의 설치·운영에서 두 가지 유의해야 할 점이 있다.

첫째, 누구든지 불특정 다수가 이용하는 화장실, 샤워실, 탈의실 등 개인의 사생활을 현저히 침해할 우려가 있는 장소의 내부를 볼 수 있도록 영상정보처리기기를 설치·운영해서는 안 된다(「개인정보 보호법」 제25조 제2항). 이를 위반하여 영상정보처리기기를 설치·운영한 자는 5천만 원 이하의 과태료를 부과받는다(「개인정보 보호법」 제75조 제1항 제1호).

둘째, 영상정보처리기기를 설치·운영하는 자는 영상정보처리기기의 설치 목적과 다른 목적으로 영상정보처리기기를 임의로 조작하거나 다른 곳을 비춰서는 안 되며, 녹음기능은 사용할 수 없다(「개인정보 보호법」 제25조 제5항). 이를 위반하여 영상정보처리기기의 설치 목적과 다른 목적으로 영상정보처리기기를 임의로 조작하거나 다른 곳을 비추는 자 또는 녹음기능을 사용한 자는 3년 이하의 징역 또는 3천만 원 이하의 벌금에 처한다(「개인정보 보호법」 제72조 제1호).

3. 정보사회시대 미래의 상담

1) 상담 수요의 증가

정보사회에서 상담은 어떻게 진화할까? 이에 관해서는 여러 학자의 예측이 있는데, 이를 종합하면 기본적으로는 상담의 본질은 변화가 없고 상담의 역할이 더욱 중요해지겠지만, 상담의 수단과 방법은 변화할 것이라고 한다. 이미 우리 사회에는 인공지능과 로봇을 상용화하기 시작했고, 이들은 급속도로 우리의 삶을 바꿔 놓고 있다. 인간과 온라인에서 대화할 수 있게끔 고안된 소프트웨어인 챗봇(chatbot)을 사용하는 분야도 늘어나고 있다. 그러나 아무리 과학 기술이 발전하더라도 인간의 이성과 감정에서 비롯되는 심리적 문제들은 여전할 것이다. 오히려 정보사회에서는 개개인의 가치와 존엄이 경시될 수 있어 이들에 대한 심리상담의 수요는 더욱 증가할 것으로 전망하기도 한다.[4] 그 근거는 다음과 같다.

첫째, 무기력, 우울, 분노 등을 통제하지 못하는 사람들이 늘어나면서 자살률이나 범죄율이 더 높아질 수 있다. 정보사회에서는 과학 기술의 발전으로 생활이 편리해진다는 이점이 있지만, 반면 기존에 사람이 하던 일을 기계 등이 대체하면서 경제적 어려움과 함께 자신이 세상에 적응하지 못했다는 패배감, 앞으로도 상황이 나아지지 않을 것이라는 실망감에 매몰되는 사람들도 증가할 것이다. 이런 상황에서 무기력과 우울증의 증가는 자살률의 증가로 이어지고, 사회에 대한 분노의 표출은 타인에 대한 범죄로 이어질 수 있다.

4) 이상민, 김은하, 김지연, 선혜연(2018). 상담심리학의 현재와 미래과제. 한국심리학회지: 상담 및 심리치료, 30(3), p. 470.

둘째, 중독이 개인과 사회의 문제로 떠오를 것이다. 빠르게 변화하는 사회에 대한 부적응, 실업, 고독감 등이 알코올을 비롯한 각종 중독 문제를 유발할 우려가 있다. 또한 정보사회에서는 생계를 위한 근로시간보다 개인이 자유롭게 쓸 수 있는 시간(잉여시간)이 증가하는데, 이것이 중독 문제를 일으키는 원인으로 작용할 수도 있다. 잉여시간을 어떻게 활용할지에는 개인차가 있겠지만, 쾌락을 추구하려는 인간의 욕구를 전제할 때 중독자는 증가할 수 있다.

셋째, 은둔형 외톨이가 증가할 것이다. 온라인과 전자상거래의 발달로 인해 굳이 집 밖으로 나가 사회생활을 하지 않아도 되며, 현실 생활에 참여하지 않아도 불편함을 느끼지 않는다. 이들은 대인관계에 오히려 거북하고 불편함을 호소한다. 이러한 은둔형 외톨이의 증가는 개인의 심리적 어려움과 가족 갈등을 촉진할 것이다.

정보사회에서는 이상에서 언급한 세 가지 이외에도 아직 밝혀지지 않는 심리적 문제가 발현될 수 있다. 이는 심리상담의 수요가 증가할 수 있음을 의미한다. 그렇다면 이러한 상담 수요의 증가는 마냥 상담 직역에 긍정적으로만 작용할 것인가? 그렇지 않다. 정보사회에서 내담자들을 실질적으로 지원할 수 있는 상담을 하기 위해서는 정보사회의 특징과 변화 추이를 인지하고 그에 맞는 준비를 해야 할 것이다. 신기술이 상담사를 대체할 가능성을 무시할 수 없으며, 양질의 혁신적 상담사가 살아남을 것이기 때문이다.[5)]

2) 상담의 미래

지난 2006년에 교육인적자원부와 한국직업능력개발원이 발간한 '미래의 직업세계 2007'에서는 평생직업으로 유망한 직업 1위에 상담 전문가가 올라 있었

5) 박우철(2018). 4차 산업혁명과 미래의 상담. 한국아동학회 학술발표자료집, pp. 106-107.

[그림 12-2] 가상치료사(a virtual therapist) 엘리

출처: Nathan Jolly, Meet Ellie: the robot therapist treating soldiers with PTSD, 2016.10.1. https://www.news.com.au/technology/innovation/meet-ellie-the-robot-therapist-treating-soldiers-with-ptsd/news-story/0201fa7cf336c609182cffd637deef00

다. 과학 기술이 급속하게 발전하고 있는 인간의 심리를 다룬다는 점에서 상담은 대체 불가능한 분야로 여겨졌다. 그러나 최근 이러한 믿음이 깨지지 시작하고 있다. 2013년 미국 서던캘리포니아 대학교(USC)의 한 연구소는 당시 아바타 수준의 엘리(Ellie)라는 가상 인간을 외상후스트레스장애(PTSD) 관리를 목적으로 개발했다. 이와 관련하여 흥미로운 점은 퇴역 군인들이 사람(상담사)보다 엘리에게 더 많은 비밀을 털어놓았다는 점이다. 사람이 아닌 기계에게 말한다는 점 자신의 심리 증상을 보다 편하고 솔직하게 고백하는 경향이 높았던 것이다.

또한 외국에서는 이미 상담봇이 활용되고 있다. 인공지능(AI)을 이용해 사용자(내담자)와 대화할 수 있는 챗봇(채팅로봇)을 상담 분야에 적용한 것이 상담봇이다. 이제 로봇과의 상담은 불가능하거나 막연한 미래의 이야기가 아니다. 대면 상담이 아니라 전화 상담이나 채팅 상담이라면 이미 상담봇(챗봇) 대체가 가능하다. 현재의 상담봇은 얼굴을 보지 않는 이상 사용자 입장에서는 상대가 진짜 사람인지 아니면 AI인지 구분하기 힘들 정도로 정교하게 반응하기 때문이다.

그렇다면 사람이 아닌 인공지능 로봇에게 상담받는 것이 가능할까? 바꿔 말하면 AI 심리상담사와의 라포 형성(rapport building)이 과연 가능할까? 심리상담의 성패는 라포 형성에 있다고 한다. '라포'란 상호 간의 신뢰 관계를 의미하는데, 상담사가 내담자와 의사소통하면서 서로 내적 친밀감과 신뢰를 갖추어 공감이 형성된 상태를 말한다. 라포 형성을 위해서는 상담자의 표정이나 눈 깜빡임, 호흡, 말의 속도와 같은 신체적 움직임을 포함한 비언어적 태도가 중요하다. 이러한 비언어적 태도가 불가능한 상담봇이 진정한 라포를 형성할 수 있을지는 의문이다.

지난 2020년 말에 오라클이 국내 직장인 1천여 명을 설문 조사한 결과, 약 87%가 심리치료사나 상담사를 로봇으로 대체하는 것에 긍정적인 반응을 보였다고 한다. 그 이유로는 사람의 판단이나 편견 없이 고민을 편히 이야기할 수 있는 환경 때문이라고 응답했다. 앞으로 AI와의 소통에 호의적인 연령층(거부감이 없는 연령층)이 늘어나는 만큼 상담봇의 활용도 커질 것이라고 예상할 수 있다.

국내의 여러 기업도 온라인 심리상담 플랫폼과 제휴하여 직원들에게 비대면 심리상담 서비스를 제공하는 등 직원들의 높아진 스트레스를 관리하려는 노력을 기울이고 있어 비대면 심리상담 시장의 규모도 더욱 커질 것으로 예상된다. 예를 들면, 정신건강 플랫폼을 개발한 미국 스타트업 워봇헬스(Woebot Health)의 AI기반 심리상담 챗봇 '워봇'이 있다. 워봇에 탑재된 프로그램의 핵심은 관계형 에이전트인데, 이는 사용자와 장기적으로 사회적·정서적 관계를 구축하고 유지하도록 설계된 프로그램이다. 워봇은 자연어 처리가 가능한 챗봇 형태로 내담자의 기분이나 상태에 관한 대화를 주고받으면서 내담자의 말에 대응하고 해결책을 제시한다. 전 세계 135개국에서 매월 수십만 명이 이를 이용하고 있으며, 미국 식품의약국(FDA)도 워봇의 디지털 치료가 산후 우울증 치료에 효과가 있음을 인정했다.[6)]

6) 최지은(2022. 3. 3.).내 마음 어루만져주는 AI 심리상담사. (https://www.hankyung.com/it/article/202203030361i)

그렇다면 국내에서는 어떤 유형의 심리상담부터 AI 심리상담사가 대체하게 될까? 가장 먼저 개인 서비스 중에 심리평가와 지지적 상담을 생각해 볼 수 있다. 이에 대해 심리평가는 너무나 복잡하고 전문적인 분야여서 로봇이 대체하기는 어려울 것이라는 반론도 가능하다. 또한 듣기 중심의 상담으로서 전체적으로 지지하는 분위기의 상담 역시 AI 심리상담사로의 대체가 가능한 분야일 것이다. 우리나라 상담의 상당 부분이 심리평가와 지지적 상담이라는 점을 고려한다면, 미래를 대비한 국내 전문상담사의 각별한 준비가 필요하다고 할 수 있다. 반면 집단상담 분야에서는 AI 심리상담으로의 대체가 상대적으로 쉽지 않을 것이다. 아무래도 로봇과 함께 집단상담을 하고 싶지는 않을 것이기 때문이다. 특히 집단상담 중에도 직접 관계를 맺고 관계 속에서 새로운 연습을 시도하는 비구조화 집단상담에서는 AI 상담이 효과적이지 않을 것이다.

향후 다른 분야처럼 심리상담 분야도 정보사회에서 큰 변화를 맞게 될 것은 분명하다. 그러나 어떤 모습으로 상담의 미래가 전개될지는 아무도 알 수 없다. AI 상담 기술이 발전을 거듭하여 비언어적 태도까지 장착하고 내담자의 숨소리나 혈압 등 신체정보까지 이용하여 상담에 활용하는 날이 올지도 모른다.

정리

이 장에서는 먼저 정보사회의 특징적인 현상을 살펴보고 미래를 전망해 보았다. 이를 바탕으로 상담 과정에서 내담자의 정보를 취급할 경우를 예상하여 상담자가 알아두어야 할 「개인정보 보호법」의 내용들도 비교적 상세히 다루었다. 이와 함께 정보사회에서 상담의 역할과 방법은 어떠해야 할지를 분석하고 전문 상담영역에서 변화의 필요성에 관해서 언급했다. 정보사회에서 과학 기술이 발전하고 사회가 개인주의화 될수록 상담의 중요성은 더욱 증가할 것이다. 이에 상담자들은 시대의 변화를 따라가며 내담자들에 대한 효과적인 지원방안을 모색해야 할 것이다.

상담 약관(겸 동의서)[1]

제1조(목적) 이 약관은 상담사 ○○○(이하 '상담사'라 함)와 내담자 ○○○(이하 '내담자'라 함) 간의 상담(이하 '상담'이라 함)에 관한 사항들을 규정하는 것을 목적으로 합니다. 내담자께서 이 계약의 내용을 확인한 후 동의하는 경우에만 상담을 실시합니다.

제2조(기본 사항)

① 상담은 주로 ○○○기법을 사용하여 실시하지만, 의료행위는 아닙니다.

② 상담은 내담자의 개선 효과를 항상 보증하는 것은 아닙니다.

③ 상담사가 의료진료를 할 필요가 있다고 제안할 경우, 내담자는 가능한 한 그 제안을 존중해 주십시오.

④ 상담의 일반적인 내용이나 효과에 대해 의문이 있으면 상담사에게 문의해 주십시오.

⑤ 상담 장소는 상담실(주소 기재)을 원칙으로 하나, 내담자의 요청에 따라 온라인(Zoom 등)에 의한 실시도 가능하므로 문의 바랍니다(이 경우 제7조가 적용됩니다).

1) 이 양식을 그대로 사용하는 것은 적당하지 않을 수 있으므로, 자신에게 적합한 계약서를 작성하는 데에 참고용으로만 활용하길 바란다.

⑥ 내담자가 미성년자(19세 미만)일 경우, 상담을 실시하기 위해서는 보호자의 동의가 필요합니다.

제3조(비용)

① 비용은 원칙적으로 상담 1회 (　　)분당 (　　)원(세금 포함)으로 합니다.

② 상담사와 내담자의 협의를 통해 상담 시간을 10분 단위로 단축 혹은 연장할 수 있습니다. 그 경우, 10분당 (　　)원씩(세금 포함)으로 요금을 증감합니다.

③ 결제는 상담 시(또는 종료 후) 현금으로 합니다. (내담자는 상담료를 신용카드로 지급할 수 있습니다.)

④ 내담자가 예약 시간에 늦을 경우라도 요금 감액 및 시간 연장은 불가합니다.

제4조(예약)

① 상담은 예약제이므로 전화(영업시간 내) 혹은 웹사이트를 이용하시기 바랍니다. 단, 웹사이트를 통한 예약 신청은 상담사의 회신이 있는 시점에 예약이 이루어집니다.

② 업무시간은 웹사이트(URL 주소 기재)에 게시합니다.

제5조(취소 및 중지)

① 내담자의 사정으로 예약을 취소할 경우, 업무시간 내에 반드시 전화로 합니다.

② 예약일 전날까지 취소 시 취소 수수료는 받지 않으나, 당일 취소 시 요금의 ○○%를 받습니다.

③ 긴급하고 부득이한 사유 및 상담사의 사정으로 취소 또는 일정 변경될 수 있음을 양해 부탁합니다.

④ 다음의 경우에 상담사는 상담을 거절할 수 있습니다.

1. 상담사와 내담자의 관계가 상담에 방해가 된다고 상담사가 판단하는 경우,
2. 미납 요금이 있는 경우,
3. 내담자가 무단으로(○회 이상) 취소를 계속하는 경우,
4. 내담자에게 자신이나 타인에 해를 끼치는 행위 또는 범법행위 징후가 보이며, 긴급 대응이 필요하다고 상담사가 판단하는 경우,
5. 내담자의 심신 상태상 의료행위가 필요하다고 상담사가 판단하는 경우,
6. 상담사가 성희롱 등 부적절하다고 느끼는 내담자의 행위에 대해 상담사가 중지할 것을 요청해도 내담자가 그 행위를 중지하지 않는 경우,
7. 내담자가 발열 등의 증세를 보이는 감염증이 의심된다고 상담원이 판단했을 경우,
8. 마스크 착용 등 상담사가 지시하는 감염 예방책에 협력하지 않는 경우,
9. 기타 상담의 실시에 적합한 상태가 아니라고 상담사가 판단하는 경우

제6조(개인정보 취급)

① 내담자의 동의 없이는 내담자의 개인정보 및 상담 내용을 제3자(가족 포함)에게 공개하는 것을 원칙적으로 금지합니다.

② 내담자가 불의의 사고를 당했을 경우, 내담자의 사전 동의가 없는 한 가족 등 제3자에게 상담 내용을 공개하지 않습니다.

③ ②에도 불구하고, 다음의 경우 내담자의 개인정보나 상담 내용을 제3자에게 공개할 수 있습니다.

1. 내담자에게 자신이나 타인에게 해를 끼치는 행위 또는 범법행위의 징후가 보여서 긴급 대응이 필요하다고 상담사가 판단하는 경우,
2. 내담자에게 학대 피해가 의심된다고 상담사가 판단하는 경우,

3. 법령의 규정에 따라 법원, 수사기관, 행정기관 등에서 조회 요청이 있는 경우

④ 개인이 특정되지 않도록 충분히 배려한 후, 상담사는 상담 내용을 학회나 연구회 등에서 보고·발표할 수 있습니다. 다만, 개별 사례로서 보고·발표하는 경우는 내담자의 허가가 필요하지만, 통계상 정보로서 구체적인 내용 없이 보고·발표하는 경우는 내담자의 허가가 필요치 않습니다.

⑤ 내담자는 상담사가 작성하는 상담기록을 상담 중 및 상담 종료 후에 열람할 수 없습니다.

제7조(온라인(Zoom 등)* 이용상 주의사항)

① 상담사가 미리 알려 준 Zoom 등의 아이디로 접속해 주십시오.

② 내담자의 통신료는 내담자가 부담합니다.

③ 상담사와 내담자는 제3자가 온라인 대화를 들을 수 없는 환경을 조성합니다.

④ 상담사의 허락 없이 제3자를 동석시키는 것을 금합니다.

⑤ 온라인 상담 내용의 녹화 또는 녹음을 금합니다.

⑥ 내담자 측의 통신상 문제로 인해 접속에 오류가 발생하여 개선의 여지가 보이지 않는다고 상담사가 판단하는 경우, 내담자 사정에 의한 당일 취소로 취급합니다.

이상의 내용을 이해한 후 이에 동의합니다.

년 월 일

서명:

연수업무 위탁 약관

위탁자 ○○○(이하 "갑"이라 한다)와 수탁자△△△(이하 "을"이라 한다)는 연수업무에 관하여 다음과 같이 계약을 체결한다.

제1조(연수업무의 내용)

① 을은 갑을 위하여, 다음에서 정하는 연수(이하 "본건 연수"라 한다)를 실시한다.

1. 내용:
2. 대상자 및 예상인원:
3. 일시 및 연수 기간:
4. 연수 장소:

② 전항에 대하여 변경의 필요가 있는 경우, 갑과 협의 후 이를 변경할 수 있다.

제2조(보수)

① 갑은 을에 대해 본건 연수의 보수로서 ○○○원(세금 포함)을 본건 연수 종료 후 즉시(1주일 이내에) 을이 지정하는 계좌로 이체한다. 송금수수료는 갑의 부담으로 한다.

② 전항의 보수와는 별도로, 갑은 을에 대하여 본건 연수에 관하여 발생한 교통비, 자료 인쇄비, 기타 실비를 지급한다. 지급 방법은 전항과 같다.

제3조(연수의 실시)

① 을은 본건 연수를 선량한 관리자의 주의를 가지고 이행한다.

② 을은 본건 연수를 실시하면서, 자료 작성이나 지원 인력 등이 필요한 경우는 갑에게 협력을 요구할 수 있다. 이 경우, 갑은 합리적인 범위에서 을의 제의에 대하여 협력하여야 한다.

③ 을은 갑의 허락을 얻지 않고, 본건 연수를 제3자에게 재위탁해서는 안 된다.

제4조(지적재산권)

① 을이 본건 연수를 실시하면서 배포한 자료 등의 저작권 등 지적재산권 일체는 을에게 있다.

② 갑은 전항의 자료 등을 을의 허락 없이 본건 연수 이외에서 이용할 수 없다.

제5조(해제 또는 해지)

① 갑 또는 을은 상대방 당사자에게 다음의 사유가 발생한 경우, 사전에 통지 없이 즉시 본 계약을 해제 또는 해지할 수 있다.

1. 주무관청으로부터 영업허가정지, 영업정지 및 그 밖의 행정처분을 받거나 신용실추 등의 사유로 영업이 곤란해진 경우,
2. 제3자로부터 압류, 가압류, 가처분, 그 밖의 강제집행이나 경매신청 또는 공과금 등의 체납처분을 받은 때,
3. 본 계약을 현저히 위반하였을 때,
4. 기타 본 계약을 계속하기 어려운 중대한 사유가 발생한 때.

② 감염증의 영향으로 행정상의 요청 등에 비추어 본건 연수를 중지하는 것이 타당하다고 판단될 경우, 갑 또는 을은 본건 연수를 종료시킬 수 있다.

③ 본 계약의 해제 또는 해지가 갑의 책임으로 인한 경우(전 ①항의 경우를 포함한다). 을은 갑에 대하여 제2조에서 정한 보수 및 비용을 전액 청구할 수 있다.

④ 본 계약의 해제 또는 해지가 을의 책임으로 인한 경우(전 ①항의 경우를 포함한다). 을은 갑에 대하여 제2조에서 정한 보수 및 비용을 일절 청구할 수 없다.

⑤ 본 계약의 해제 또는 해지가 갑 혹은 을이 책임져야 할 사유에 의하지 않는 경우(전 ②항의 경우를 포함한다), 을은 갑에 대하여 제2조에서 정하는 보수 및 해제(해지) 시까지 이루어진 이행 비용(준비 포함)의 비율을 곱한 금액(또는 금액의 50%)을 청구할 수 있다.[2)]

제6조(손해배상)

갑 및 을은 고의 또는 과실로 인하여 본 계약의 각 조항을 위반하여 상대방 당사자에게 손해를 끼친 경우, 상대방 당사자에게 지급하는 보수와는 별도로 당해 손해를 배상하여야 한다.

제7조(비밀유지)

① 갑 및 을은 본 계약의 이행에 있어서 알게 된 상대방에 관한 일체의 정보를 비밀로 취급한다. 또한 이를 본 계약의 목적 이외에 사용하지 않으며, 해당 상대방의 사전 서면 동의를 얻지 않는 한, 제3자에게 공개 또는 누설해서는 안 된다.

② 전항의 정보에는 이미 공개된 정보 및 관공서 또는 법적 절차에 따라 제출을 명령받은 정보는 포함되지 않는다.

---

2) 예를 들어, 감염병 등의 영향으로 연수를 중지한 경우, 보수를 어떻게 정할지가 문제이다. 이 계약서 양식에서는 비율로 했지만, 이는 불가항력적인 사안이므로 보수가 일절 발생하지 않는다고 볼 수도 있다. 또한 '보수+준비 비용의 50%'와 같이 미리 비율을 정하는 방법도 생각해 볼 수 있다.

제8조(권리 의무의 양도 금지)

갑 및 을은 상대방 당사자의 서면에 의한 사전 승낙이 없는 한, 제3자에게 본 계약의 당사자 지위 및 본 계약에서 발생하는 권리와 의무를 승계·양도·담보설정 기타 일체의 처분을 해서는 안 된다.

제9조(분쟁해결)

① 본 계약에 규정이 없는 사항에 대해서는 갑 및 을은 신의를 가지고 성실하게 협의하여 해결하는 것으로 한다.

② 본 계약에 관한 분쟁 발생 시 ○○지방법원을 전속 관할 법원으로 한다.

이 계약의 체결 사실 및 계약 내용을 증명하기 위하여 이 계약서를 2통 작성하여 계약 당사자가 각각 서명 또는 기명날인한 후 각자 1통씩 보관한다.

년 월 일

갑 성명:

주소:

연락처:

을 성명:

주소:

연락처:

참고문헌

고용노동부(2021). 근로기준법상 근로시간 규정의 주요내용.

고용노동부(2023). 직장 내 괴롭힘 예방 · 대응 매뉴얼.

교육부, 이화여자대학교 학교폭력예방연구소(2023). 2023년도 학교폭력 사안처리 가이드북.

근로복지공단(2021). 정신질병 업무관련성 조사 지침. 제2021-05호.

근로복지공단(2023). 2023년 산재 · 고용보험 가입 및 부과업무 실무편람.

김태현, 손석진(2023). 근로자 정신건강 보호를 위한 제언. 강원법학, 71, 353-392.

대한의사협회 의료정책연구소(2022). 국민정신건강 관리 모형 개발.

박우철(2018). 4차 산업혁명과 미래의 상담. 한국아동학회 학술발표자료집.

백승흠(2015). 아동학대처벌법과 피해아동의 보호. 한국경찰학회보, 50(1), 87-110.

법제처(2021). 법령 입안 심사 기준.

보건복지부(2022). 2021년 아동학대 주요통계.

보건복지부(2023). 2022년 아동학대 주요통계.

송영식, 이상정(2017). 저작권법 강의(제2판). 세창출판사.

여성가족부(2019). 가정폭력실태조사.

여성가족부(2022). 2022 여성 · 아동권익증진사업 운영지침.

여성가족부(2022). 2022년 해바라기센터 사업안내.

여성가족부(2022). 여성폭력실태조사 주요결과.

이상민, 김은하, 김지연, 선혜연(2018). 상담심리학의 현재와 미래과제. 한국심리학회지: 상담 및 심리치료, 30(3), 463-474.

임원선(2017). 실무자를 위한 저작권법(제5판). 한국저작권위원회.
장현자(2019). 근로자의 정신질환에 대한 업무상 재해 인정기준: 법원 판례 분석을 중심으로. 사회보장법연구, 8(2), 1-58.
최지은(2022. 3. 3.). 내 마음 어루만져주는 AI 심리상담사. 한국경제.
한국교육심리학회(2000). 교육심리학용어사전.
한국도박문제관리센터(2022). 2022년 청소년 도박문제 실태조사.
한국인터넷진흥원(2019). 개인정보보호법 상담사례집.
한국저작권위원회(2022). 저작권상담사례집.
岡田康子・稲尾和泉(2011). パワーハラスメント, 日経文庫.

-웹사이트-
개인정보분쟁조정위원회 홈페이지
구글 지도 이용약관 사이트
국가지표체계 웹사이트
법무부 홈페이지
양형위원회 홈페이지
인터넷우체국 홈페이지
찾기쉬운 생활법령정보 홈페이지
한국도박문제예방치유원 홈페이지
한국상담심리학회 웹사이트
한국상담학회 웹사이트
한국여성인권진흥원 홈페이지

-판례-
대법원 1992. 1. 21. 선고 91므689 판결.
대법원 1993. 5. 11. 자 93스6 결정.
대법원 1994. 1. 28. 선고 93다43590 판결.
대법원 1994. 4. 26. 선고 93므1273,1280 판결.
대법원 1995. 3. 28. 선고 94므1584 판결.
대법원 1998. 4. 10. 선고 96므1434 판결.

대법원 1998. 6. 12. 선고 98므213 판결.
대법원 1999. 6. 8. 선고 99두3331 판결.
대법원 2001. 11. 13. 선고 2001다50623 판결.
대법원 2001. 3. 23. 선고 2000두10281 판결.
대법원 2001. 5. 8. 선고 2000다58804 판결.
대법원 2002. 8. 28. 자 2002스36 결정.
대법원 2003. 2. 14. 선고 2002다53766 판결.
대법원 2004. 2. 27. 선고 2003므1890 판결
대법원 2005. 11. 10. 선고 2005두8009 판결.
대법원 2006. 10. 13. 선고 2006다45121 판결.
대법원 2007. 4. 12. 선고 2006두4912 판결.
대법원 2008. 1. 31. 선고 2006두8204 판결.
대법원 2010. 2. 11. 선고 2009다79316 판결.
대법원 2010. 2. 11. 선고 2007다63409 판결.
대법원 2011. 2. 10. 선고 2009도291 판결.
대법원 2013. 11. 28. 선고 2011다60247.
대법원 2013. 2. 15. 선고 2011도5835 판결.
대법원 2013. 8. 22. 선고 2011도3599 판결.
대법원 2014. 11. 20. 선고 2011므2997 판결.
대법원 2014. 7. 16. 선고 2013므2250 판결.
대법원 2014. 8. 26. 선고 2012도10786 판결.
대법원 2016. 3. 10. 선고 2012다105482 판결.
대법원 2017. 5. 31. 선고 2016두58840 판결.
대법원 2017. 12. 5. 선고 2014다74254 판결.
대법원 2017. 9. 7. 선고 2017다222757 판결.
대전지방법원 1990. 9. 27. 약식명령 90고학6000.
서울고등법원 1996. 7. 12. 선고 95나41279 판결.
서울중앙지방법원 2007. 6. 21. 선고 2007가합16095 판결.
서울지방법원 2003. 5. 30. 선고 2001가합64030 판결.
서울행정법원 2001. 7. 24. 선고 2001구7465 판결.

전주지방법원 1988. 12. 7. 선고 88가소16095 판결.

청주지방법원 2022. 4. 13. 선고 2021노438(대법원 확정).

헌법재판소 1997. 10. 30. 96헌바14 전원재판부.

헌법재판소 2015. 10. 21. 선고 2014헌바266 결정.

Tarasoff v. Regents of the University of California, 17 Cal. 3d 425, 551 P.2d 334, 131 Cal. Rptr. 14 (Cal. 1976).

찾아보기

인명

내용

저자 소개

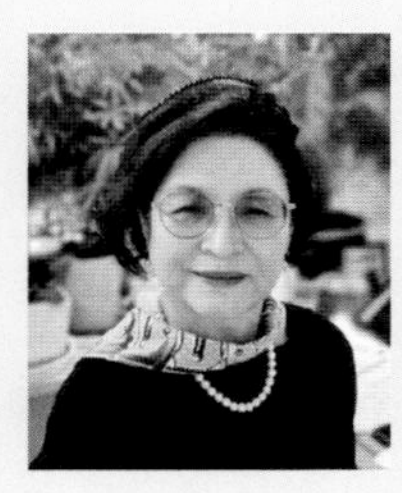

양명숙(Myong-suk Yang)

독일 뒤셀도르프 하인리히-하이네 대학교 심리학과 졸(Dr. phil.)

한국상담학회 윤리위원장 · 기획위원장 · 학술위원장 역임

현 한남대학교 사회과학대학 아동복지학과 · 일반대학원 상담학과 · 미래인재대학원 상담심리학과 교수, 인덕심리상담센터 센터장

〈자격〉

청소년상담사 1급(2003-1-056호)

한국상담학회 전문영역 수련감독급 전문상담사 집단상담/아동 · 청소년 44호

〈주요 저서 및 역서〉

『상담이론과 실제』(2판, 공저, 학지사, 2019)

『통합적 심리상담에 대한 수퍼비전 핵심 가이드』(공역, 학지사, 2022)

『양자심리학: 심리학과 물리학의 경계』(공역, 학지사, 2011)

차성민(Seong-min Cha)

서울대학교 대학원 졸(법학 박사)

독일 마인츠 대학교 법과대학 객원연구원 역임

현 한남대학교 사회과학대학 법학부 · 미래인재대학원 상담심리학과 교수, 한국의료법학회 이사, 인덕심리상담센터 법률고문

〈주요 저서 및 논문〉

『과학기술과 특허』(2판, 공저, 박영사, 2015)

『정보사회와 법』(글누리, 2011)

「디지털플랫폼에 관한 최근 EU의 규제개편 및 우리나라의 통상친화적 제도 개선 방향」(공동, 대외경제정책연구원, 2021)

상담과 법

Counseling and Law

2024년 3월 20일 1판 1쇄 인쇄
2024년 3월 25일 1판 1쇄 발행

지은이 • 양명숙 · 차성민
펴낸이 • 김진환
펴낸곳 • ㈜ 학지사
04031 서울특별시 마포구 양화로 15길 20 마인드월드빌딩
대표전화 • 02-330-5114 팩스 • 02-324-2345
등록번호 • 제313-2006-000265호

홈페이지 • http://www.hakjisa.co.kr
인스타그램 • https://www.instagram.com/hakjisabook

ISBN 978-89-997-3098-6 93180

정가 23,000원